GESCHICHTEN RUND UMS MITTELMEER

ÄGYPTEN • ISRAEL

ALGERIEN, LIBANON, LIBYEN, MAROKKO, SYRIEN, TUNESIEN

Auf den Spuren der Dichter

Zusammengestellt und eingeleitet
von Manfred Barthel

BASTEI LÜBBE

BASTEI-LÜBBE-TASCHENBUCH
Band 10 556

Originalausgabe

Printed in West-Germany
Einbandgestaltung: Ratschinski & Ratschinski
Satz: Fotosatz Froitzheim, Bonn
Gesamtherstellung: Ebner Ulm
ISBN 3-404-10556-7

Literarische Reiseroute

Wegweiser für reiselustige Leser und
leselustige Reisende 7

Syrien 9
Giovanni Pettinato, Ebla – wiederentdeckte
frühgeschichtliche Zivilisation 11
Hans Ulrich Krafft, Sklavenmarkt in Aleppo 15
Ida Pfeiffer, Eine Wienerin in Damaskus 17
Peter Bamm, Kreuzritterburg Krak des Chevaliers 23

Libanon 29
Mark Twain, Ein Amerikaner bei den Ruinen von
Baalbek 30
Nicolas Born, Am Strand von Beirut 1979 34

Israel 47
Selma Lagerlöf, Das Kindlein von Bethlehem 48
Conrad von Orelli, Die Samariter 69
Gerhard Prause, Die Letzten von Masada? 74
Ephraim Kishon, Verirrt in Jerusalem 77
Karena Niehoff, Moses im Schrebergarten 84
Hans Habe, Zwischenfall bei der Moschee 88
Ephraim Kishon, Israel in Pointen 99

Ägypten 103
Mika Waltari, Sinuhe und die Tochter der Lust 104
Herodot, Mumien – erster, zweiter, dritter Klasse...... 124
Auguste Mariette, Der Tourist und die Denkmäler 126
Peter Tomkins, Das Geheimnis der Cheops-Pyramide 129

Gustave Flaubert, Tänzerinnen und Sklavinnen 144
Max Eyth, Dampfpflug-Duell im Schatten der Sphinx 151
Lawrence Durrell, Die andere Seite von Alexandria ... 163

Libyen 167
Die Geschichte von der Weiberlist, die über
die Männerlist siegte 168
Philipp Vandenberg, Das Orakel mit dem
Gordischen Knoten 174
Viktor Aubertin, Spaziergang in Tripolis 180
Alfred Neubauer, Rennlotterie – made in Italy 183

Tunesien 195
Sindbad des Seefahrers zweite Reise 196
Ivar Lissner, Mächtig aber war Karthago 205
Alfred Kerr, Tunesischer Glanz 214
Manfred Schmidt, Mit Frau Meier in die Wüste 216

Algerien 229
Guy de Maupassant, Mir zu Füßen lag Algier 230
Albert Camus, Der Abschied des Minotauros 238
Ernst Jünger, Legionär in Oran 243
Philipp Rosenthal, Die bitteren Lehren der Legion..... 249

Marokko 261
John Knittel, Der General und der Rebell 262
Werner C. Stoll, Casablanca – Ein Film wird
zur Legende 267
Truman Capote, Tanger – Märchen und Abenteuer ... 269

Literarische Steckbriefe und Quellenverzeichnis 281

Wegweiser für reiselustige Leser und leselustige Reisende

Acht Staaten – Ägypten, Algerien, Israel, Libanon, Libyen, Marokko, Syrien und Tunesien – liegen an der Südküste des Mittelmeers. Sie sind durch ihre Geschichte und ihre Kultur zum Kontrapunkt abendländischer Kunst und Wissenschaft geworden. So fremd uns oft Sitten und Gebräuche erscheinen – ohne diese Kulturen keine Mathematik, keine abendländische Architektur. Zwischen Baalbek, den Pyramiden, dem Felsendom und den Ruinen von Karthago liegt eine Landschaft von Ewigkeitswert.
Nirgendwo sonst spannt sich der Bogen der Geschichte über so viele Jahrtausende bis in die Gegenwart, nirgendwo sonst ist Vergangenheit so lebendig. Welche Kraft und wie viele Anregungen aus dieser Landschaft gekommen sind, das können Reiseführer nur andeuten, in diesem Band sagen es Dichter, Schriftsteller und Forscher.

Manfred Barthel

Syrien

Die Syrier nennen ihr Land gern »Tor zum Orient«. Aus syrischer Sicht ist das verständlich: das 185 180 Quadratkilometer große Land ist nach allen Seiten offen.
Seine Geographie ist gleichzeitig Geschichte. Wer den Ort Ugarit (heute Ras Schamra) nennt, spricht von der Fundstelle des frühesten Alphabets, auf das jenes der modernen Sprachen aufgebaut ist. Euphrat und Orontes sind eben mehr als nur Flußnamen, und hinter Palmyra steht die Erinnerung an das palmyrenische Reich, das von Ägypten bis Kleinasien reichte. Kreuzritterburgen wie Krak des Chevaliers zeugen von der Anwesenheit der Franken, so wie viele Worte in europäischen Sprachen vom Einfluß Arabiens auf unsere Kultur zeugen. Damast erinnert an Damaskus, die Hauptstadt Syriens, und Algebra ist aus dem Titel eines um 820 n. Chr. entstandenen arabischen Mathematiklehrbuchs abgeleitet.
Es ist nicht leicht, bei einem Besuch als Tourist diese farbenfrohe Welt der alten Souks und ihrer fabulierfreudigen Menschen zu entdecken. Am ehesten gelingt dies noch im Gedränge des Bazars von Aleppo. In seinen kilometerlangen, überwölbten Steingängen brodelt auch jetzt noch der reichste und schönste Markt des Orients.

Ebla – wiederentdeckte frühgeschichtliche Zivilisation

Gespräch mit Professor Giovanni Pettinato von der Universität Neapel

Dr. B.: Professor Pettinato, wo liegt eigentlich die Grabungsstätte Tell Mardiq, bei der Sie auf die 5000 Jahre alte Stadt Ebla gestoßen sind?

Prof. P.: Tell Mardiq ist eine kleine Mulde, halbwegs zwischen Hama und Aleppo in Nord-Syrien, wobei die Entfernung südlich von Aleppo genau 70 Kilometer beträgt. Unter den Schuttmassen dieses Tell stießen wir auf Reste der Stadt und des Palastes von Ebla, der Residenzstadt eines großen Reiches etwa 3000 Jahre vor Christus.

Dr. B.: Hatten Sie Hinweise, daß Sie dort auf die Schaltzentrale eines großen Reiches stoßen würden?

Prof. P.: Nein, im Gegenteil. Das Gebiet galt als unbesiedelt, nur von Nomadenstämmen durchzogen. Wir vermuteten, bei unseren Grabungen lediglich kulturhistorisch-soziologisch interessante Stücke zu finden.

Dr. B.: Seit wann wird dort gegraben?

Prof. P.: Die italienische Archäologische Mission der Universität Rom gräbt dort seit 1963. Die größte Entdeckung wurde jedoch im vergangenen Jahr (1975) gemacht: Als man den Palast ausgrub, fand man die königliche Bibliothek von Ebla mit 20 000 Keilschrifttafeln. Und – auch Archäologen müssen gelegentlich Glück haben – wir fanden dazu ein Wörterbuch, das eblaische Worte ins Sumerische übersetzt! Da die sumerische Sprache entziffert ist, war es relativ einfach für uns, eblaische Worte zu lesen, was allerdings nicht heißt, daß »Lesen« immer gleichbedeutend mit »Verstehen« sein muß. Von manchen Worten kennen wir die Bedeutung noch nicht.

Dr. B.: Welche Auswirkungen haben Ihrer Meinung nach die Text-Funde von Ebla auf den historischen Wahrheitsgehalt des Alten Testaments?

Prof. P.: Natürlich ist es noch zu früh, Schlüsse zu ziehen, was die mögliche Auswirkung auf die traditionelle Deutung des Alten Testaments sein könnte. Aber bereits jetzt kann man, was die Geschichte der Patriarchen betrifft, feststellen, daß manche der bisher unerklärlichen Sitten, Taten und Reaktionen aus der Sozialstruktur des Ebla-Staates verständlich sind und erklärt werden können.

Dr. B.: 20000 Tontafeln mit einer bis dahin unbekannten Keilschrift bedeckt: Wie war diese – auch gewichtsmäßig – gewaltige Masse gelagert?

Prof. P.: Sie war vor 3000 Jahren nicht nur gelagert, sondern auch geordnet, und zwar auf riesigen Holzregalen, genau wie in einer heutigen Bibliothek.

Dr. B.: Haben Sie unter diesen Texten Hinweise auf historische oder geographische Angaben im Alten Testament gefunden, für die die Wissenschaft bisher noch keine Erklärung hatte?

Prof. P.: Ja, eine der interessantesten Neuigkeiten, welche uns die königlichen Archive von Ebla liefern, ist die Erwähnung von Städten in Handelsverträgen aus dem dritten Jahrtausend vor Christus. Es sind Städte darunter, deren Existenz bis dahin nicht erwiesen oder erst im zweiten Jahrtausend angesetzt war; Städte wie Gaza, Acco, Dor und Joppa. Nun wissen wir, dank des königlichen Archivs von Ebla, welche Städte bereits im dritten Jahrtausend vor Christus bestanden haben.

Dr. B.: Im Alten Testament ist von zwei sagenhaften Städten die Rede, welche durch »Feuer und Schwefel« zerstört wurden: Sodom und Gomorrha; haben Sie in Tell Mardiq Hinweise gefunden, welche die Existenz dieser bisher »sagenhaften« Städte beweisen könnten?

Prof. P.: Nun, eine der interessantesten Neuigkeiten, welche uns die Texte liefern, ist der historische Beweis des Bestehens der fünf Städte Sodom und Gomorrha sowie Adonna, Zibahim und Zuahr. Sie werden in einem Brieftext erwähnt, der vorschlägt, daß diese Städte ein Bündnis miteinander eingehen sollten. Diese diplomatische Korrespondenz stammt aus dem dritten Jahrtausend vor Christus.

Dr. B.: Gibt es darüber hinaus auf den Keilschrifttafeln noch Hinweise auf andere biblische Berichte?

Prof. P.: In den literarischen Texten stießen wir auf die Erwähnung zweier biblischer Erzählungen, welche im antiken Orient als die Erzählungen von der Schöpfung und von der Sintflut bekannt waren. Auf einer Tafel wird der Beginn der Schöpfung so erzählt, wie wir es aus der Bibel in Genesis I kennen, und in einem anderen, kleineren Text fanden wir die Erwähnung der Sintflut, wie wir sie bereits aus anderen, sumerischen Quellen des Nahen Ostens kennen.

Dr. B.: Sind über die Entdeckungen und Funde hinaus, welche Sie in Tell Mardiq gemacht haben, noch weitere Funde ähnlicher Art im Vorderen Orient zu erwarten?

Prof. P.: Vor der Entdeckung des königlichen Archivs von Ebla dachten wir Wissenschaftler, daß wir nahezu alles über den antiken Orient wüßten. Schließlich wurden Ausgrabungen seit mehr als 100 Jahren durchgeführt. Aber durch die Entdeckungen von Ebla mußten wir erkennen, daß wir von der Antike des Nahen Ostens fast nichts gewußt hatten. Ebla ist sicherlich die Entdeckung des Jahrhunderts. Vor allem, was die Erforschung des dritten Jahrtausends anbetrifft. Wir müssen damit rechnen, weitere große Entdeckungen zu machen. Man sollte bedenken, daß alle Gelehrten nicht im entferntesten daran gedacht haben, daß das nördliche Syrien im dritten Jahrtausend ein großes weltliches Imperium war. Jetzt, durch die Funde von Ebla, seiner bisher unbekannten Kultur und einem politischen Zentrum, von welchem wir bis jetzt nichts wußten, ahnen wir, was alles noch unter Schutt und Erde verborgen sein kann. Die Entdeckung von Ebla lehrt uns, in der Neuordnung der Geschichte und Geographie mit Geduld vorzugehen, da wir mit Sicherheit noch weitere Entdeckungen machen werden.

(Dieses Gespräch wurde im Sommer 1976 in München geführt und hier erstmals in voller Länge veröffentlicht.)

Hans Ulrich Krafft

Sklavenmarkt in Aleppo

...Mehrmals habe ich mit meinem vertrauten Aleppiner den Sklavenmarkt besucht. Alle diejenigen, welche an den türkischen Grenzen gegen Norden, Osten und Süden hinter Ägypten durch Krieg oder räuberische Einfälle von den Türken gefangen werden, führt man in die vornehmsten Städte zum Verkauf. In Aleppo, wohin von verschiedenen Nationen das ganze Jahr hindurch Gefangene gebracht werden, findet der Menschenhandel gewöhnlich zweimal in der Woche, sonntags und donnerstags, statt. Dazu gibt es besondere Plätze. Dahin schleppt man Männer und Frauen jeden Alters, Jünglinge, Jungfrauen und Kinder beiderlei Geschlechts. Dabei sind gemeiniglich vier Zwischenkäufer oder Händler. Sobald jemand sich dem Markte nähert, so läuft ihm einer der Unterhändler von weitem entgegen und fragt, was er zu kaufen begehre. Da stehen denn besonders in Haufen die alten, die kräftigen Männer, Gesellen von zwanzig Jahren und darunter, betagte Frauen usw.; doch werden die Frauen und Jungfrauen nacheinander abwärts in eine lange Reihe gestellt, manches Kind bei seinen Eltern, der Sohn beim Vater, die Tochter bei der Mutter; haben sie keine Eltern mehr, so stellt man sie auch besonders.
Ein alter Mann wird für zwanzig bis dreißig Dukaten verkauft, um auf das Vieh und was man sonst zu verwahren hat, Achtung zu geben; eine alte Frau für den gleichen oder einen geringeren Preis; sie wird in der Haushaltung verwandt und wenn sie gut kochen kann, besser gehalten. Die Alten und die Kinder werden in der Regel zusammen gekauft, und wenn sie ihre Kinder nicht recht im heidnischen Glauben wollen erziehen lassen, so werden die Jungen oder die Alten oder auch beide Teile wieder verkauft. Junge Männer und starke Gesellen werden ungefähr mit sechzig Dukaten bezahlt; sie müssen harte Arbeit verrichten bei den Pferden, dem Vieh oder auf dem Felde. Die jungen

Frauen und kräftigen Mädchen kauft man auch für fünfzig bis siebenzig Dukaten, sie müssen alle schwere Hausarbeit tun, so daß sie des Tags wenig Ruhe haben, besonders diejenigen, welche nicht zu Bettgenossinnen tauglich sind. Will nun einer eine schöne Frau oder Jungfrau zur Befriedigung seiner Lüste und weil sie sonst nützliche Eigenschaften hat, erwerben, dem vergönnt man zuerst nur, ihre bloße Hand anzufassen, und weil alle Weiber mit einem feinen seidnen oder baumwollenen Tuch über dem Angesicht verhüllt sind, so darf er das Tuch aufdecken und sie anschauen. Bezeigt er nun Lust zum Kaufen und meint man, der Handel werde zustandekommen, so gestattet man ihm auch noch, ihre Brüste mit den Händen zu betasten; daraufhin muß das Geschäft abgeschlossen oder einem andern Käufer Platz gemacht werden. Kleine Knaben und Mädchen werden meistens darum gekauft, um ein Werk der Barmherzigkeit zu üben und zuverlässige Dienstboten aufzuziehen. Für solch ein Kind werden vier bis acht oder zehn Dukaten gezahlt.

Wenn dann dergleichen arme Gefangene, Alt und Jung, der Mehrzahl nach Christen, alldort auf dem Markt stehn, mit dem Bewußtsein, daß sie werden in türkische Hände verkauft werden, und sich vorstellen, welch' schwere tyrannische Dienstbarkeit sie werden ertragen müssen, da bedenke du gottloser Christ, wie ihnen zu Mut sein muß! Ich mußte selbst weinen, als ich es sah und hörte, wie besonders die Frauen tief seufzten und Tränen vergossen, daß das Wasser davon vor ihren Füßen floß. Da durfte keines reden oder gar schreien, noch viel weniger einen Fuß vor den andern setzen, widrigenfalls sie in der Nacht von ihrem Herrn, der sie verkauft, oder von seinem Diener viel harte Streiche statt des Nachtessens erdulden müssen. Gott weiß, wie mir das zu Herzen gegangen ist: ich hatte keine Lust, noch mehr dergleichen Märkte zu besuchen...

Ida Pfeiffer

Eine Wienerin in Damaskus

3. Juli 1842

Diesen Morgen hatten wir durch zwei Stunden einen höchst angenehmen und ziemlich guten Weg, bis wir an eine Felsschlucht gelangten, die uns kaum den Eingang zu gestatten schien. Immer enger und enger traten die Felsmassen zusammen, und wir zogen auf schmalen Pfaden an einem ausgetrockneten Strombett über Steingeröll fort. Kaum fanden wir oft Raum genug, den uns entgegenkommenden Karawanen auszuweichen.

Dachten wir einen solchen Engpaß mit Mühe überstanden zu haben und ins Freie zu gelangen, gleich wurden wir in eine noch traurigere und ödere Schlucht verschlagen. So ging es einige Stunden, bis die Felsmassen zu Sandbergen wurden und jede Vegetation verschwand. Da erklommen wir die letzte Höhe: Damaskus, die »vielgepriesene Stadt des Orients«, lag vor uns.

Überraschend ist ihr Anblick allerdings, wenn man, heraustretend aus dem unwirtbaren Felsen und Sandgebirgen, zu seinen Füßen ein üppig großes Tal ausgebreitet sieht, das durch sein frisches Grün den seltsamsten Gegensatz zu seiner öden Umgebung bildet, und in der Mitte dieses Tales, eingefaßt von Gärten und zahllosen Bäumen, die langgedehnte Stadt mit den freundlichen Moscheen und den schlanken, hoch emporragenden Minaretten; doch so entzückend schön, um mit manchen Reisenden ausrufen zu können: »Dies ist der schönste Punkt auf Erden!«, fand ich ihn bei weitem nicht.

Die Ebene, in der Damaskus liegt, zieht am Fuß des Antilibanon fort bis zu dem Berg Schech und ist auf drei Seiten von Gebirgen, aber von den ödesten, die man sich vorstellen kann, von lauter Sandgebirgen, umgeben. Auf der vierten Seite verläuft sich die Ebene in die Sandwüste. So reich dies Tal an Wasser ist, da von allen Bergen Quellen herab-

strömen, deren man aber von unserem Standpunkt aus keine einzige sah, so hat sie doch keinen Strom. Das Wasser kommt und verschwindet unter dem Sand, nur zunächst der Stadt und in derselben entfaltet es seinen Reichtum.
Noch hatten wir von dem Hügel, wo wir Damaskus zuerst erblickten, eine gute Stunde bis an die Pflanzungen. Diese bestehen aus großen Gärten von Mischmisch, Nuß-, Granatäpfel-, Orangen- und Zitronenbäumen, mit Lehmwänden eingesäumt, von breiten, langen Straßen durchzogen und von rauschenden Quellen erfrischt. Lange ritten wir im Schatten dieser fruchtspendenden Wälder, bis wir durch ein großes Tor die Stadt betraten. Unsere begeisterte Erwartung von der vielbesungenen Götterstadt wurde bei jedem Schritt bedeutend herabgestimmt.
Die Häuser sind durchgängig aus Lehm und Erde, und unzählige garstige Erker aus Holz sowie auch dergleichen Gitter vor den Fenstern geben dem Ganzen ein widerliches, beengendes Ansehen. Damaskus ist durch Tore, die bald nach Sonnenuntergang geschlossen werden, in viele Stadtteile geschieden. Durch viele solche Tore sowie auch durch den längsten Teil des Bazars mußten wir wandern, um an das Franziskanerkloster zu gelangen.
Wir hatten an dem heutigen Tag einen Weg von elf Stunden bei einer Hitze von fünfunddreißig bis sechsunddreißig Grad Réaumur zurückgelegt und durch den glühendheißen Wind, der noch dazu seinen Sand mit sich führte, unendlich viel gelitten. Unsere Gesichter waren so verbrannt, daß wir uns füglich für Abkömmlinge von Beduinen hätten ausgeben können. Diesen einzigen Tag fühlten wir auch unsere Augen ein bißchen angegriffen.
Obwohl wir sehr ermüdet im Kloster ankamen, so hatten wir doch nichts Eiligeres zu tun, als den Staub abzuschütteln, die brennenden Augen zu waschen und zum französischen und englischen Konsul zu eilen, so begierig waren wir, die vielgerühmten Schönheiten im Innern dieser Lehmhütten zu sehen.

Durch eine niedere Tür traten wir in einen Gang, aus diesem in einen großen Hof, und da war es, als ob wir wie mit einem Zauberschlag auf den Schauplatz eines jener phantasiereichen Märchen der »Tausendundeinen Nacht« versetzt würden: alle Pracht des Morgenlandes lag vor unseren trunkenen Blicken. In der Mitte des mit großen Steinplatten belegten Hofes war ein großes Wasserbassin mit einem Springbrunnen angebracht, das eine angenehme Kühle verbreitete. Orangen- und Zitronenbäume neigten ihre goldenen Früchte zur kristallreinen Flut, und an den Seiten liefen Blumenbeete mit wohlduftenden Rosetten, Balsaminen, Rosen, Oleander usw. bis zu den Stufen, welche in den Empfangssaal führten. Alles schien aufgeboten, dieses große, hochgewölbte, dem Hof zu halboffene Gemach glänzend und herrlich auszuschmücken. Schwellende Diwane, mit den reichsten Stoffen überzogen, liefen rings an den Wänden, die, reich und kunstvoll mit Spiegeln, geschnitzten und gemalten Arabesken, mit Mosaikarbeiten und Vergoldungen verziert, eine nie geahnte Pracht entfalteten.
Im Vordergrund dieses Zaubergemaches sprudelte ein Wasserstrahl in ein Marmorbecken. Der Boden war ebenfalls mit Marmor, der in verschiedenen Farben die schönsten Zeichnungen bildete, belegt, und über das Ganze jener Zauber des Geschmackes hingehaucht, der den Orientalen so eigen ist und der dem Reichen, Prächtigen auch den Reiz des Anmutigen zugesellt. Die Gemächer, wo die Frauen sich aufhalten und ihre vertrauteren Besuche empfangen, sind ähnlicher Art wie das eben beschriebene, doch etwas kleiner, nicht so reich ausgestattet und vorne ganz offen. Die übrigen Zimmer liegen gleichfalls um den Hof, zwar einfach, aber freundlich und bequem eingerichtet.
Wie wir es in diesen Häusern fanden, ebenso sieht es auch in jenen der Orientalen aus, nur laufen die Eingänge der Frauengemächer in einen andern Hof als jene der Männer.
Nachdem wir alles zu Genüge besehen und bewundert

hatten, kehrten wir in unser gastliches Kloster zurück. Diesen Abend bewirteten uns die geistlichen Herren. Eine ziemlich gute Mahlzeit nebst Wein und gutem Brot gab uns zum Teil die verlorenen Kräfte wieder.
In Beirut machte man uns ordentlich bange vor der Unzahl gewisser kriechender Tierchen, die sich gern in jede Fuge der Bettstellen einnisten, so daß ich mich nur mit Überwindung und Abscheu zur Ruhe begab; aber unbelästigt verging diese und die folgende Nacht.

4. Juli 1842

Damaskus ist eine der ältesten Städte des Orients, und doch sieht man keine Ruinen, ein Beweis, daß nie großartige Gebäude existierten und daß an den Stellen der unbrauchbar gewordenen alten gleich wieder neue erstanden.
Wir besuchten heute den Sitz allen Reichtums, den großen Bazar. Er ist größtenteils gedeckt, aber nur mit Strohmatten oder Balken. Zu beiden Seiten sind hölzerne Buden aneinandergereiht, die alle möglichen Artikel enthalten, vorzüglich aber Eßwaren, deren Wohlfeilheit wirklich beispiellos genannt werden kann.
Die kostbaren und wertvollen Waren werden wie in Konstantinopel nicht ausgestellt, diese muß man in den verschlossenen Magazinen suchen. Die Buden gleichen ärmlichen Kramläden, der Kaufmann sitzt in der Mitte seines Warenlagers. Wir durchschritten den Bazar nur flüchtig, um bald zur großen Moschee zu gelangen, welche im Mittelpunkt desselben liegt. Da wir aber nicht einmal ihren Vorhof, viel weniger sie selbst betreten durften, so mußten wir uns begnügen, die großmächtigen Portale anzustaunen und nur ganz verstohlene Blicke in den Vorhof hineinzuwerfen.
Diese Moschee war ursprünglich eine christliche Kirche.
Ausgezeichnet schön ist der Chan, ebenfalls in der Mitte des Bazars. Er soll der schönste im ganzen Orient sein. Das hohe, kühn gewölbte Portal ist mit Marmor belegt und mit

schönen Skulpturarbeiten verziert. Das Innere bildet eine großartige Rotunde, um welche in den höhern Räumen abgeteilte und mit Schreibtischen für die Kaufleute versehene Galerien laufen, während unten in den Hallen die Waren in Kisten und Ballen aufgeschichtet liegen und an den Seiten die Gemächer für die reisenden Kaufleute angebracht sind. Boden und Wände sind größtenteils mit Marmor belegt.

Überhaupt scheint man in Damaskus den Marmor sehr zu schätzen. Alles, was für schön und kostbar gilt, ist entweder aus reinem Marmor oder doch zum Teil mit dieser Steinart ausgelegt. So ist ein niedlicher Springbrunnen auf einem kleinen Platz am Bazar aus Marmor ausgeführt und ein Kaffeehaus gegenüber dieser Fontäne, das größte und besuchteste, mit einigen kleinen Marmorsäulen verziert. Doch alle diese Gebäude, selbst das große Badhaus nicht ausgenommen, würden nicht halb so gerühmt und betrachtet werden, wenn sie in einer bessern Umgebung stünden. So aber glänzen sie freilich aus den Lehmhütten und Lehmhäusern von Damaskus hervor.

Nachmittags besuchten wir die Grotte des heiligen Paulus, die gleich außerhalb der Stadt liegt. An der Stadtmauer zeigte man uns die Stelle, wo dieser Heilige zu Pferd über die Stadtmauer sprang, unbeschädigt den Boden erreichte und sich vor seinen Feinden in diese nahe Grotte flüchtete, deren Eingang sich hinter ihm geschlossen und erst als die Verfolgung nachgelassen, wieder geöffnet haben soll. Jetzt ist von dieser Grotte nichts mehr zu sehen als ein unbedeutender steinerner Bogen, gleich einer Brücke gespannt. Grabmäler neuerer Zeit aus gemauerten, mit großen Steinplatten bedeckten Gewölben sieht man viele in der Nähe dieser Grotte.

Wir statteten noch mehrere Besuche ab. Überall fanden wir dieselbe innere Pracht und Einteilung, nur in einem Haus mehr, in dem anderen minder. Überall wurde mit Kaffee, Scherbet und Nargileh aufgewartet und in den Wohnungen der Türken ein langweiliges Gespräch durch den Dolmetscher geführt.

Eigentliche Spaziergänge oder Belustigungsorte gibt es hier nicht. Die Zahl der Franken ist zu unbedeutend, als daß sie für sich einen Ort des gemeinsamen Vergnügens schaffen könnten, und der Türke fühlt ein solches Bedürfnis gar nicht. Er schlendert höchstens vom Bad in das Kaffeehaus, tötet da in gedankenlosem Hinstieren seine Zeit, raucht dabei aus der langen Wasserpfeife und schlürft Kaffee dazu. Die Kaffeehäuser, obwohl sie im ganzen Orient die am meisten besuchten öffentlichen Orte sind, gleichen überall wahren Baracken. Sie sind durchgängig klein und meist nur aus Holz ausgeführt.

Die Tracht der Bewohner von Damaskus ist die gewöhnliche orientalische, doch in keiner Stadt sah ich die Leute durchgehends so gut gekleidet wie hier. Die Frauen gehen teils verschleiert, teils auch mit unbedecktem Gesicht. Ich sah recht hübsche Physiognomien unter ihnen, aber ganz besonders viele schöne Kindergesichtchen lächeln einem von allen Seiten neugierig entgegen.

In Beziehung auf ihre Religion müssen sie sehr fanatisch und überhaupt auch den Fremdlingen nicht gewogen sein. So wollte zum Beispiel der Maler S. den Chan, den Springbrunnen und einige andere interessante Gegenstände oder Ansichten abzeichnen. Er setzte sich zu diesem Zweck vor das große Kaffeehaus, um den Anfang mit dem Springbrunnen zu machen. Doch kaum hatte er die Mappe aufgerollt und die Zeichnung halb entworfen, als sich eine Schar Neugieriger um ihn gruppierte und, als sie seine Absicht gewahrte, ihn auf alle mögliche Art zu stören suchte. Erst stießen sie die ihm zunächst stehenden Kinder gegen ihn, daß er jeden Augenblick einen Stoß bekam und im Zeichnen gehindert wurde. Als er dessenungeachtet fortarbeitete, stellten sich mehrere Türken knapp vor ihn hin, um ihn der Ansicht des Springbrunnens zu berauben. Als Herr S. noch immer nicht den Platz räumte, hoben sie Steine auf und

fingen an, nach ihm zu spucken. Nun war es höchste Zeit, sich zurückzuziehen. Herr S. packte eilig zusammen, um nach Hause zu eilen. Da brach dann die volle Wut des gemeinen Haufens aus. Man verfolgte ihn mit lärmendem Geschrei, ja einige warfen sogar mit Steinen nach ihm. Glücklicherweise erreichte er dennoch unbeschädigt unser Asyl, das Kloster.
Während Herr S. in Konstantinopel, Brussa, Ephesus und in mehreren andern Städten des Morgenlandes ungehindert zeichnen konnte, mußte er hier flüchten. So ist das hiesige, nach den Berichten mancher Reisenden gastfreundliche, gefällige Volk beschaffen.
Des folgenden Morgens mit Sonnenaufgang begab sich Herr S. auf die Terrasse des Klosters, um eine Ansicht der Stadt aufzunehmen. Auch hier ward er entdeckt, zum Glück aber erst nach einigen Stunden, da er seine Arbeit schon geendet hatte, so daß er gleich beim ersten Steinwurf ganz ruhig das Feld räumen konnte.

Peter Bamm

Kreuzritterburg Krak des Chevaliers

Fünfundvierzig Kilometer westlich von Homs, dem Emesa der Kaiserin Julia Domna und des Heliogabal, steht in den nördlichen Ausläufern des Libanon eines der merkwürdigsten Denkmäler, die Europa im Orient errichtet hat. Es ist das »Krak des Chevaliers«, die größte mittelalterliche Burg, die ich je gesehen habe. »Krak« ist das türkische Wort für Burg. »Les chevaliers« sind die Kreuzritter. Der arabische Name ist Husn el-Akrâd. Er bedeutet Kurdenfestung.
Beim Verlassen von Homs weht uns ein starker Westwind entgegen, der sich während der Fahrt zum Sturm entwikkelt. Der Sturm treibt die Wolken vom Meer her in die

Syrische Wüste. An den Gipfeln des Libanon sind die Wolken in Fetzen gerissen worden. Es fängt an zu regnen. Mein kleiner freundlicher Fahrer blickt bedenklich zum Himmel. Er hält es für eine ausgemachte fränkische Narretei, daß einer bei einem solchen Wetter auf einen Berg hinauf will.

Ein Stückchen müssen wir durch libanesisches Gebiet. Sogleich wird, der Grenze wegen, die Straße schlecht. Das Gebirge hat begonnen. Die Erhebungen sind sechshundert bis achthundert Meter hoch. An den tieferen Hängen sind Reste von Wald erhalten geblieben. Auf den Kuppen hat der Regen den Felsen herausgewaschen. An einer Wegbiegung taucht das Krak des Chevaliers in einer Entfernung von acht Kilometern Luftlinie auf. Die Burg liegt auf einer vorspringenden Bergnase. Von den runden Bergrücken hebt sie sich als scharfe geometrische Kontur gegen die düsteren, grauen Wolken ab. Um die Strecke von acht Kilometern Luftlinie zu überwinden, brauchen wir drei Stunden.

Zunächst halten wir beim Zollamt an. Das Zollhaus ist eine windige Bretterbude, in der ein paar frierende Zöllner sitzen. In einem Kupferbecken brennt ein Holzkohlenfeuer. Der Holzkohle ist trockener Kamelmist beigemischt. Der Rauch dieses Feuers ist scharf und beizend, aber nicht unangenehm. Es ist einer jener Gerüche, welche, selbst wenn viele Jahre vergangen sind, ehe sie einem wieder begegnen, ganze Welten aus der Erinnerung hervorzaubern. Wir bekommen einen Mokka. An den Tassen wärmen wir uns die Finger. Die Syrer sind reizende Leute. Ihre Freundlichkeit, ihre natürliche, herzliche Gastfreundschaft, ihre behagliche Neigung zu einem Palaver vom Wetter bis zur großen Politik gewinnen schnell das Herz jedes Fremden, der eines hat.

In dieser kleinen Zollbude wird ein wegekundiger Führer angeworben. Die zum Krak des Chevaliers fast um den ganzen Berg herum steil sich hinaufwindende Straße besteht bis heute nur aus dicken Basaltbrocken. Sie sind vom Regen spiegelglatt. Glücklicherweise hat der Fahrer keine Nerven. Mit graziöser Leichtigkeit steuert er den rutschenden Wagen die Serpentinen hinauf. Der Hang stürzt neben der Straße mehrere hundert Meter in die Tiefe. Von Zeit zu Zeit drückt ein Sturmstoß den Wagen ein wenig aus der Bahn. Je höher wir steigen, um so großartiger wird der Ausblick. Sicher ist dieser Weg nur für Maultiere. Käme ein Wagen entgegen, es entstünde ein unlösbares Problem. Der Prophet war mit dem Fahrer. Die Engel waren mit mir. Es kam kein Wagen.

Plötzlich, hinter einer Wegbiegung, steigt die Burg, nur hundert Meter entfernt, vor uns auf, eine riesige, in den Himmel ragende Festung. Die Kuppe, auf der sie liegt, stürzt nach Süden, Osten und Norden steil in die Tiefe. Nach Westen läuft sie in einen kleinen Bergsattel aus. In der Mulde des Sattels liegt ein Dorf. Zwischen den schwarzäugigen Kindern, die unseren haltenden Wagen sogleich umringen, ist eines mit weizenblondem Haar und hellblauen Augen.

Wir überschreiten eine Brücke, die über einen tiefen, mit fast senkrechten Wänden gemauerten Graben führt, und treten in das düstere Torgewölbe ein. Von hier aus führt ein gepflasterter, von gemauerten Rundbogen überdachter Weg dreihundert Meter lang in einem flachen Bogen in leichtem Anstieg nach oben. Alle dreißig Meter ist in der Mauer ein Durchbruch, der einen Blick in die Tiefe und in die Ferne freigibt. Eine ganze Schwadron könnte diesen Torweg in geschlossener Viererformation hinaufreiten. Für die übertriebenen Dimensionen der Burg hat vielleicht der Ehrgeiz, die Zitadelle von Aleppo übertrumpfen zu wollen, eine Rolle gespielt. Endlich kommt man in weite, freie Höfe.

Der Saal, in dem die Ritter getafelt haben, ist erhalten. An seinem Eingang sind zwei Wappen in den Stein gemeißelt, der einzige im Bereich der Burg noch vorhandene orna-

mentale Schmuck. Gegenüber dem Rittersaal liegt die Burgkapelle. Auch ihre Mauern stehen noch.
Zwischen dem Rittersaal und der Burgkapelle ist ein Platz, auf dem an Steintischen zuweilen im Freien gezecht worden ist. Wir dürfen uns vorstellen, wie eines Tages auf der Burg ein Ritter aus Frankreich, soeben auf dem Kamm des Libanon, am Rand der Wüste eingetroffen, die neueste literarische Sensation vortrug – die Legende vom Heiligen Gral, die Chrétien de Troyes gerade in dichterische Form gefaßt hatte.
In den unteren Stockwerken liegen die Räume für Mannschaften und Vorräte. Ich bin ein alter Quartiermacher und verstehe etwas von diesem Geschäft. In dieser Burg wären fünftausend Mann leicht unterzubringen. Der Backofen, ein Ding von unwahrscheinlichen Ausmaßen, ist noch vorhanden. Ganze Reihen von halb in den Boden eingelassenen, mannshohen Tongefäßen dienten zur Aufbewahrung enormer Mengen von Olivenöl. Die Burg war für eine lange Belagerung eingerichtet.
Der Kommandant des Platzes wohnte in einem Turmzimmer mit einer flachen Terrasse als Dach. Da von der Terrasse aus der Grund, auf dem die Burg steht, nicht zu sehen ist, habe ich das schwindelerregende Gefühl, der Turm schwebe frei in der Luft. Nach Norden und Süden blickt man in das kahle Gebirge, im Westen, bei klarer Sicht, bis zum Meer, im Osten in die Wüste, die sich beinahe sechshundert Kilometer weit bis zum Euphrat erstreckt.
Die Anlage ist großartig, pathetisch, phantastisch. Aber sie macht zugleich einen barbarischen Eindruck. Es gab in Syrien ein System solcher Burgen. Ihre Plätze waren so ausgewählt, daß immer wenigstens zwei Burgen in Sichtweite voneinander lagen. So konnte man sich mit Leuchtsignalen verständigen. Das strategisch wohldurchdachte System beherrschte die von Norden nach Süden führende Küstenstraße, den von Westen nach Osten, von der Küste

nach Homs führenden Gebirgspaß und die alte Karawanenstraße, die zwischen Gebirge und Wüste, von Tarsos, Antiochia und Aleppo kommend, nach Damaskus, Jerusalem und Ägypten führt.
In dieser Burg haben von 1180 bis 1271 europäische Ritter gehaust, Männer, deren Heimat die Champagne, die Pfalz, Toskana oder Cornwall waren.
Was hatten die Ritter hier zu suchen? Was war das für eine Welt, aus der die Männer kamen, die so mächtige Bauten in einem Land errichteten, in dem keiner von ihnen und keiner ihrer Vorfahren geboren war?

Libanon

Ausgerechnet Libanon, das Land, das von allen arabischen Ländern abendländisch-europäischen Einflüssen gegenüber am aufgeschlossensten gewesen ist, hat am heftigsten unter den politischen Spannungen und kriegerischen Auseinandersetzungen zwischen Ost und West der letzten Jahrzehnte leiden müssen.
Libanons Grenzen – sowohl nach Syrien wie nach Israel – sind ohne landschaftliche Barrieren. Nur im Westen begrenzt das Mittelmeer 225 km lang Libanon.
Einst waren die Phönizier an diesem Küstenstrich – dem »Land der Purpurschnecken«, dies bedeutet das Wort Phönizien – zu Hause; berühmt als Seefahrer wie als Kaufleute. Noch heute zeugen Jahrtausende alte Ruinen von den vielen Kulturen, die hier entstanden. Byblos, Tyrus und Sidon sind geschichtsträchtige Stätten, und die gewaltigen Ruinen von Baalbek geben den Archäologen noch immer Rätsel auf. Von den Zedern des Libanon, die im Altertum als Baumaterial für Schiffe und Tempel geschätzt waren, gibt es allerdings nur noch ein paar Hundert in einem etwa 1900 Meter hoch gelegenen Hain bei Bescharreh.
Antike Denkmäler, moderne Künstler, Banken und Handelsniederlassungen, Sport und jede Form des Amüsements ließen Beirut einst zum Paris des Mittelmeerraums werden und gleichzeitig zum wichtigsten Handels- und Finanzplatz Vorderasiens. Ob Beirut und Libanon wieder zum alten Glanz, zur alten Bedeutung zurückfinden? Auch darüber sind die Meinungen unter den drei Millionen Libanesen geteilt.

Mark Twain
Ein Amerikaner bei den Ruinen von Baalbek

Wir überquerten in einem langweiligen, etwa fünfstündigen Ritt durch die Sonne das Tal des Libanon. Es zeigte sich, daß es kein ganz so üppiger Garten war, wie es von den Berghängen aus den Anschein gehabt hatte. Es war eine öde, unkrautbewachsene Wüste, dicht besät mit faustgroßen Steinen. Hier und da hatte die einheimische Bevölkerung die Erde aufgekratzt und brachte eine magere Ausbeute an Getreide hervor, aber zum größten Teil war das Tal einer Handvoll Hirten überlassen, deren Herden alles taten, was sie konnten, um ihren Lebensunterhalt zu bestreiten, aber die Aussichten standen schlecht für sie. Wir sahen in gewissen Abständen primitive Steinhaufen am Straßenrand und erkannten daran den Brauch wieder, Grenzen zu markieren, wie er zu Jakobs Zeiten geherrscht hatte. Es gab keine Mauern, keine Zäune, keine Hecken – nichts, was geeignet wäre, eines Mannes Besitz zu sichern, als diese wahllos verstreuten Steinhaufen. Die Israeliten hielten sie in jenen alten patriarchalischen Zeiten heilig, und diese Araber, ihre direkten Nachkommen, tun es ebenfalls. Ein Amerikaner gewöhnlicher Intelligenz würde bei einem derartig lockeren System der Einfriedung seinen Besitz bald weit ausdehnen, wobei es ihn nur etwas Handarbeit kostete, die er nachts erledigen würde.

Der Pflug, den diese Leute verwenden, ist ebenso ein zugespitzter Stock wie der, mit dem Abraham pflügte, und sie worfeln ihren Weizen noch immer so, wie er es tat – sie schütten ihn auf dem Hausdach auf und werfen ihn dann schaufelweise in die Höhe, bis der Wind die ganze Spreu weggeblasen hat. Sie erfinden nie etwas, lernen nie etwas dazu.

Eine Meile weit ritten wir mit einem Araber um die Wette, der auf einem Kamel thronte. Einige Pferde waren schnell und liefen ein sehr gutes Tempo, aber das Kamel sauste ohne übergroße Anstrengung an ihnen vorbei. Das Schreien und Rufen und Peitschenknallen und Galoppieren von allen Beteiligten machten daraus ein erheiterndes, aufregendes und ganz besonders lärmerfülltes Rennen.

Um elf Uhr fielen unsere Blicke auf die Mauern und Säulen von Baalbek, einer prächtigen Ruine, deren Geschichte ein Buch mit sieben Siegeln ist. Es steht dort seit Jahrtausenden, allen Reisenden ein Gegenstand des Staunens und der Bewunderung, aber wer es erbaut hat oder wann es erbaut worden ist, das sind Fragen, die vielleicht niemals eine Antwort finden werden. Eines ist jedoch sehr sicher: die Großartigkeit der Anlage und die Anmut der Ausführung, wie man sie an den Tempeln von Baalbek sieht, haben in keinem Werk aus Menschenhand, das innerhalb der vergangenen zwanzig Jahrhunderte errichtet worden ist, ihresgleichen gefunden, nicht einmal annähernd.

Der große Sonnentempel, der Jupitertempel und verschiedene kleinere Tempel stehen zusammengedrängt mitten in einem dieser elenden syrischen Dörfer und nahmen sich in solch plebejischer Gesellschaft seltsam genug aus. Diese Tempel sind auf massiven Fundamenten errichtet, die beinahe eine Welt tragen könnten; das verwendete Material sind Steinblöcke, groß wie Omnibusse – sehr wenige, wenn überhaupt welche, sind kleiner als die Werkzeugkiste eines Tischlers –, und diese Fundamente werden von gemauerten Tunnels durchquert, durch die ein Wagenzug fahren könnte. Bei derartigen Fundamenten ist es kaum verwunderlich, daß Baalbek so lange erhalten geblieben ist. Der Sonnentempel ist beinahe dreihundert Fuß lang und hundertsechzig Fuß breit. Ihn haben vierundfünfzig Säulen umgeben, aber jetzt stehen nur noch sechs – die anderen liegen als ein verworrener und malerischer Haufen zerbrochen auf dem Fundament. Die sechs Säulen sind makellos, ebenso ihre Sockel, ihre korinthischen Kapitäle und ihr Säulengebälk – sechs schöner gebildete Säulen gibt es nicht. Die Säulen und das Gebälk zusammen sind siebenundzwanzig Meter hoch – für Steinsäulen wahrhaftig eine erstaunliche Höhe –, und doch denkt man nur an ihre Schönheit und Symmetrie, wenn man sie betrachtet; die Pfeiler wirken schlank und fein, das Gebälk sieht mit seinen kunstvollen Bildhauerarbeiten wie prächtiges Stuckwerk aus. Aber wenn man hinaufgeschaut hat, bis die Augen müde sind, blickt man auf die großen Säulentrümmer, zwischen denen man steht, und stellt fest, daß sie einen Durchmesser von acht Fuß haben, und neben ihnen liegen schöne Kapitäle, die offensichtlich so groß sind wie eine kleine Hütte, und auch einzelne Steinplatten, wunderbar behauen, die vier oder fünf Fuß stark sind und den Fußboden eines gewöhnlichen Wohnzimmers völlig bedecken würden.

Man fragt sich, wo diese ungeheuren Dinger herkommen, und braucht einige Zeit, um sich davon zu überzeugen, daß die ätherischen und anmutigen Bildungen, die hoch über den Köpfen schweben, aus ihresgleichen bestehen. Es erscheint allzu widersinnig.

Die Ruine des Jupitertempels ist kleiner als diejenige, von der ich gerade gesprochen habe, und doch ist der Tempel ungeheuer groß. Er befindet sich in einem leidlich erhaltenen Zustand. Eine Reihe von neun Säulen steht noch fast unversehrt da. Sie sind knapp zwanzig Meter hoch und bilden eine Art Portal oder Vorhalle, die mit dem Dach des Bauwerks verbunden ist. Dieses Vordach ist aus ungeheuren Steinplatten zusammengesetzt, die an der Unterseite so fein bearbeitet sind, daß das Werk von unten wie ein Fresko wirkt. Ein oder zwei dieser Platten waren heruntergefallen, und ich fragte mich wieder, ob nicht die gigantischen Massen behauenen Steins, die um mich herlagen, größer wären als jene über meinem Kopf. Das Zierwerk innerhalb des Tempels war kunstvoll gearbeitet und kolossal. Was muß dieses Bauwerk für ein Wunder an architektonischer Schönheit und Größe gewesen sein, als es neu war! Und welch prächtigen Anblick bieten das Bauwerk und sein stattliche-

rer Gefährte mit dem Chaos verstreuter mächtiger Trümmer um sie her noch immer im Mondlicht!
Ich kann nicht begreifen, wie diese ungeheuren Steinblöcke jemals aus den Steinbrüchen herangeholt oder wie sie jemals zu der schwindelnden Höhe emporgehoben wurden, die sie an den Bauten innehaben. Und doch sind diese bearbeiteten Blöcke von geringfügiger Größe, verglichen mit den roh zugehauenen Blöcken, die die breite, den großen Tempel umgebende Veranda oder Plattform bilden. Die eine Seite dieser Plattform, zweihundert Fuß lang, ist aus Steinblöcken zusammengesetzt, die so groß sind wie ein Straßenbahnwagen, und manche noch größer. Sie überragen eine etwa zehn oder zwölf Fuß hohe Mauer. Ich dachte, dies wären große Felsblöcke, aber sie sanken zur Bedeutungslosigkeit herab, wenn man sie mit denen verglich, die einen anderen Teil der Plattform bildeten. Es waren drei, und mir schien es, daß jeder von ihnen etwa so lang wie drei hintereinander stehende Straßenbahnwagen wäre, obwohl sie natürlich ein Drittel breiter und höher als Straßenbahnwagen sind. Vielleicht wurden zwei Eisenbahnwaggons des größten Typs, hintereinander aufgestellt, ihre Größe besser veranschaulichen. Zusammen erreichen diese drei Steine eine Länge von fast zweihundert Fuß; sie messen dreizehn Fuß im Quadrat; zwei von ihnen sind je vierundsechzig Fuß, der dritte ist neunundsechzig Fuß lang. Sie sind in etwa zwanzig Fuß Höhe über dem Erdboden in die massive Mauer eingebaut. Sie befinden sich dort, aber wie sie dort hingekommen sind, das ist die Frage. Ich habe den Rumpf eines Dampfschiffes gesehen, der kleiner war als so ein Stein. All diese großen Mauern sind so genau bemessen und wohlgeformt wie die schwachen Dinger, die wir heutzutage aus Ziegelsteinen bauen. Ein Volk von Göttern oder Riesen muß Baalbek vor vielen Jahrhunderten bewohnt haben. Männer wie die unserer Tage könnten kaum derartige Tempel errichten.
Wir suchten den Steinbruch auf, der die Steine für Baalbek

lieferte. Er befand sich etwa eine Viertelmeile weit bergabwärts. In einer großen Grube lag das Gegenstück des großen Steines in den Ruinen. Er lag da gerade so, wie die Riesen aus jener vergessenen alten Zeit ihn hinterlassen hatten, als sie von dort abgerufen wurden – genau so, wie sie ihn hinterlassen hatten und wie er Tausende von Jahren liegenbleiben sollte, eine beredte Zurechtweisung derer, die gern abfällig über die Menschen denken, die vor ihnen gelebt haben. Dieser ungeheure Block liegt dort, zurechtgehauen und fertig für die Hand des Baumeisters – ein Brocken aus einem Stück, vierzehn mal siebzehn Fuß, und nur wenige Zoll fehlen an der Länge von siebzig Fuß! Auf seiner Oberfläche könnte man zwei Einspänner nebeneinander von einem Ende zum anderen fahren, und es wäre auf jeder Seite noch Platz genug für einen oder zwei Fußgänger.

Nicolas Born

Am Strand von Beirut 1979

Das Fenster war über Nacht einen Spaltbreit geöffnet gewesen, so daß er vom Lärmen der Vögel erwachte, und eine Etage höher wummerte Wasser in eine Wanne. Als er die Augen endgültig offen behielt, unterschied er auch Stimmen auf dem Gang. Er hatte das Gefühl, ein völlig grundloses Gefühl, etwas versäumt oder verpatzt zu haben, was? Noch war kein erster, entscheidender Schritt verunglückt, wenn er einmal von dem überflüssigen Barbesuch absah. Anna konnte nur zerschellen an diesem Betonmenschen Hoffmann. Da war er gegangen. Es wunderte ihn, wie der amputierte Araber bei Nacht hatte in die Hamra gelangen können. Mit dem Deutschen, Rudnik, wollte er sich einmal unterhalten. Er mußte einen zwielichtigen Grund haben, hier zu sein, eine Gestalt, die auf ihn trotz ihrer äußeren Akkuratesse haltlos gewirkt hatte. Heute morgen wollte er ihm keinesfalls begegnen, Hoffmann wenn möglich auch nicht. Es war schon fast zehn Uhr. Zu Hause war es jetzt zwei Stunden früher. Greta hatte sich, nachdem die Kinder abgeholt worden waren, noch einmal hingelegt und war wieder eingeschlafen. Der Himmel war blau, erst weiter weg hingen dicke aufgebauschte Wolken dicht über dem Horizont. Die Elbwiesen zerflossen da, immer blasser, und wo nichts Genaues mehr war, sah man auch keine Zäune mehr. Die treibenden Eisschollen fingen an zu rotieren, wenn sie in die Strudel zwischen den Molen gerieten. Das ehemalige Bauernhaus, dessen Eichenfachwerk ausgemauert war mit blaßroten, an der Luft getrockneten Ziegelsteinen, die im Licht der frühen oder späten Sonne diesig purpurn aufleuchteten, lag da an den Boden geschmiegt oder wie hingekauert. Er hatte Greta auf dieses Leuchten, das ihm rätselhaft vorkam, wie eine nur ihm sichtbare Strahlung, aufmerksam gemacht. Ein paar Versuche von Greta, es zu fotografieren, waren enttäuschend verlaufen; die Vergrößerungen brachten nie das, was er meinte. Vielleicht hatte sie auch den Farbton nicht richtig gesehen und die Bilder wurden deshalb nichts. Die ganze nach Osten gerichtete Giebelwand war mit Wein bewachsen. Durch die oberen Fenster konnte er über den Fluß und den Zaun der Staatsgrenze hinweg in den anderen Staat schauen, wo sich, wenn sie klares Wetter hatten, das Diesseits wiederholte, also Ansammlungen geduckter Gehöfte, von Bäumen umstanden und überragt. Die Stallungen an den Außenseiten der Diele waren von ihnen zu Wohn- und Arbeitsräumen nachträglich ausgebaut worden, Greta hatte dort auch ihr Labor. In der Diele hing eine Schaukel, an einen Nagel beiseite gehängt. An der gegenüberliegenden Wand stand ein Tisch mit gekreuzten Beinen aus altem geblichenem Holz.

Er sah sich selber da sitzen, die Hände ringend vor Untätigkeit. Das Hemd war zu eng, und zwischen den geschlossenen Knöpfen war der rötlich behaarte Bauch zu sehen. Er konnte es nicht akzeptieren, jetzt dies oder jenes zu tun, es schien grundsätzlich vergeblich, von allgemeinem Desinteresse zu sein. Er blätterte einen Packen Libanon-Fotos durch, an deren Rückseiten kleine, mit der Maschine eng beschriebene Papierfähnchen klebten, die Ort, Zeit und manchmal auch die Akteure bezeichneten. Meist waren Jugendliche in allerlei Posen und Gebärden abgebildet, bewaffnet. Die Waffen an den Schulterriemen waren den meisten zu groß und den Bewegungen im Weg. Die Läufe waren leicht nach unten geneigt gemäß einer rasch erlernten Hauptregel. Die Kinder kamen, von Verena abgeholt, und erzählten, was sie im Kindergarten erlebt hatten, nichts Besonderes, aber es war wichtig. Verena kochte. Wann kam Greta zurück? Wieso hatte er sich vorgenommen, heute in der Redaktion anzurufen? Er wußte es nicht mehr. In den Zeitungen standen täglich Neuigkeiten über die Entwicklung im Libanon. Wollten sie ihn wieder hinschicken? Andererseits hatte er bemerkt, wie denen in Hamburg der andauernde Krieg auch schon langweilig wurde, ein untrügliches Zeichen für die Langeweile der Leser. Andauernde Kampfhandlungen hatten etwas so Einschläferndes wie keine Kampfhandlungen. Also doch Chile? Amnesty International hatte Chile-Fotos geschickt, Berichte von Gefolterten. Bot das nicht Gelegenheit, dem Leser die Werkzeuge zu zeigen? War das nicht Grund genug für ein erneutes Vordringen der Journalisten nach Chile hinein? Ein paarmal hatte er mit Greta geschlafen, seitdem er ein paar Tage vor Weihnachten zurückgekommen war. Je beiläufiger sie es geschehen ließ, um so erbärmlicher, eigentlich erbarmungsunwürdiger, empfand er die eigene Erregung, als krank und würdelos. Am liebsten hätte er sie angefleht um etwas Beteiligung, Anteilnahme an ihm, die sie ihm aber daraufhin erst recht hätte noch stärker entziehen müssen. Daß es ihn dennoch erregte, erregte ihn noch mehr, auch, daß sie in Hamburg mit einem Mann zusammen gewesen war, mit dem sie gesprochen hatte, wie sie mit ihm niemals mehr sprach. Jene unaussprechliche Fremde, die dann an ihr haftete, machte sie ihm unerreichbar, unansprechbar, unberührbar, wenn er sie auch erreichte, ansprach, berührte. Die Gier war noch da und sogar stärker, die Gewalt war noch da, mit der er sie niederzwingen, wenn er wollte, auch erwürgen könnte, mit der er sie auch nur, wenn er wollte, bedrohen, erpressen könnte, wenn er eines davon wirklich nur noch gewollt und damit gekonnt hätte. All die Möglichkeiten, die lange und selbstverständlich in ihrem ehelichen Verhältnis, das nie ein eheliches hatte werden dürfen und auch nicht wirklich geworden war, geruht hatten, waren still, nach und nach abhanden gekommen.

Laschen war aufgestanden und hatte den Vorhang aufgezogen. Er wählte die Servicenummer und bestellte das Frühstück aufs Zimmer. Sofort anschließend rief er die Botschaft an, um Ariane Nassar zu sprechen, die gar nicht erstaunt war, seine Stimme zu hören. Er sagte ihr, sie seien diesmal im Commodore. Sie sagte, deine feigen Kollegen sind alle verschwunden, nach Hause, oder sie sitzen in Kairo an den Swimming-pools. Nur einer ist außer dir noch da, aber der ist Österreicher und ein alter Mann, der sowieso seit fast vierzig Jahren im Orient lebt.

Würdest du mir helfen, einen neuen Überblick zu bekommen?

Ich glaube, du bist nur wiedergekommen, um mich auszunutzen.

Sie verabredeten sich zum Mittagessen, wollten sich in der Hotelhalle treffen. Sie sagte, sie habe auch nicht viel zu tun. Das Botschaftspersonal bestehe nur noch aus fünf Leuten, von denen noch drei demnächst abreisen wollten aus Sicherheitsgründen, die aber von diesen Männern als familiäre Gründe bezeichnet würden. Über ihre linke Gesichtshälfte verlief eine Narbe vom Augenwinkel um die Wange herum bis zum Nasenflügel. Dadurch wurde die

Wange hervorgehoben und der Mundwinkel etwas hochgezogen, ein Eindruck, der sich verlor, wenn sie redete, der sich überhaupt allmählich verlor. Als er den Hörer auflegte und eine Weile zum Fenster hinausschaute, fühlte er sich für die Stunden, die ihm bis zu ihrem Treffen blieben, gestärkt. Das Messer schob er unter die Wolldekken, die gefaltet auf dem Kleiderschrank lagen. Esser, der ständige Korrespondent, war, wie er vermutet hatte, in Kairo. Noch vor ein paar Tagen hatte er sich in einem Telex aus Beirut gemeldet.

In der Halle kaufte er am Kiosk eine Stange Zigaretten, einen Stadtplan und die internationale Ausgabe der Herald Tribune von gestern. Er gab ein Telegramm an Esser auf, der in Kairo immer im Hotel Alexandria wohnte, in dem er ihn um Material bat. Er nahm die auf Leseformat geschnittenen Telexfahnen mit zu einem Sessel und bestellte einen Martini. Am Nebentisch saßen zwei Araber in weißen Gewändern mit scharf ausrasierten Bartkonturen, Bernsteinketten locker um die Hand gewickelt. Er las die Agenturmeldungen. Karantina, ein Slumviertel in der Nähe des Hafens, hauptsächlich von Palästinensern und armen Muslims bewohnt, lag nachts im Dauerfeuer, ebenso das angrenzende Maslakh. Durch Bab Edriss und das Hotelviertel an der St. Georges-Bucht verlief noch immer die ungenaue Grenze, fiktiv, die jede Nacht neu von den Einschlägen markiert wurde und sich fortsetzte in der Rue Damas. Wiederholt umkämpfte Punkte waren der Platz der Märtyrer und der Museumsplatz. Die Hochhäuser entlang dieser Linie wurden seit Wochen erobert und zurückerobert. Seit Wochen blühte tagsüber das Tauschgeschäft mit den nachts ergriffenen Geiseln. Sonst war es tagsüber meist ruhig, und viel totgeglaubtes Leben kam hervor in die Sonne und zeigte sich in seinem Eigensinn. Er dachte noch immer oft an den alten Muslim, der im Dezember vor einer zerschossenen Garage ein Tuch ausgebreitet hatte, um Kämme, Spangen und andere Dinge zum Kauf anzu-

bieten. Er war von ein paar Kindern, die in einigem Abstand ihn beobachteten, umgeben, da wurde er von einem Schuß umgeworfen, so schnell, daß eine seiner Sandalen weit vom Fuß geschleudert wurde. Er richtete sich halb wieder auf, seine Hand zupfte und glättete das Gewand, als ein zweiter Schuß ihn traf und er bewegungslos liegenblieb. Die Kinder waren verschwunden. Eine Minute später – Laschen hatte langsam entlanggeschaut an Dächern und Fenstern – waren Waren und Tuch verschwunden. Auch die andere Sandale war von seinem Fuß weg. Er hatte diesen Vorfall in seinem Artikel erwähnt.
Laschen schrieb ein paar Einzelheiten, Zahlen vor allem, in sein Notizbuch, brachte die Telexfahnen zurück in die Kabine, ließ vom Portier die Zigaretten in sein Postfach stecken und trat auf die Straße hinaus. Einer der Geldwechsler in der Rue Hamra hatte den Schalter geöffnet, und er verlangte den Kurs, den er gestern im Flughafen angezeigt gesehen hatte. Er bekam vierhundertzehn Lira für zweihundert Mark, ein geringer Verlust. Handwagen mit Paprika, Auberginen, Tomaten, Bananen, vor allem riesige Petersiliefuder rumpelten über das Pflaster. Die Autos schlängelten sich vorwitzig hupend durch das Gedränge. Die meisten Jalousien der Läden und Cafés waren halb hochgezogen, so daß man nur gebückt eintreten konnte. Eine Cafeteria war großzügig geöffnet, und die Leute standen dicht gedrängt und aßen Khebab und Hamburgers. Marlboro- und Whiskypyramiden auf den Gehsteigen, rasche Verkäufe. Viele weiße Mützen mit Plastikschirmen und aufgedruckter Marlboro-Reklame.
In der Rue Rebeiz nahm er ein Taxi. Den Fahrer mußte er nicht überreden, ihn nach Achrafieh, dann nach Maazra und zurück in die Hamra zu fahren – der Preis war ohnehin hoch, 100 Lira. Das Holiday Inn rauchte öd aus ein paar Fensteröffnungen und war von einem gleichmäßigen Muster der Einschußlöcher überzogen. Es sah porös aus, die Größe nur noch fadenscheinig. Weiter in Richtung

der Souks war alles geborsten, lag, hing in Fransen, Fetzen, dazwischen der sich immer am schnellsten erholende Markt, auf dem kein Artikel zu fehlen schien, die Farben leuchteten wie eh und je, die Stimmen der Verkäufer gellten, die krassen toten Chemiefarben der Blusen, Hemden, Kittel, der ganze Haushalts- und Lampenplunder. Überall an Kreuzungen und Straßenecken Barrieren aus Sandsäkken, leere MG-Nester. Hängender, gestürzter Stahlbeton, zerrissene Gewölbe, Mörtelhaufen, Schuttberge, in der Hitze zu Klumpen geschmolzenes Plastik und Metall, gerüttelte und geschüttelte Baumasse zurück aufs Grundgeflecht, auf kahle ausgehöhlte Konstruktion, auf freiragende Faser. Von Feuer und Rauch gestrählte Fliesenwände, gestürzte Treppen. Die Banken hatten aber nie gewankt, sie standen, nur leicht und zufällig demoliert in der Rue Riad el Solh, eine ganze Straße mitten in der Trümmerwelt. Es hieß, für ihren Erhalt sei gezahlt worden, große Summen an beide Seiten. Das ganze Viertel war so durchsichtig geworden, von einer grobkörnigen schneeigen Leere, so niedergerieben, und es wunderte ihn sehr, daß hier und da immer noch ein Gebäude erhalten war, hervorgehoben, ausgezeichnet, eine höhnische Herausforderung, darin zu wohnen.
Die Oberarme des Fahrers waren tätowiert, Laschen konnte die Motive nicht erkennen, obwohl die Ärmel in den Kurven hochrutschten. An einer Straßensperre der Falangisten mußten sie anhalten. Jugendliche mit schwarzen Baretts auf den Köpfen beugten sich in den Wagen hinein und verlangten seinen Ausweis. Dem Fahrer, der so aufmerksam geradeaus schaute, als führe er, nickten sie nur zu. Gegen die Hauswand gelehnt stand ein Katajeb-Mann in schwarzen polierten Schaftstiefeln und mit einer schwarzen Kapuze vermummtem Gesicht. Im Mundloch steckte eine Zigarette, und der Rauch quoll aus den Augenlöchern und am Hals hervor. Auf der Brust trug er drei Kruzifixe an grobgliedrigen Chromketten. Er stieß sich

von der Wand ab und kam herangeschlendert, blieb aber hinter den Jugendlichen stehen. Sie fragten Laschen auf französisch, ob er in der Hamra wohne, was er bejahte, und warum er in der Hamra wohne. Er erklärte, kein gutes Hotel in Achrafieh zu kennen. Er war ganz ruhig. Er betrachtete ruhig den Mann im Hintergrund, der keine Waffe in den Händen hatte. Es war in seinen Bewegungen etwas Untröstliches, Tragisches wie bei einem waidwunden, sich endlich ergebenden Tier. Seine Augen konnte Laschen nicht sehen, sah es hinter den Löchern nur wäßrig blinken. Eine traurige, langsam gewordene Kreatur, um die herum alles schon tot war, alles zertreten. Die Jugendlichen gaben Laschen den Paß zurück und wechselten ein paar arabische Worte mit dem Fahrer. Da erschien der vermummte Kopf am Hinterfenster. Er sei doch Deutscher. Ob er je einen Führer der Christen kennengelernt habe. Laschen lächelte verwirrt. Ja, sagte er, ich war zu Besuch im Haus Gemayel. Da drückte der Mann ihm die Hand und gab dem Fahrer ein Zeichen, weiterzufahren.
Achrafieh wirkte diesmal so hügelig. Es war hügelig. Die Augen brannten ihm vom Rauch, er riß sie weit auf. Alles wirkte friedlich, still, früh, wie vom Tau noch benetzt, obwohl die Sonne schon hoch stand. In den schattigen Villengärten gingen Leute mit Kindern, Pudel ihnen voraus. Eine Terrasse ragte schräg über das Gefälle des Hügels hinaus und war herumgebaut worden um die schon dünkelhaft aussehenden Palmen und Zypressen. Alles gestutzt, geschoren und berieselt, eine herrische Ordnung, scheinheiliger, in der Scheinheiligkeit erstarrter Wohlstand, so daß Laschen mit einer Lust die wenigen Granatlöcher zählte, die wenigen eingedrückten und ausgebrannten Zimmer.
Der Fahrer erzählte ihm begeistert von Jounieh, einem Fischerort fünfzehn Kilometer nördlich von Beirut, der nun zur neuen christlichen Hauptstadt ausgebaut werden solle, mit Überseehafen, Flugplatz. Er schwärmte von den Hotels

und Stränden, wollte ihn überreden, dort zu wohnen und es sofort zu besichtigen. Laschen lehnte ab und wiederholte, er wolle nichts anderes als über Maazra zurückgefahren werden in die Hamra. Vor einer Einfahrt durch eine lange, weiß getünchte Mauer, auf der in primitiver Manier Soldaten in Kampfposen gemalt waren, mußten sie warten, weil ein Konvoi aus Militärfahrzeugen sich zäh herausquetschte, am Schluß ein Panzer mit arabischer Schrift bemalt und einem aufgeschweißten Kruzifix, unter dem die Erde dröhnte, in der Turmluke ein scharfer gebräunter Kopf mit Schallschützern auf den Ohren. Laschen fragte, um welche Truppe es sich handle, ob es Leute von Chamoun seien. Der Fahrer sagte yes. Der Panzer blieb für einen Moment stehen, ohne vorher die Fahrt verlangsamt zu haben, und schwenkte das Geschützrohr herum, übergangslose abrupte Tempowechsel, es erschien Laschen als Drohgebärde der Materie selbst. Der Fahrer sagte, Chamouns Truppen hätten sich vorübergehend mit denen von Abu Arz verbündet. Davon hatte Laschen schon im Dezember Greuelnachrichten gehört. Sie nannten sich »Wächter der Zeder« und waren eine kleine, gut ausgerüstete und besonders brutale christliche Privatarmee, die in den Bergen kleine muslimische Orte besetzt und geplündert hatte. Mark Padnos hatte ihm von einem Besuch in Abu Arz' Hauptquartier erzählt. Er habe den Eindruck gehabt, sie kopierten die SS.
Es war schon bald eins. Sie näherten sich der Rue Damas, viele zerschossene und ausgebrannte Häuser, links und rechts in ehemaligen Gärten Panzer, die sich tief in den Boden eingebuddelt und die Rohre auf den Museumsplatz gerichtet hatten. Auf dem Sandsäckewall eines MG-Nestes saß mit baumelnden Beinen ein kleiner lockiger Junge und unterhielt sich mit einem älteren. Ein paar Uniformierte schlenderten rauchend herum. Schüsse waren nicht zu hören. Aus einer rauchenden Ruine wurden Möbel getragen und mit Seilen auf einen Lastwagen gezogen.

Wo die Rue Hôtel-Dieu auf den Museumsplatz mündet, war eine Straßensperre, die von den MG-Schützen beobachtet wurde. In regelmäßigen Abständen standen alte löchrige Teerfässer auf der Fahrbahn, in denen abends Feuer brannten. Laschen mußte aussteigen, nachdem er den Paß hinausgereicht hatte. Der Fahrer auch, der fluchend den Kofferraum öffnete, in dem nichts war außer einem Reservekanister, einem Abschleppseil und einem Hammer. Zwei Knaben mit wichtigtuerischen Gesichtern, die ihr Gespräch nicht unterbrachen, tasteten Laschen ab, auch die Beine, dabei sah er die Mündungen ihrer Waffen, schwarze, etwas körnige Löcher, unter seinem Kinn hin und her schwanken. Es dauerte lange. Er spürte nur eine Ungeduld, die auf Entscheidung drängte. Was sollte passieren mit ihm? Sollte eine Kugel der Gegenseite ihn treffen, oder sollte er einen Moment später unversehrt Ariane in der Hotelhalle entgegeneilen? Die Leibesvisitation war beendet, und deshalb verstand er nicht, daß einer der Uniformierten sich mit seinem Paß Luft zufächelte. Man ließ den Fahrer wieder einsteigen, ihn aber warten, bis einer von den Knaben sich erneut an ihn wandte, die Hand aufhielt und fünfundzwanzig Lira verlangte, als Spende für den Krieg, als einen Munitionsbeitrag oder als Gebühr für den Grenzübertritt. Er verstand es nicht, er fragte, warum. Da drehte der Soldat sich um und wollte weggehen, mit seinem Paß.
Schon gut, rief Laschen ihm nach, er zahlte und bekam augenblicklich den Paß zurück.
Auf der anderen Seite des Platzes ein ähnliches Bild und eine ähnliche Prozedur. Die Muslims wollten wissen, was er hatte zahlen müssen. Er sagte es ihnen, und sie schüttelten bedauernd, als wollten sie sich für das schlechte Benehmen von Verwandten entschuldigen, die Köpfe. Sie kontrollierten ebenfalls den Kofferraum – diesmal fluchte der Fahrer nicht –, betrachteten verlegen seinen Paß und ließen sie dann weiterfahren. Sie fuhren durch das viel

stärker zerstörte Maazra. Stellenweise gab es in der Mitte nur eine schmale geräumte Fahrrinne zwischen den Schutthügeln. An einer weiteren palästinensischen Straßensperre wurden sie vorbeigewinkt. Die Posten trugen nasse Tücher auf den Gesichtern, dicker schwarzer Rauch wälzte sich niedrig durch die Straße, auch eine Todes- und Rachedrohung; Kinder warfen immer mehr alte Autoreifen in das Feuer. Sie hatten die Fenster rasch hochgekurbelt, aber doch war der Innenraum schon erfüllt von dem beizenden Geruch. Der Fahrer rieb sich die Augen und gab mehr Gas. Einmal hielt er an, um von einer alten verschleierten Frau einen Busch Petersilie zu kaufen.

Auf der Corniche Chourane wurde der Wagen sehr schnell, und wieder sah Laschen durch das Rückfenster die aufgewirbelten Papierfetzen niederschweben. In Höhe der Badegrotten, wo landeinwärts neue Hochhäuser stehen, zum Teil noch Rohbauten und von Gerüsten umklammerte Liftschächte aus Stahlbeton, hielt der Fahrer an. Es war Brachland zwischen den Bauten, gelbrote Erdaufschüttungen, stellenweise dünnes trockenes Gras, über das ein paar Schafe getrieben wurden. Der Fahrer ging voran auf einem Trampelpfad, der schräg den Abhang entlangführte zum Strand, und bedeutete ihm, zu folgen. Laschen stieg zögernd aus und stützte sich mit den Armen auf die Motorhaube. Sein Angstgefühl, so eine hohle Ernüchterung, die in ihm aufstieg, wollte er nicht wahrhaben, doch schüttelte er den Kopf.

I'll show something to you!

Da war es ihm peinlich, sich noch einmal auffordern zu lassen. Er ging dem Mann nach den Pfad hinunter durch hohes schilfartiges Gras, dann durch eine wüste, weit ausgebreitete und hin und her gezerrte Müllhalde weiter, um vorspringende Felsstücke herum, bis sie unten auf Sand gingen, der Mann ihm geduckt voran, als wolle er ihn warnen. Die Felsklippen stießen hier von oben herab bis in den Sand, in dicken vorspringenden Wülsten. Oben über ihren Köpfen sah Laschen einen krustigen, mit Büschen bewachsenen Überhang. Der Müll war zwar noch nicht in voller Breite bis auf den Strand hinabgerutscht, aber doch lagen überall Papier-, Stoffetzen, Konservenbüchsen, Flaschen und rostige Eisenteile herum. Sie kletterten über eine flache Klippe, die einige Meter weit ins Meer hineinragte, und gelangten in eine grottenartige Vertiefung, die aber zum Meer hin in voller Höhe offen war. Im Sand lagen schwarze Knochen, Schädel, Schenkel, Kiefer, Bekkenknochen. Der Sand war ebenfalls schwarz, wie mit altem Öl getränkt, in einem Winkel ein Stapel durchweichter Zeitungen und Kartons, wie sie offenbar zum Anmachen des Feuers benutzt worden waren.

Laschen glaubte, nichts zu fühlen, nur das Rauschen der Brandung schien in seinem Inneren sich fortzusetzen, zu verstärken und taube Nerven zu treffen. Keine sprachlose Empörung. Das Arrangement aus Menschenknochen – er dachte das Wort *Arrangement* – sah ruhig aus, einfach ein Bild im Sand, ein Verständigungszeichen, Knochen, die Knochen waren, zugleich Symbole, und wieder nur Knochen, kleine nieselnde Böen wehten darüber hin. Keine Gefahr. Der Taxifahrer – er hatte etwas wiedergefunden – triumphierte nicht übermäßig, wollte aber Laschens Staunen erleben. Niemand war zu sehen, auf dem Meer nichts, die Sonne schön umdunstet. Und ein wenig frisch war es hier unten ohne Mantel.

Would like to see more? Laschen schüttelte den Kopf.

I show you. I know many places. Little money.

Laschen sagte nein. Es hörte sich stumpf an, verschluckt. Von der Seite sah er in der Hosentasche des Mannes ein Geldbündel.

Could even happen to you, sagte der Mann lächelnd, nicht verschlagen, sondern höflich, ein wenig stolz. They would kill you for ten pounds, for less then ten pounds, for one pound they would kill you, they would kill you even without any reason.

Er sprach sehr eindringlich, als wolle er nur verhindern, daß ein stumpfer Tourist eine Besonderheit einfach übersieht. Laschen meinte sich kalt und aufmerksam jede Einzelheit eingeprägt zu haben. Langsam gingen sie den Pfad hinauf, Laschen diesmal als erster, und fast gleichgültig bedachte er, daß er diesem Mann, der ihm nicht gefiel, während des ganzen Aufstiegs den Rücken zudrehte.
Vor dem Hotel zahlte er den vereinbarten Preis. Der Fahrer nahm das Geld rasch in die andere Hand und streckte die freie noch einmal aus. Er schien fassungslos zu sein. Laschen fragte ihn unfreundlich, was er noch wolle, wollte zuerst nicht verstehen, bis der Mann beharrlich wiederholte: the bones, the bones. Er gab ihm, ohne ihn noch einmal anzusehen, das restliche Kleingeld aus der Jackentasche. Es mußten ungefähr acht oder zehn Pfund sein.

Israel

Bis zum 14. Mai 1948 verstand man unter »Israel« das nördliche der beiden Teilreiche, die nach dem Tod König Salomos um 925 v. Chr. entstanden waren.
Seit 1948 gibt es das Medinat Israel, den Staat Israel. Damit bekam ein Volk, das Jahrtausende ohne geographische Identität war, ein Vaterland. Es ist keines, in dem Milch und Honig fließen, wie es den Kindern Israels im Alten Testament verhießen worden war. Wenn heute aber Wasser fließt, wo vor Jahrzehnten noch Wüste war, wenn Felder und Plantagen existieren, wo vorher Sümpfe waren, dann ist dies das Verdienst der 3,6 Millionen Israelis, die aus allen Teilen der Welt kamen. 78 Prozent aller Nahrungsmittel kommen heute aus dem eigenen Land.
Das Geschichtsbuch dieses Volkes ist das Alte Testament, und der zuverlässigste Reiseführer für jeden Touristen, ganz gleich, woher er kommt, ist die Bibel. Der Augenschein läßt ihre Schilderungen glaubhaft werden – nicht nur in einem religiösen, sondern auch in einem greifbar-historischen Sinn. Noch heute kann ein gläubiger Israeli die Quadratschrift lesen, in der frühe Exemplare der Thora – die fünf Bücher Mose – niedergeschrieben wurden. Das heutige Israel hat unseren Respekt, das Heilige Land unsere Ehrfurcht.

Selma Lagerlöf

Das Kindlein von Bethlehem

Vor dem Stadttor in Bethlehem stand ein römischer Kriegsknecht Wache. Er trug Harnisch und Helm, er hatte ein kurzes Schwert an der Seite und hielt eine lange Lanze in der Hand. Den ganzen Tag stand er beinahe regungslos, so daß man ihn wirklich für einen Mann aus Eisen halten konnte. Die Stadtleute gingen durch das Tor aus und ein, Bettler ließen sich im Schatten unter dem Torbogen nieder, Obstverkäufer und Weinhändler stellten ihre Körbe und Gefäße auf den Boden neben den Kriegsknecht hin, aber er gab sich kaum die Mühe, den Kopf zu wenden, um ihnen nachzusehen.

Das ist doch nichts, um es zu betrachten, schien er sagen zu wollen. Was kümmere ich mich um euch, die ihr arbeitet und Handel treibt und mit Ölkrügen und Weinschläuchen angezogen kommt! Laßt mich ein Kriegsheer sehen, das sich aufstellt, um dem Feinde entgegenzuziehen! Laßt mich das Gewühl sehen und den heißen Streit, wenn ein Reitertrupp sich auf eine Schar Fußvolk stürzt! Laßt mich die Tapferen sehen, die mit Sturmleitern vorwärtseilen, um die Mauern einer belagerten Stadt zu ersteigen! Nichts andres kann mein Auge erfreuen als der Krieg. Ich sehne mich danach, Roms Adler in der Luft blinken zu sehen. Ich sehne mich nach dem Schmettern der Kupferhörner, nach schimmernden Waffen, nach rot verspritzendem Blut. Gerade vor dem Stadttor erstreckte sich ein prächtiges Feld, das ganz mit Lilien bewachsen war. Der Kriegsknecht stand jeden Tag da, die Blicke gerade auf dieses Feld gerichtet, aber es kam ihm keinen Augenblick in den Sinn, die außerordentliche Schönheit der Blumen zu bewundern. Zuweilen merkte er, daß die Vorübergehenden stehenblieben und sich an den Lilien freuten, und dann staunte er, daß sie ihre Wanderung verzögerten, um etwas so Unbedeutendes anzuschauen. Diese Menschen wissen nicht, was schön ist, dachte er. Und wie er so dachte, sah er nicht mehr die grünenden Felder und die Olivenhügel rings um Bethlehem vor seinen Augen, sondern er träumte sich fort in eine glühend heiße Wüste in dem sonnenreichen Libyen. Er sah eine Legion Soldaten in einer langen geraden Linie über den gelben Sand ziehen. Nirgends gab es Schutz vor den Sonnenstrahlen, nirgends einen labenden Quell, nirgends war eine Grenze der Wüste oder ein Ziel der Wanderung zu erblicken. Er sah die Soldaten, von Hunger und Durst ermattet, mit schwankenden Schritten vorwärtswandern. Er sah einen nach dem andern zu Boden stürzen, von der glühenden Sonnenhitze gefällt. Aber trotz allem zog die Truppe stetig vorwärts, ohne zu zaudern, ohne daran zu denken, den Feldherrn im Stich zu lassen oder umzukehren.

Sehet hier, was schön ist! dachte der Kriegsknecht. Seht, was den Blick eines tapfern Mannes verdient!

Während der Kriegsknecht Tag für Tag an demselben Platze auf seinem Posten stand, hatte er die beste Gelegenheit, die schönen Kinder zu betrachten, die rings um ihn spielten. Aber es war mit den Kindern wie mit den Blumen. Er begriff nicht, daß es der Mühe wert sein könnte, sie zu betrachten. Was ist dies, um sich daran zu freuen? dachte er, als er die Menschen lächeln sah, wenn sie den Spielen der Kinder zusahen. Es ist seltsam, daß sich jemand über ein Nichts freuen kann. Eines Tages, als der Kriegsknecht wie gewöhnlich auf seinem Posten vor dem Stadttore stand, sah er ein kleines Knäblein, das ungefähr drei Jahre alt sein mochte, auf die Wiese kommen, um zu spielen. Es war ein armes Kind, das in ein kleines Schaffell gekleidet war und ganz allein spielte. Der Soldat stand und beobachtete den kleinen Ankömmling, beinahe ohne es selbst zu merken. Das erste, was ihm auffiel, war, daß der Kleine so leicht über das Feld lief, daß er auf den Spitzen der Grashalme zu schweben schien. Aber als er dann anfing, seine Spiele zu verfolgen, da staunte er noch mehr. »Bei meinem

Schwerte«, sagte er schließlich, »dieses Kind spielt nicht wie andre! Was kann das sein, womit es sich da ergötzt?«

Das Kind spielte nur wenige Schritte von dem Kriegsknecht entfernt, so daß er darauf achten konnte, was es vornahm. Er sah, wie es die Hand ausstreckte, um eine Biene einzufangen, die auf dem Rande einer Blume saß und so schwer mit Blütenstaub beladen war, daß sie kaum die Flügel zum Fluge zu heben vermochte. Er sah zu seiner großen Verwunderung, daß die Biene sich, ohne einen Versuch zu entfliehen und ohne ihren Stachel zu gebrauchen, fangen ließ. Aber als der Kleine die Biene sicher zwischen seinen Fingern hielt, lief er fort zu einer Spalte in der Stadtmauer, wo ein Schwarm Bienen seine Wohnstatt hatte, und setzte das Tierchen dort ab. Und sowie er auf diese Weise einer Biene geholfen hatte, eilte er sogleich von dannen, um einer andern beizustehen. Den ganzen Tag sah ihn der Soldat Bienen einfangen und sie in ihr Heim tragen.

Dieses Knäblein ist wahrlich törichter als irgend jemand, den ich bis heute gesehen habe, dachte der Kriegsknecht. Wie kann es ihm einfallen, zu versuchen, diesen Bienen beizustehen, die sich so gut ohne ihn helfen und die ihn obendrein mit ihrem Stachel stechen können? Was für ein Mensch soll aus ihm werden, wenn er am Leben bleibt? Der Kleine kam Tag für Tag wieder und spielte draußen auf der Wiese, und der Kriegsknecht konnte es nicht lassen, sich über ihn und seine Spiele zu wundern. Es ist recht seltsam, dachte er, nun habe ich volle drei Jahre an diesem Tor Wache gestanden, und noch niemals habe ich etwas zu Gesicht bekommen, was meine Gedanken beschäftigt hätte, außer diesem Kinde. Aber der Kriegsknecht hatte durchaus keine Freude an dem Kinde. Im Gegenteil, der Kleine erinnerte ihn an eine furchtbare Weissagung eines alten jüdischen Sehers. Dieser hatte nämlich prophezeit, daß einmal eine Zeit des Friedens sich auf die Erde senken würde. Während eines Zeitraumes von tausend Jahren würde kein Blut vergossen, kein Krieg geführt werden, sondern die

Menschen würden einander lieben wie Brüder. Wenn der Kriegsknecht daran dachte, daß etwas so Entsetzliches wirklich eintreffen könnte, dann durcheilte seinen Körper ein Schauder, und er umklammerte hart seine Lanze, gleichsam um eine Stütze zu suchen. Und je mehr nun der Kriegsknecht von dem Kleinen und seinen Spielen sah, desto häufiger mußte er an das Reich des tausendjährigen Friedens denken. Zwar fürchtete er nicht, daß es schon angebrochen sein könnte, aber er liebte es nicht, an so etwas Verabscheuungswürdiges auch nur denken zu müssen.
Eines Tages, als der Kleine zwischen den Blumen auf dem schönen Feld spielte, kam ein sehr heftiger Regenschauer aus den Wolken herniedergeprasselt. Als er merkte, wie groß und schwer die Tropfen waren, die auf die zarten Lilien niederschlugen, schien er für seine schönen Freundinnen besorgt zu werden. Er eilte zu der schönsten und größten unter ihnen und beugte den steifen Stengel, der die Blüten trug, zur Erde, so daß die Regentropfen die untere Seite der Kelche trafen. Und sowie er mit einer Blumenstaude in dieser Weise verfahren war, eilte er zu einer anderen und beugte ihren Stengel in gleicher Weise, so daß die Blumenkelche sich der Erde zuwendeten. Und dann zu einer dritten und vierten, bis alle Blumen der Flur gegen den heftigen Regen geschützt waren.
Der Kriegsknecht mußte bei sich lächeln, als er die Arbeit des Knaben sah. »Ich fürchte, die Lilien werden ihm keinen Dank dafür wissen«, sagte er. »Alle Stengel sind natürlich abgebrochen. Es geht nicht an, die steifen Pflanzen auf diese Art zu beugen.«
Aber als der Regenschauer endlich aufhörte, sah der Kriegsknecht das Knäblein zu den Lilien eilen und sie aufrichten. Und zu seinem unbeschreiblichen Staunen richtete das Kind ohne die mindeste Mühe die steifen Stengel gerade. Es zeigte sich, daß kein einziger von ihnen gebrochen oder beschädigt war. Es eilte von Blume zu Blume, und alle geretteten Lilien strahlten bald in vollem Glanze auf der Flur.

Als der Kriegsknecht dies sah, bemächtigte sich seiner ein seltsamer Groll. Sieh doch an, welch ein Kind! dachte er. Es ist kaum zu glauben, daß es etwas so Törichtes beginnen kann. Was für ein Mann soll aus diesem Kleinen werden, der es nicht einmal ertragen kann, eine Lilie zerstört zu sehen? Wie würde es ablaufen, wenn so einer in den Krieg müßte? Was würde er anfangen, wenn man ihm den Befehl gäbe, ein Haus anzuzünden, das voller Frauen und Kinder wäre, oder ein Schiff in Grund zu bohren, das mit seiner ganzen Besatzung über die Wellen führe?

Wieder mußte er an die alte Prophezeiung denken, und er begann zu fürchten, daß die Zeit wirklich angebrochen sein könnte, zu der sie in Erfüllung gehen sollte. Sintemalen ein Kind gekommen ist wie dieses, ist diese fürchterliche Zeit vielleicht ganz nahe. Schon jetzt herrscht Friede auf der ganzen Welt, und sicherlich wird der Tag des Krieges niemals mehr anbrechen. Von nun an werden alle Menschen von derselben Gemütsart sein wie dieses Kind. Sie werden fürchten, einander zu schaden, ja, sie werden es nicht einmal übers Herz bringen, eine Biene oder eine Blume zu zerstören. Keine großen Heldentaten werden mehr vollbracht. Keine herrlichen Siege wird man erringen, und kein glänzender Triumphator wird zum Kapitol hinanziehen. Es wird für einen tapferen Mann nichts mehr geben, was er ersehnen könnte.

Und der Kriegsknecht, der noch immer hoffte, neue Kriege zu erleben und sich durch Heldentaten zu Macht und Reichtum aufzuschwingen, war so ergrimmt gegen den kleinen Dreijährigen, daß er drohend die Lanze nach ihm ausstreckte, als er das nächste Mal an ihm vorbeilief.

An einem anderen Tag jedoch waren es weder die Bienen noch die Lilien, denen der Kleine beizustehen suchte, sondern er tat etwas, was den Kriegsknecht noch viel unnötiger und undankbarer deuchte.

Es war ein furchtbar heißer Tag, und die Sonnenstrahlen, die auf den Helm und die Rüstung des Soldaten fielen, erhitzten sich so, daß ihm war, als trüge er ein Kleid aus Feuer. Für die Vorübergehenden hatte es den Anschein, als müßte er schrecklich unter der Wärme leiden. Seine Augen traten blutunterlaufen aus dem Kopfe, und die Haut seiner Lippen verschrumpfte, aber den Kriegsknecht, der gestählt war und die brennende Hitze in Afrikas Sandwüsten ertragen hatte, deuchte es, daß dies eine geringe Sache wäre, und er ließ es sich nicht einfallen, seinen gewohnten Platz zu verlassen. Er fand im Gegenteil Gefallen daran, den Vorübergehenden zu zeigen, daß er so stark und ausdauernd war und nicht Schutz vor der Sonne zu suchen brauchte.

Während er so dastand und sich beinah lebendig braten ließ, kam der kleine Knabe, der auf dem Felde zu spielen pflegte, plötzlich auf ihn zu.

Er wußte wohl, daß der Legionär nicht zu seinen Freunden gehörte, und er pflegte sich zu hüten, in den Bereich seiner Lanze zu kommen, aber nun trat er dicht an ihn heran, betrachtete ihn lange und genau und eilte dann in vollem Laufe über den Weg.

Als er nach einer Weile zurückkam, hielt er beide Hände ausgebreitet wie eine Schale und brachte auf diese Weise ein paar Tropfen Wasser mit.

Ist dies Kind jetzt gar auf den Einfall gekommen, fortzulaufen und für mich Wasser zu holen? dachte der Soldat. Das ist doch wirklich ohne allen Verstand. Sollte ein römischer Legionär nicht ein bißchen Wärme ertragen können? Was braucht dieser Kleine herumzulaufen, um denen zu helfen, die keiner Hilfe bedürfen? Mich gelüstet nicht nach seiner Barmherzigkeit. Ich wünschte, daß er und alle, die ihm gleichen, nicht mehr auf dieser Welt wären.

Der Kleine kam sehr behutsam heran. Er hielt seine Finger fest zusammengepreßt, damit nichts verschüttet werde oder überlaufe. Während er sich dem Kriegsknecht näherte, hielt er die Augen ängstlich auf das klein bißchen Wasser geheftet, das er mitbrachte, und sah also nicht, daß dieser mit tief

gerunzelter Stirn und abweisenden Blicken dastand. Endlich blieb er dicht vor dem Legionär stehen und bot ihm das Wasser.
Im Gehen waren seine schweren, lichten Locken ihm immer tiefer in die Stirn und die Augen gefallen. Er schüttelte ein paarmal den Kopf, um das Haar zurückzuwerfen, damit er aufblicken könnte. Als ihm dies endlich gelang und er den harten Ausdruck in dem Gesichte des Kriegsknechts gewahrte, erschrak er gar nicht, sondern blieb stehen und lud ihn mit einem bezaubernden Lächeln ein, von dem Wasser zu trinken, das er mitbrachte. Aber der Kriegsknecht hatte keine Lust, eine Wohltat von diesem Kinde zu empfangen, das er als seinen Feind betrachtete. Er sah nicht hinab in sein schönes Gesicht, sondern stand starr und regungslos und machte nicht Miene, als verstünde er, was das Kind für ihn tun wollte.
Aber das Knäblein konnte gar nicht fassen, daß der andre es abweisen wollte. Es lächelte noch immer ebenso vertrauensvoll, stellte sich auf die Zehenspitzen und streckte die Hände so hoch in die Höhe, als es vermochte, damit der großgewachsene Soldat das Wasser leichter erreiche.
Der Legionär fühlte sich jedoch so verunglimpft dadurch, daß ein Kind ihm helfen wollte, daß er nach seiner Lanze griff, um den Kleinen in die Flucht zu jagen.
Aber nun begab es sich, daß gerade in demselben Augenblicke die Hitze und der Sonnenschein mit solcher Heftigkeit auf den Kriegsknecht hereinbrachen, daß er rote Flammen vor seinen Augen lodern sah und fühlte, wie sein Gehirn im Kopfe schmolz. Er fürchtete, daß die Sonne ihn morden würde, wenn er nicht augenblicklich Linderung fände.
Und außer sich vor Schrecken über die Gefahr, in der er schwebte, schleuderte er die Lanze zu Boden, umfaßte mit beiden Händen das Kind, hob es empor und schlürfte soviel er konnte von dem Wasser, das es in den Händen hielt. Es waren freilich nur ein paar Tropfen, die seine Zunge benetz-

ten, aber mehr waren auch nicht vonnöten. Sowie er das Wasser gekostet hatte, durchrieselte wohlige Erquickung seinen Körper, und er fühlte Helm und Harnisch nicht mehr lasten und brennen. Die Sonnenstrahlen hatten ihre tödliche Macht verloren. Seine trockenen Lippen wurden wieder weich, und die roten Flammen tanzten nicht mehr vor seinen Augen.
Bevor er noch Zeit hatte, dies alles zu merken, hatte er das Kind schon zu Boden gestellt, und es lief wieder fort und spielte auf der Flur. Nun begann er erstaunt zu sich selber zu sagen: Was war dies für ein Wasser, das das Kind mir bot? Es war ein herrlicher Trank. Ich muß ihm wahrlich meine Dankbarkeit zeigen.
Aber da er den Kleinen haßte, schlug er sich diese Gedanken alsobald aus dem Sinn. Es ist ja nur ein Kind, dachte er, es weiß nicht, warum es so oder so handelt. Es spielt nur das Spiel, das ihm am besten gefällt. Findet es vielleicht Dankbarkeit bei den Bienen oder bei den Lilien? Um dieses Knäblein willen brauche ich mir keinerlei Ungemach zu bereiten. Es weiß nicht einmal, daß es mir beigestanden hat. Und er empfand womöglich noch mehr Groll gegen das Kind, als er ein paar Augenblicke später den Anführer der römischen Soldaten, die in Bethlehem lagen, durch das Tor kommen sah. Man sehe nur, dachte er, in welcher Gefahr ich durch den Einfall des Kleinen geschwebt habe! Wäre Voltigius nur um ein weniges früher gekommen, er hätte mich mit einem Kinde in den Armen dastehen sehen.
Der Hauptmann schritt jedoch gerade auf den Kriegsknecht zu und fragte ihn, ob sie hier miteinander sprechen könnten, ohne daß jemand sie belausche. Er hätte ihm ein Geheimnis anzuvertrauen.
»Wenn wir uns nur zehn Schritte von dem Tor entfernen«, antwortete der Kriegsknecht, »so kann uns niemand hören.«
»Du weißt«, sagte der Hauptmann, »daß König Herodes einmal ums andre versucht hat, sich eines Kindleins zu

bemächtigen, das hier in Bethlehem aufwächst. Seine Seher und Priester haben ihm gesagt, daß dieses Kind seinen Thron besteigen werde, und außerdem haben sie prophezeit, daß der neue König ein tausendjähriges Reich des Friedens und der Heiligkeit gründen werde. Du begreifst also, daß Herodes ihn gerne unschädlich machen will.«

»Freilich begreife ich es«, sagte der Kriegsknecht eifrig, »aber das muß doch das Leichteste auf der Welt sein.«

»Es wäre allerdings sehr leicht«, sagte der Hauptmann, »wenn der König nur wüßte, welches von allen den Kindern hier in Bethlehem gemeint ist.«

Die Stirn des Kriegsknechts legte sich in tiefe Falten. »Es ist bedauerlich, daß seine Wahrsager ihm hierüber keinen Aufschluß geben können.«

»Jetzt aber hat Herodes eine List gefunden, durch die er glaubt, den jungen Friedensfürsten unschädlich machen zu können«, fuhr der Hauptmann fort. »Er verspricht jedem eine herrliche Gabe, der ihm hierin beistehen will.«

»Was immer Voltigius befehlen mag, es wird auch ohne Lohn oder Gabe vollbracht werden«, sagte der Soldat.

»Habe Dank«, sagte der Hauptmann. »Höre nun des Königs Plan! Er will den Jahrestag der Geburt seines jüngsten Sohnes durch ein Fest feiern, zu dem alle Knaben in Bethlehem, die zwischen zwei und drei Jahre alt sind, mit ihren Müttern geladen werden sollen. Und bei diesem Feste – –« Er unterbrach sich und lachte, als er den Ausdruck des Abscheus sah, der sich auf dem Gesichte des Soldaten malte.

»Guter Freund«, fuhr er fort, »du brauchst nicht zu befürchten, daß Herodes uns als Kinderwärter verwenden will. Neige nun dein Ohr zu meinem Munde, so will ich dir seine Absichten anvertrauen.«

Der Hauptmann flüsterte lange mit dem Kriegsknecht, und als er ihm alles mitgeteilt hatte, fügte er hinzu:

»Ich brauche dir wohl nicht erst zu sagen, daß die strengste Verschwiegenheit nötig ist, wenn nicht das ganze Vorhaben mißlingen soll.«

»Du weißt, Voltigius, daß du dich auf mich verlassen kannst«, sagte der Kriegsknecht.

Als der Anführer sich entfernt hatte und der Kriegsknecht wieder allein auf seinem Posten stand, sah er sich nach dem Kinde um. Das spielte noch immer unter den Blumen, und er ertappte sich bei dem Gedanken, daß es sie so leicht und anmutsvoll umschwebe wie ein Schmetterling.

Auf einmal fing der Krieger zu lachen an. »Ja richtig«, sagte er, »dieses Kind wird mir nicht lange mehr ein Dorn im Auge sein. Es wird ja auch an jenem Abende zum Fest des Herodes geladen werden.«

Der Kriegsknecht harrte den ganzen Tag auf seinem Posten aus, bis der Abend anbrach und es Zeit wurde, die Stadttore für die Nacht zu schließen.

Als dies geschehen war, wanderte er durch schmale, dunkle Gäßchen zu einem prächtigen Palaste, den Herodes in Bethlehem besaß.

Im Innern dieses gewaltigen Palastes befand sich ein großer, steingepflasterter Hof, der von Gebäuden umkränzt war, an denen entlang drei offene Galerien liefen, eine über der anderen. Auf der obersten dieser Galerien sollte, so hatte es der König bestimmt, das Fest für die bethlehemitischen Kinder stattfinden.

Diese Galerie war, gleichfalls auf den ausdrücklichen Befehl des Königs, so umgewandelt, daß sie einem gedeckten Gange in einem herrlichen Lustgarten glich. Über die Decke schlangen sich Weinranken, von denen üppige Trauben herabhingen, und den Wänden und Säulen entlang standen kleine Granat- und Orangenbäumchen, die über und über mit reifen Früchten bedeckt waren.

Der Fußboden war mit Rosenblättern bestreut, die dicht und weich lagen wie ein Teppich, und entlang der Balustrade, den Deckengesimsen, den Tischen und den niedrigen Ruhebetten, überall erstreckten sich Girlanden von weißen strahlenden Lilien.

In diesem Blumenhain standen hier und da große Marmor-

bassins, wo gold- und silberglitzernde Fischlein in durchsichtigem Wasser spielten. Auf den Bäumen saßen bunte Vögel aus fernen Ländern, und in einem Käfig hockte ein alter Rabe, der ohne Unterlaß sprach.
Zu Beginn des Festes zogen Kinder und Mütter in die Galerie ein. Die Kinder waren gleich beim Betreten des Palastes in weiße Gewänder mit Purpurborten gekleidet worden, und man hatte ihnen Rosenkränze auf die dunkellockigen Köpfchen gedrückt. Die Frauen kamen stattlich heran in ihren roten und blauen Gewändern und ihren weißen Schleiern, die von hohen kegelförmigen Kopfbedeckungen, mit Goldmünzen und Ketten besetzt, herniederwallten. Einige trugen ihr Kind hoch auf der Schulter sitzend, andere führten ihr Söhnlein an der Hand, und einige wieder, deren Kinder scheu und verschüchtert waren, hatten sie auf ihre Arme gehoben.
Die Frauen ließen sich auf den Boden der Galerie nieder. Sowie sie Platz genommen hatten, kamen Sklaven herbei und stellten niedrige Tischchen vor sie hin, worauf sie auserlesene Speisen und Getränke stellten, so wie es sich bei dem Feste eines Königs geziemt. Und alle diese glücklichen Mütter begannen zu essen und zu trinken, ohne jene stolze anmutsvolle Würde abzulegen, die die schönste Zier der bethlehemitischen Frauen ist.
Der Wand der Galerie entlang und beinahe von Blumengirlanden und fruchtbeladenen Bäumchen verdeckt, waren doppelte Reihen von Kriegsknechten in voller Rüstung aufgestellt. Sie standen vollkommen regungslos, als hätten sie nichts mit dem zu schaffen, was rund um sie vorging. Die Frauen konnten es nicht lassen, bisweilen einen verwunderten Blick auf die Schar von Geharnischten zu werfen. »Wozu bedarf es ihrer?« flüsterten sie. »Meint Herodes, daß wir uns nicht zu betragen wüßten? Glaubt er, daß es einer solchen Menge Kriegsknechte bedürfte, um uns im Zaume zu halten?«
Aber andere flüsterten zurück, daß es so wäre, wie es bei

einem König sein müßte. Herodes selbst gäbe niemals ein Fest, ohne daß sein ganzes Haus von Kriegsknechten erfüllt wäre. Um sie zu ehren, stünden die bewaffneten Legionäre da und hielten Wacht.

Zu Beginn des Festes waren die kleinen Kinder scheu und unsicher und hielten sich still zu ihren Müttern. Aber bald begannen sie sich in Bewegung zu setzen und von den Herrlichkeiten Besitz zu ergreifen, die Herodes ihnen bot. Es war ein Zauberland, das der König für seine kleinen Gäste geschaffen hatte. Als sie die Galerie durchwanderten, fanden sie Bienenkörbe, deren Honig sie plündern konnten, ohne daß eine einzige erzürnte Biene sie daran hinderte. Sie fanden Bäume, die mit sanftem Neigen ihre fruchtbeladenen Zweige zu ihnen heruntersenkten. Sie fanden in einer Ecke Zauberkünstler, die in einem Nu ihre Taschen voll Spielzeug zauberten, und in einem andern Winkel der Galerie einen Tierbändiger, der ihnen ein paar Tiger zeigte, so zahm, daß sie auf ihrem Rücken reiten konnten. Aber in diesem Paradiese mit allen seinen Wonnen gab es doch nichts, was den Sinn der Kleinen so angezogen hätte wie die lange Reihe von Kriegsknechten, die unbeweglich an der einen Seite der Galerie standen. Ihre Blicke wurden von den glänzenden Helmen gefesselt, von den strengen, stolzen Gesichtern, von den kurzen Schwertern, die in reichverzierten Scheiden staken.

Während sie miteinander spielten und tollten, dachten sie doch unablässig an die Kriegsknechte. Sie hielten sich noch fern von ihnen, aber sie sehnten sich danach, ihnen nahezukommen, zu sehen, ob sie lebendig wären und sich wirklich bewegen könnten.

Das Spiel und die Festesfreude steigerten sich mit jedem Augenblicke, aber die Soldaten standen noch immer regungslos. Es erschien den Kleinen unfaßlich, daß Menschen so nah bei diesen Trauben und allen diesen Leckerbissen stehen konnten, ohne die Hand auszustrecken und danach zu greifen.

Endlich konnte einer der Knaben seine Neugierde nicht länger bemeistern. Er näherte sich behutsam, zu rascher Flucht bereit, einem der Geharnischten, und da der Soldat noch immer regungslos blieb, kam er immer näher. Schließlich war er ihm so nahe, daß er nach seinen Sandalenriemen und seinen Beinschienen tasten konnte.
Da, als wäre dies ein unerhörtes Verbrechen gewesen, setzten sich mit einem Male alle diese Eisenmänner in Bewegung. In unbeschreiblicher Raserei stürzten sie sich auf die Kinder und packten sie. Einige schwangen sie über ihre Köpfe wie Wurfgeschosse und schleuderten sie zwischen den Lampen und Girlanden über die Balustrade der Galerie hinunter zu Boden, wo sie auf den Marmorfliesen zerschellten. Einige zogen ihr Schwert und durchbohrten die Herzen der Kinder, andere wieder zerschmetterten ihre Köpfe an der Wand, ehe sie sie auf den nächtlich dunklen Hof warfen.
Im ersten Augenblick nach dem Vorfall herrschte Totenstille. Die kleinen Körper schwebten noch in der Luft, die Frauen waren vor Entsetzen versteinert. Aber auf einmal erwachten alle diese Unglücklichen zum Verständnis dessen, was geschehen war, und mit einem einzigen entsetzten Schrei stürzten sie auf die Schergen.
Auf der Galerie waren noch Kinder, die beim ersten Anfall nicht eingefangen worden waren. Die Kriegsknechte jagten sie, und ihre Mütter warfen sich vor ihnen nieder und umfaßten mit bloßen Händen die blanken Schwerter, um den Todesstreich abzuwenden. Einige Frauen, deren Kinder schon tot waren, stürzten sich auf die Kriegsknechte, packten sie an der Kehle und versuchten Rache für ihre Kleinen zu nehmen, indem sie deren Mörder erdrosselten.
In dieser wilden Verwirrung, während grauenvolle Schreie durch den Palast hallten und die grausamsten Bluttaten verübt wurden, stand der Kriegsknecht, der am Stadttor Wache zu halten pflegte, ohne sich zu regen, am obersten Absatz der Treppe, die von der Galerie hinunterführte. Er

nahm nicht am Kampfe und am Morden teil; nur gegen die Frauen, denen es gelungen war, ihre Kinder an sich zu reißen und die nun versuchten, mit ihnen die Treppe hinunterzufliehen, erhob er das Schwert, und sein bloßer Anblick, wie er da düster und unerbittlich stand, war so schrecklich, daß die Fliehenden sich lieber die Balustrade hinunterstürzten oder in das Streitgewühl zurückkehrten, als daß sie sich der Gefahr ausgesetzt hätten, sich an ihm vorbeizudrängen.

Voltigius hat wahrlich recht daran getan, mir diesen Posten zuzuweisen, dachte der Kriegsknecht. Ein junger, unbedachter Krieger hätte seinen Posten verlassen und sich in das Gewühl gestürzt. Hätte ich mich von hier fortlocken lassen, so wären mindestens ein Dutzend Kinder entwischt. Während er so dachte, fiel sein Blick auf ein junges Weib, das sein Kind an sich gerissen hatte und jetzt in eiliger Flucht auf ihn zugestürzt kam. Keiner der Legionäre, an denen sie vorbeieilen mußte, konnte ihr den Weg versperren, weil sie sich in vollem Kampfe mit andern Frauen befanden, und so war sie bis zum Ende der Galerie gelangt. Sieh da, eine, die drauf und dran ist, glücklich zu entwischen! dachte der Kriegsknecht. Weder sie noch das Kind ist verwundet. Stünd ich jetzt nicht hier – – –

Die Frau stürzte so rasch auf den Kriegsknecht zu, als ob sie flöge, und er hatte nicht Zeit, ihr Gesicht oder das des Kindes deutlich zu sehen. Er streckte nur das Schwert gegen sie aus, und mit dem Kinde in ihren Armen stürzte sie darauf zu. Er erwartete, sie im nächsten Augenblicke mit dem Kinde durchbohrt zu Boden sinken zu sehen.

Doch in demselben Augenblick hörte der Soldat ein zorniges Summen über seinem Haupte, und gleich darauf fühlte er einen heftigen Schmerz in einem Auge. Der war so scharf und peinvoll, daß er ganz verwirrt und betäubt ward, und das Schwert fiel aus seiner Hand auf den Boden. Er griff mit der Hand ans Auge, faßte eine Biene und begriff, daß, was ihm entsetzlichen Schmerz verursacht hatte, nur der Stachel des kleinen Tieres gewesen war. Blitzschnell bückte er sich nach dem Schwerte, in der Hoffnung, daß es noch nicht zu spät wäre, die Fliehenden aufzuhalten.

Aber das kleine Bienlein hatte seine Sache sehr gut gemacht. In der kurzen Zeit, für die es den Kriegsknecht geblendet hatte, war es der jungen Mutter gelungen, an ihm vorüber die Treppe hinunterzustürzen, und obschon er ihr in aller Hast nacheilte, konnte er sie nicht mehr finden. Sie war verschwunden, und in dem ganzen großen Palaste konnte niemand sie entdecken.

*

Am nächsten Morgen stand der Kriegsknecht mit einigen seiner Kameraden dicht vor dem Stadttore Wache. Es war früh am Tage und die schweren Tore waren eben erst geöffnet worden. Aber es war, als ob niemand darauf gewartet hätte, daß sie sich an diesem Morgen auftun sollten, denn keine Scharen von Feldarbeitern strömten aus der Stadt, wie es sonst am Morgen der Brauch war. Alle Einwohner von Bethlehem waren so starr vor Entsetzen über das Blutbad der Nacht, daß niemand sein Heim zu verlassen wagte.

»Bei meinem Schwerte«, sagte der Soldat, wie er da stand und in die enge Gasse hinunterblickte, die zu dem Tore führte, »ich glaube, daß Voltigius einen unklugen Beschluß gefaßt hat. Es wäre besser gewesen, die Tore zu verschließen und jedes Haus der Stadt durchsuchen zu lassen, bis er den Knaben gefunden hätte, dem es gelang, bei dem Feste zu entkommen. Voltigius rechnet darauf, daß seine Eltern versuchen werden, ihn von hier fortzuführen, sobald sie erfahren, daß die Tore offenstehen, und er hofft auch, daß ich ihn gerade hier im Tore fangen werde. Aber ich fürchte, daß dies keine kluge Berechnung ist. Wie leicht kann es ihnen gelingen, ein Kind zu verstecken!« Und er erwog, ob sie wohl versuchen würden, das Kind in dem

Obstkorb eines Esels zu verbergen oder in einem ungeheuren Ölkrug oder unter den Kornballen einer Karawane.
Während er so stand und wartete, daß man versuche, ihn dergestalt zu überlisten, erblickte er einen Mann und eine Frau, die eilig die Gasse heraufschritten und sich dem Tore näherten. Sie gingen rasch und warfen ängstliche Blicke hinter sich, als wären sie auf der Flucht vor irgendeiner Gefahr. Der Mann hielt eine Axt in der Hand und umklammerte sie mit festem Griff, als wäre er entschlossen, sich mit Gewalt seinen Weg zu bahnen, wenn jemand sich ihm entgegenstellte.
Aber der Kriegsknecht sah nicht so sehr den Mann an als die Frau. Er sah, daß sie ebenso hochgewachsen war wie die junge Mutter, die ihm am Abend vorher entkommen war. Er bemerkte auch, daß sie ihren Rock über den Kopf geworfen trug. Sie trägt ihn vielleicht so, dachte er, um zu verbergen, daß sie ein Kind im Arm hält.
Je näher sie kamen, desto deutlicher sah der Kriegsknecht das Kind, das die Frau auf dem Arme trug, sich unter dem gehobenen Kleide abzeichnen. Ich bin sicher, daß sie es ist, die mir gestern abend entschlüpfte, dachte er. Ich konnte ihr Gesicht freilich nicht sehen, aber ich erkenne die hohe Gestalt wieder. Und da kommt sie nun mit dem Kinde auf dem Arm, ohne auch nur zu versuchen, es verborgen zu halten. Wahrlich, ich hatte nicht gewagt, auf einen solchen Glücksfall zu hoffen.
Der Mann und die Frau setzten ihre hurtige Wanderung bis zum Stadttor fort. Sie hatten offenbar nicht erwartet, daß man sie hier aufhalten würde, sie zuckten vor Schrekken zusammen, als der Kriegsknecht seine Lanze vor ihnen fällte und ihnen den Weg versperrte.
»Warum verwehrst du uns, ins Feld hinaus an unsere Arbeit zu gehen?« fragte der Mann.
»Du kannst gleich gehen«, sagte der Soldat, »ich muß vorher nur sehen, was dein Weib unter dem Kleide verborgen hält.«

»Was ist daran zu sehen?« sagte der Mann. »Es ist nur Brot und Wein, wovon wir den Tag über leben müssen.«
»Du sprichst vielleicht die Wahrheit«, sagte der Soldat, »aber wenn es so ist, warum läßt sie mich nicht gutwillig sehen, was sie trägt?«
»Ich will nicht, daß du es siehst«, sagte der Mann. »Und ich rate dir, daß du uns vorbei läßt.«
Damit erhob der Mann die Axt, aber die Frau legte die Hand auf seinen Arm.
»Lasse dich nicht in Streit ein!« bat sie.
»Ich will etwas andres versuchen. Ich will ihn sehen lassen, was ich trage, und ich bin gewiß, daß er ihm nichts zuleide tun kann.«
Und mit einem stolzen und vertrauenden Lächeln wendete sie sich dem Soldaten zu und lüftete einen Zipfel ihres Kleides.
In demselben Augenblick prallte der Soldat zurück und schloß die Augen, wie von einem starken Glanze geblendet. Was die Frau unter ihrem Kleide verborgen hielt, strahlte ihm so blendend weiß entgegen, daß er zuerst gar nicht wußte, was er sah.
»Ich glaubte, du hieltest ein Kind im Arme«, sagte er.
»Du siehst, was ich trage«, erwiderte die Frau.
Da endlich sah der Soldat, daß, was so blendete und leuchtete, nur ein Büschel weißer Lilien war, von derselben Art, wie sie draußen auf dem Felde wuchsen. Aber ihr Glanz war viel reicher und strahlender. Er konnte es kaum ertragen, sie anzusehen.
Er streckte seine Hand zwischen die Blumen. Er konnte den Gedanken nicht loswerden, daß es ein Kind sein müsse, was die Frau da trug, aber er fühlte nur die weichen Blumenblätter.
Er war bitter enttäuscht und hätte in seinem Zornesmute gern den Mann und auch die Frau gefangengenommen, aber er sah ein, daß er für ein solches Verfahren keinen Grund ins Treffen führen konnte.

Als die Frau seine Verwirrung sah, sagte sie: »Willst du uns nicht ziehen lassen?«
Der Kriegsknecht zog stumm die Lanze zurück, die er vor die Toröffnung gehalten hatte, und trat zur Seite.
Aber die Frau zog ihr Kleid wieder über die Blumen und betrachtete gleichzeitig, was sie auf ihrem Arme trug, mit holdseligem Lächeln. »Ich wußte, du würdest ihm nichts zuleide tun können, wenn du es nur sähest«, sagte sie zu dem Kriegsknechte.
Hierauf eilten sie von dannen, aber der Kriegsknecht blieb stehen und blickte ihnen nach, solange sie noch zu sehen waren.
Und während er ihnen mit den Blicken folgte, deuchte es ihn wieder ganz sicher, daß sie kein Büschel Lilien im Arm trüge, sondern ein wirkliches, lebendiges Kind. Indes er noch so stand und den beiden Wanderern nachsah, hörte er von der Straße her laute Rufe. Es waren Voltigius und einige seiner Mannen, die herbeigeeilt kamen.
»Halte sie auf!« riefen sie. »Schließe das Tor vor ihnen! Lasse sie nicht entkommen!«
Und als sie bei dem Kriegsknecht angelangt waren, erzählten sie, daß sie die Spur des entronnenen Knaben gefunden hätten. Sie hätten ihn nun in seiner Behausung gesucht, aber da wäre er wieder entflohen. Sie hätten seine Eltern mit ihm fortgehen sehen. Der Vater wäre ein starker, graubärtiger Mann, der eine Axt trüge, die Mutter eine hochgewachsene Frau, die das Kind unter den hinaufgenommenen Rockfalten verborgen hielte.
In demselben Augenblick, wo Voltigius dies erzählte, kam ein Beduine auf einem guten Pferde zum Tore hereingeritten. Ohne ein Wort zu sagen, stürzte der Kriegsknecht auf den Reiter zu. Er riß ihn mit Gewalt vom Pferde herunter und warf ihn zu Boden. Und mit einem Satze war er selbst auf dem Pferde und sprengte den Weg entlang. Ein paar Tage darauf ritt der Kriegsknecht durch die furchtbare Bergwüste, die sich über den südlichen Teil von Judäa

erstreckt. Er verfolgte noch immer die drei Flüchtlinge aus Bethlehem, und er war außer sich, daß diese fruchtlose Jagd niemals ein Ende nahm.
»Es sieht wahrlich aus, als wenn diese Menschen die Gabe hätten, in den Erdboden zu versinken«, murrte er. »Wie viele Male bin ich ihnen in diesen Tagen so nah gewesen, daß ich dem Kinde gerade meine Lanze nachschleudern wollte, und dennoch sind sie mir entkommen! Ich fange zu glauben an, daß ich sie nun und nimmer einholen werde.«
Er fühlte sich mutlos wie einer, der zu merken glaubt, daß er gegen etwas Übermächtiges ankämpfe. Er fragte sich, ob es möglich sei, daß die Götter diese Menschen vor ihm beschützten.
»Es ist alles vergebliche Mühe. Besser, ich kehre um, ehe ich vor Hunger und Durst in dieser öden Wildnis vergehe!« sagte er einmal ums andere zu sich selber.
Aber dann packte ihn die Furcht davor, was ihn bei der Heimkehr erwartete, wenn er unverrichteter Dinge zurückkäme. Er war es, der nun schon zweimal das Kind hatte entkommen lassen.
Es war nicht wahrscheinlich, daß Voltigius oder Herodes ihm so etwas verzeihen würden.
»Solange Herodes weiß, daß eins von Bethlehems Kindern noch lebt, wird er immer unter derselben Angst leiden«, sagte der Kriegsknecht. »Das wahrscheinlichste ist, daß er versuchen wird, seine Qualen dadurch zu lindern, daß er mich ans Kreuz schlagen läßt.«
Es war eine heiße Mittagsstunde, und er litt furchtbar auf dem Ritt durch diese baumlose Felsgegend, auf einem Wege, der sich durch tiefe Talklüfte schlängelte, wo kein Lüftchen sich regte. Pferd und Reiter waren dem Umstürzen nahe. Seit mehreren Stunden hatte der Kriegsknecht jede Spur von den Fliehenden verloren, und er fühlte sich mutloser denn je.
Ich muß es aufgeben, dachte er. Wahrlich, ich glaube nicht, daß es der Mühe lohnt, sie weiter zu verfolgen. Sie

müssen in dieser furchtbaren Wüstenei ja so oder so zugrunde gehen.

Während er diesen Gedanken nachhing, gewahrte er in einer Felswand, die sich nahe dem Wege erhob, den gewölbten Eingang einer Grotte.

Sogleich lenkte er sein Pferd zu der Grottenöffnung. Ich will ein Weilchen in der kühlen Felshöhle rasten, dachte er. Vielleicht kann ich dann die Verfolgung mit frischer Kraft aufnehmen.

Als er gerade in die Grotte treten wollte, wurde er von etwas Seltsamem überrascht. Zu beiden Seiten des Eingangs wuchsen zwei schöne Lilienstauden. Sie standen hoch und aufrecht, voller Blüten. Sie verbreiteten einen berauschenden Honigduft, und eine Menge Bienen umschwärmten sie.

Dies war ein so ungewohnter Anblick in dieser Wüste, daß der Kriegsknecht etwas Wunderliches tat. Er brach eine große weiße Blume und nahm sie in die Felshöhle mit. Die Grotte war weder tief noch dunkel, und sowie er unter ihre Wölbung trat, sah er, daß schon drei Wanderer da weilten. Es waren ein Mann, eine Frau und ein Kind, die ausgestreckt auf dem Boden lagen, in tiefen Schlummer gesunken.

Niemals hatte der Kriegsknecht sein Herz so pochen fühlen wie bei diesem Anblick. Es waren gerade die drei Flüchtlinge, denen er so lange nachgejagt war. Er erkannte sie sogleich. Und hier lagen sie schlafend, außerstande, sich zu verteidigen, ganz und gar in seiner Gewalt. Sein Schwert fuhr rasselnd aus der Scheide, und er beugte sich hinunter über das schlummernde Kind.

Behutsam senkte er das Schwert zu seinem Herzen und zielte genau, um es mit einem einzigen Stoß aus der Welt schaffen zu können.

Mitten im Zustoßen hielt er einen Augenblick inne, um das Gesicht des Kindes zu sehen. Nun er sich des Sieges sicher wußte, war es ihm eine grausame Wollust, sein Opfer zu betrachten.

Aber als er das Kind sah, da war seine Freude womöglich noch größer, denn er erkannte das kleine Knäblein wieder, das er mit Bienen und Lilien auf dem Felde vor dem Stadttore hatte spielen sehen.
Ja, gewiß, dachte er, das hätte ich schon längst begreifen sollen. Darum habe ich dieses Kind immer gehaßt. Es ist der verheißene Friedensfürst.
Er senkte das Schwert wieder, indes er dachte: Wenn ich den Kopf dieses Kindes vor Herodes niederlege, wird er mich zum Anführer seiner Leibwache machen.
Während er die Schwertspitze dem Schlafenden immer näher brachte, sprach er voll Freude zu sich selber: »Diesmal wenigstens wird niemand dazwischenkommen und ihn meiner Gewalt entreißen!«
Aber der Kriegsknecht hielt noch die Lilie in der Hand, die er am Eingang der Grotte gepflückt hatte, und während er so dachte, flog eine Biene, die in ihrem Kelch verborgen gewesen war, zu ihm auf und umkreiste summend einmal ums andre seinen Kopf.
Der Kriegsknecht zuckte zusammen. Er erinnerte sich auf einmal der Bienen, denen das Knäblein beigestanden hatte, und ihm fiel ein, daß es eine Biene gewesen war, die dem Kinde geholfen hatte, vom Gastmahl des Herodes zu entrinnen.
Dieser Gedanke versetzte ihn in Staunen. Er hielt das Schwert still und blieb stehen und horchte auf die Biene. Nun hörte er das Summen des kleinen Tierchens nicht mehr. Aber während er so ganz still stand, atmete er den starken süßen Duft ein, der von der Lilie ausströmte, die er in der Hand hielt.
Da mußte er an die Lilien denken, denen das Knäblein beigestanden hatte, und er erinnerte sich, daß es ein Büschel Lilien war, die das Kind vor seinen Blicken verborgen und ihm geholfen hatten, durch das Stadttor zu entkommen.
Er wurde immer gedankenvoller, und er zog das Schwert

an sich. »Die Bienen und die Lilien haben ihm seine Wohltaten vergolten«, flüsterte er sich selber zu.
Er mußte daran denken, daß der Kleine einmal auch ihm eine Wohltat erwiesen hatte, und eine tiefe Röte stieg in sein Gesicht. »Kann ein römischer Legionär vergessen, einen empfangenen Dienst zu vergelten?« flüsterte er.
Er kämpfte einen kurzen Kampf mit sich selbst. Er dachte an Herodes und an seine eigene Lust, den jungen Friedensfürsten zu vernichten.
»Es steht mir nicht wohl an, dieses Kind zu töten, das mir das Leben gerettet hat«, sagte er schließlich.
Und er beugte sich nieder und legte sein Schwert neben das Kind, damit die Flüchtlinge beim Erwachen erführen, welcher Gefahr sie entgangen waren.
Da sah er, daß das Kind wach war. Es lag und sah ihn mit seinen schönen Augen an, die gleich Sternen leuchteten. Und der Kriegsknecht beugte sein Knie vor dem Kinde.
»Herr, du bist der Mächtige«, sagte er. »Du bist der starke Sieger. Du bist der, den die Götter lieben. Du bist der, der auf Schlangen und Skorpione treten kann.«
Er küßte seine Füße und ging dann sacht aus der Grotte, indes der Kleine dalag und ihm mit großen, erstaunten Kinderaugen nachsah.

Conrad von Orelli
Die Samariter

Das Mischvolk der Samariter, gegen das die Juden sich streng abschlossen, hatte sich aus dem Rest der Bevölkerung, der nach der Wegführung der Juden durch die Assyrer (etwa um 722 v. Chr.) übriggeblieben war, und heidnischen Kolonisten gebildet, die von den assyrischen Königen Sargon, Esarhaddon und Assurbanipal aus Babel in dieses Gebiet geschickt wurden. Nach Rückkehr der Israeliten vom Tempeldienst ausgeschlossen, bildete sich hier eine fanatische Sekte, deren Glaube sich von dem der Juden darin unterschied, daß sie nur die fünf Bücher Mose als heilige Schrift anerkannte. Während für die Juden der Berg Zion der Ort ihrer Gottesverehrung war, hatten sich die Samariter ihren Tempel auf dem Berg Garizim errichtet.

...Die Sonne neigte sich schon zum Untergang. Um keine Zeit zu verlieren, machten wir mit F. noch einen Gang zu den Samaritanern, jenem Überrest der von den Juden zurückgestoßenen Bewohner des frühern Landes Ephraim, welche sich gleich jenen als selbständige religiöse Genossenschaft konstituierten. Sie sind jetzt auf etwa 40 Familien herabgeschmolzen und wohnen meist in Nablus. Wir fanden sie eben beim Abendgebet in ihrer kleinen Synagoge, wo sie trotz der geringen Zahl einen gewaltigen Lärm machten. Da wir sie nicht stören wollten, stiegen wir indessen zu den »Aschenhügeln« hinauf, welche am Fuß des Garizim liegend, einen trefflichen Überblick über die Stadt und ihre Berge gewähren. Wenn man aus dem dürren Süden kommt, ist man vor allem durch die Fülle von Wasser überrascht, welche sie auszeichnet. Zwar in den Gassen hört man keine Bäche mehr rauschen, wie frühere Beschreibungen melden; die Leitungen sind zugedeckt; aber am Abhang des Garizim zumal kommen zahlreiche Bäche herunter und infolgedessen wachsen Kaktus, Ölbäume und Obstbäume aller Art ziemlich ohne Pflege in dichten Scharen. Hier gedenkt man notwendig der klassischen Fabel Jothams von den Bäumen, die einen König wählen (Richter 9); denn hier stehen diese alle in buntem Durcheinander und in republikanischer Souveränität. Von einer der Terrassen des Garizim ist jene schneidende Satire den Bewohnern Sichems zugeschleudert worden. Ein vorstehender Felsen, der gut dazu paßt, wird denn auch als »Kanzel Jothams« bezeichnet. Von einem solchen Vorsprung aus konnte Jotham auf's Gebirge entweichen, ehe ein erzürnter Volkshaufe ihn ereilte. Was nach unsern Gewohnheiten am schwersten denkbar schiene, nämlich, daß von so ansehnlicher Höhe herab der Redner sich dem Volke sollte verständlich gemacht haben, erledigt sich leicht bei der jetzt noch landesüblichen Weise, über ganze Tälchen hinweg sich zu unterhalten...

Und noch ein anderer feierlicher Auftritt, den die Bibel erzählt, wird uns von diesem Aussichtspunkte illustriert, nämlich die Proklamierung des Segens und des Fluches, welcher nach Jos. 8,30ff. so stattgefunden hat, daß sechs Stämme von der Höhe des Garizim den Segen, sechs andere vor dem Ebal aufgestellte den Fluch aussprachen. Es finden sich nämlich hüben und drüben in mäßiger Höhe zwei genau sich entsprechende Felsterrassen (man möchte glauben, sie waren einst aus einem Stück auseinander gespalten worden), welche wie zur Bühne jener großartigen Aufführung eingerichtet scheinen. Bei der Nähe dieser beiden Berge konnte dieses Rufen des ganzen Volkes in der Hauptsache wohl verständlich sein und eines gewaltigen Eindruckes nicht verfehlen.

Unterdessen war das Abendgebet der Samaritaner zu Ende gegangen. Sie kamen der Reihe nach heraus, um ihre vor der Türe gelassenen Schuhe anzuziehen. Es waren stattliche, ordentlich gekleidete Leute. Drinnen wurden wir dem Hohenpriester Jakub vorgestellt, einem ganz jungen Menschen in langem weißem Kleide; seine Gesichtszüge sind sehr edel ohne den jüdischen Typus, was überhaupt von den Samaritanern gilt, sein Benehmen ungeziert und bei aller Bescheidenheit würdig; er begegnete uns sehr freundlich und gutmütig, geistig ist er wohl nicht sehr bedeutend... Wir fragten natürlich gleich nach dem Hauptheiligtum der angeblich aus Moses Zeit stammenden Thorahandschrift der Samaritaner, welche die fünf Bücher Moses, den einzigen von ihnen als kanonisch anerkannten Teil der Bibel enthält. Wie gewöhnlich wollten sie zuerst eine andere Thorarolle bringen, die sie für die Fremden in Bereitschaft halten. Da jedoch F. diese von weitem mit Unwillen als unecht zurückwies und erklärte, wir wären Gelehrte, die sie nicht hintergehen könnten, brachten sie unverdrossen die echte. Sie ruht in einer silbernen Kapsel und ist in einen Überzug von dunkelm, mit Gold brodiertem Atlaszeug gehüllt. Die Abbildungen der Geräte des mosaischen Gottesdienstes, welche darauf angebracht sind, haben natürlich keinen historischen Wert, denn diese Einfassung stammt aus dem Abendlande (Venedig). Die Handschrift selbst ist mit kleinen samaritanischen Lettern geschrieben, welche übrigens vielfach undeutlich und verwischt sind, und jedenfalls unter den Handschriften des Alten Testaments von ehrwürdigem Alter, auch wegen gewisser Varianten von Wert. Der Hohepriester ließ uns noch auf sein Zimmer kommen und rauchte mit uns die erste Nargileh, die wir im Morgenlande genossen; er schrieb uns auch seinen Namen kalligraphisch tadellos in unsere Taschenbücher. Diese Samaritaner bedienen sich übrigens im Umgang wie die übrigen Landesbewohner der arabischen Sprache, die gottesdienstliche dagegen ist die samaritanische, in welcher viele liturgische Stücke vorhanden sind. Ihre Gemeinde und ihr junger Priester machen eigentlich einen gar wehmütigen Eindruck. Das ist eine Gemeinde unter dem Gesetze wie wenige; aber auch hier hat der Buchstabe schließlich tödlich gewirkt. Der Fluch vom Ebal ist mächtiger geworden als der Segen vom Garizim. Und so schwindet der Überrest jenes zähen Volkes von Jahr zu Jahr immer mehr zusammen und seine Tage sind gezählt. Daran trägt namentlich auch seine Isolierung schuld. Da die Juden ihnen ihre Töchter nicht zur Ehe geben und sie mit Genossen anderer Religionen sich nicht verehelichen können, so haben sie starken Mangel an Frauen. Mit den abessynischen Falachen suchten sie deshalb in Ehegemeinschaft zu treten, doch lehnten diese es schließlich ab ...

Auf der Berghöhe, doch vom Gipfel noch entfernt, wurde uns der Lagerplatz gezeigt, wo die Samaritaner an ihren Festen, besonders am Passah ihre Zelte aufschlagen. Nachdem sie 7 Tage da oben gezeltet bei ungesäuerten Kuchen und bittern Kräutern, schlachten sie die Passahlämmer. Dies geschieht auf dem Gebetsplatz, der etwas höher liegt. Hier ist eine längliche Vertiefung im Boden zu sehen, worin sie die Lämmer brühen, nachdem sie geschlachtet und ihr Blut an Stirne und Nase gestrichen worden, daneben ein Loch, worin die Tiere von Sonnenuntergang, wo die Tötung stattfindet, hangen und braten bis Mitternacht, wo sie gegessen werden. Das Mahl wird mit großer Hast gehalten, stehenden Fußes, den Stab in der Linken, zur lebhaften Erinnerung an den eiligen Aufbruch aus Ägypten.

Noch höher finden sich zerfallene Festungsmauern und Trümmer von Wohnungen. Es scheint eine Stadt hier gestanden zu haben (vgl. 2. Makk. 5,23). Auf dem Gipfel, einer von Süd nach Nord gestreckten Plattform, und zwar nach der Tradition auf der Mitte der letztern, stand einst der Tempel der Samaritaner, welche vom Tempel zu Jerusalem ausgeschlossen (Esra 4), zur Zeit Alexanders des Großen hier einen eigenen bauten und jenem entgegensetzten (Joh. 4,20) ... Der Tempel wurde von dem Makkabäerfürsten Johannes Hyrkan zerstört (129 v. Chr.), der Berg blieb jedoch den Samaritanern heilig. Jetzt sind oben noch die Fundamente einer christlichen Kirche in Form eines Octogons sichtbar; dabei eine schön gemauerte runde Zisterne. Vom Dache des Wachthauses, das die höchste Spitze einnimmt und etwa von Derwischen als Schlafstätte benützt wird, ist die Fernsicht eine der ausgedehntesten des heiligen Landes, sie steht immerhin derjenigen des etwa 50 Meter höhern Ebal noch nach, welcher uns einen Teil der nördlichen Landschaft verdeckt. Der Hermon schaut von dort mit seinem Schneehaupt herüber, nach Westen schweift das Auge über grüne Täler und Hügel bis

zum Mittelmeer, nach Osten über die von uns durchzogene Machna-Ebene nach dem Flußgebiet des Jordan und dem jenseitigen Gebirge Gilead.
Obwohl der Tag hell war, machte ein Morgendunst die fernern Partien etwas undeutlich und die Beleuchtung war nicht sonderlich günstig...

Gerhard Prause
Die Letzten von Masada?

Masada – dieser Name der wohl eindrucksvollsten Festung Herodes' des Großen, gelegen auf einem schwer zugänglichen 440 Meter hohen Felsplateau an der Westseite des Toten Meeres, impliziert das tragische Ende des jüdischen Aufstands gegen die Römer im ersten nachchristlichen Jahrhundert. Der zeitgenössische jüdische Historiker Flavius Josephus hat detailliert geschildert, wie sich die letzten tausend Widerstandskämpfer, die sich nach Masada zurückgezogen hatten, den Römern nicht ergeben wollten und sich selber töteten. Das geschah 73 n. Chr.
Etwa tausendneunhundert Jahre später (1963 bis 1965) wurde Masada in einer großartigen, weltweites Aufsehen erregenden israelischen Ausgrabung unter Leitung von Yigael Yadin (Professor der Archäologie an der Hebräischen Universität Jerusalem) freigelegt: Überreste von zwei herodianischen Palästen, Vorrats- und Garnisonshäusern, Thermen, von einer Synagoge, einer aufwendigen Wasserversorgungseinrichtung, Massen von Vorratsgeräten, Münzen, von mehreren Schriftrollen, Gebrauchsgegenständen der letzten Verteidiger wie Waffen, Sandalen, Geschirr, Lebensmittel, Öllampen. Ausgegraben wurden auch Reste des römischen Lagers am Fuß der Festung, wo die von den Römern aufgeworfene Rampe begann.

Der spektakulärste Fund aber waren etwa 25 Skelette; 14 von Männern zwischen 22 und 60 Jahren, sechs von Frauen, vier von Kindern, eins von einem Greis. Professor Yadin hält es für möglich, daß diese Menschen zu den letzten Verteidigern der Festung gehörten. Bestärkt wird er in seiner Meinung durch eine weitere Entdeckung, die er selber als den »erregendsten Fund« bezeichnete: elf kleine Ostraka, Gefäßscherben, mit Männernamen darauf. Ein Name lautete »Ben Yair«.

Der Anführer der Widerstandskämpfer von Masada hieß Eleazar Ben Yair. Und so erhob sich die Frage, ob diese Gefäßscherben jene Lose gewesen sein könnten, mit denen – wie Josephus berichtet – jene Männer bestimmt wurden, die die anderen töten sollten.

Nach Josephus (»Jüdischer Krieg« VII, 8, 6) vollzog sich das Ende des Heldenkampfes in Masada so: Nachdem Eleazar seine Mitkämpfer überzeugt hatte, es sei besser, in Freiheit zu sterben, als von den Römern erschlagen oder gefangengenommen zu werden, töteten die Männer ihre Frauen und Kinder, die mit in der Festung waren. Dann wählten sie durchs Los 10 Männer aus ihrer Mitte; sie sollten die Mörder aller anderen sein. Dann legte sich ein jeder neben die schon dahingestreckten Seinen, die Frau und die Kinder, schlang die Arme um sie und bot schließlich den Männern, die den unseligen Dienst auszuführen hatten, bereitwillig die Kehle.

Ohne Wanken mordeten jene alle insgesamt; darauf bestimmten sie dasselbe Gesetz des Loses auch für sich untereinander. Der ausgeloste Mann hatte die neun zu töten, und endlich, nach allen anderen, sollte er auch sich selbst den Todesstoß geben...

Der einsame Letzte überschaute ringsum die Menge der Dahingestreckten, ob womöglich jemand bei dem unendlichen Morden am Leben geblieben war und deshalb noch seiner Hand bedürfe. Als er erkannte, daß alle getötet seien, legte er an vielen Stellen Feuer im Palast. Dann stieß

er mit geballter Kraft das Schwert ganz durch seinen Körper und brach neben den Seinen zusammen . . .«
Nach Josephus' Darstellung sind auf diese Weise innerhalb weniger Stunden 960 Männer, Frauen und Kinder getötet worden. Zwei Frauen und fünf Kinder, die sich versteckt gehalten, aber alles mit angehört und angesehen hatten – die klassischen, nach literarischen Gesetzen unbedingt erforderlichen Kronzeugen für Josephus –, berichteten den in die Festung kommenden Römern, was sich ereignet hatte.
Nun geht es hier nicht darum, ob die Tötung von 960 Menschen auf die geschilderte Weise in so kurzer Zeit wahrscheinlich ist oder ob nicht vielleicht ein großer Teil der Belagerten vorher durch Flucht entkommen konnte. Es geht auch nicht um die Frage, ob unter dem bestehenden Zeitdruck ein so umständliches Losverfahren mit Hilfe von Ostraka – zur Auswahl der Zehn hätten ja Hunderte von Scherben beschrieben werden müssen – angenommen werden kann, ein Verfahren, von dem Josephus nichts sagt. Es geht um ein anderes Problem, das sich aber sehr oft stellt.
Es besteht darin, daß öffentliche Berichterstattung über die wissenschaftliche Berichterstattung übertreibend hinausgeht.
Prof. Yadin stellte in seinem Grabungsbericht lediglich die Frage: »Sollten wir wirklich jene Ostraka gefunden haben, die sie zum Losen benutzt hatten?« Und er antwortete: »Das werden wir kaum je mit Sicherheit erfahren.« Damit war die Sache als Theorie hingestellt worden, eigentlich nur als Möglichkeit. Und dies galt auch für die gefundenen Skelette.
In Presseberichten über Yadins Masada-Buch jedoch, in später entstandenen Reiseführern, in zahllosen Beschreibungen der Wanderausstellung, mit der Ausgrabungsstücke von Masada, auch jene Ostraka, durch die Welt gingen, wurde die Theorie in unzulässiger Weise zur

»Wahrheit« verfälscht. Da hieß es, archäologische Funde hätten die Darstellung von Josephus bis in letzte Einzelheiten voll bestätigt.

Ephraim Kishon

Verirrt in Jerusalem

Sehr viele Dinge können in Israel sehr leicht gefunden werden, aber die Straßen sind nicht darunter. Es gibt Straßen, die überhaupt keinen Namen haben, und wenn sie einen haben, dann gibt es keine Tafel, die ihn nennt. Mein Freund Jossele pflegt den Weg zu seinem Haus ungefähr folgendermaßen zu beschreiben:

»Sie gehen vom Mograbi Square in die Richtung zum Strand, bis Sie auf einen Mann in einer Lederjacke stoßen, der sein Motorrad repariert und die Regierung verflucht. Dort biegen Sie links ein und zählen bis zum 22. Olivenbaum. An diesem Punkt wird Ihnen ein fürchterlicher Gestank auffallen. Halten Sie sich rechts und folgen Sie der Steinmauer bis zum Katzenkadaver. Dann biegen Sie wieder rechts ein und gehen bis zur jugoslawischen Bücherei gegenüber dem Kino, wo ich auf Sie warten werde, denn von dort an wird der Weg etwas kompliziert...«

So ungefähr erging es mir bei einem Besuch in Jerusalem, den ich unglücklicherweise zu einem Zeitpunkt durchführte, als die neue Stadtverwaltung gerade beschlossen hatte, die Straßen im Hinblick auf den biblischen Charakter der Stadt umzubenennen.

Ein guter Freund von mir, ein gewisser Elusivi, hatte mich nach Jerusalem eingeladen, und zwar zur Eröffnungsfeier seiner neuen Wohnung. Elusivi lebt bereits seit fünfundfünfzig Jahren im Land. Jetzt, mit Hilfe eines beträchtlichen Bankkredits, ist ihm endlich die Übersiedlung aus

seiner primitiven Holzhütte in eine hübsche 1½-Zimmer-Wohnung im modernsten Wohnviertel Jerusalems geglückt, das noch aus der Türkenzeit stammt.* Elusivi gab mir die genaue Adresse: Geliebtes-Weib-Straße 5a. Es war das frühere Haus Nr. 113 in der Julius-Finkelstein-Straße, schräg gegenüber dem rituellen Bad auf dem Boulevard-der-gesegneten-Weinfrucht, vormals Weg-allen-Fleisches.
Ich habe meinen Freund Elusivi sehr gern und packte sofort meine Sachen, um seiner Einladung zu folgen. In Jerusalem angekommen, erkundigte ich mich bei einer der Schlangen an der Autobusstation nach der Geliebtes-Weib-Straße.
»*Welche* Straße?« fragte die Schlange zurück.
»Geliebtes Weib«, antwortete ich.
Die Schlange erklärte unisono, daß sie eine Straße dieses Namens nicht kenne und daß dies auch gar kein Wunder sei, weil in der letzten Zeit fast alle Straßennamen geändert worden wären.
»Das macht nichts«, tröstete ich die Schlange. »Zufällig weiß ich, daß diese Straße früher Julius-Finkelstein-Straße hieß.«
An dieser Stelle möchte ich einflechten, daß es ein volkstümlicher israelischer Zeitvertreib ist, sich nach Straßen zu erkundigen. Das Spiel enthält die verschiedenartigsten Spannungselemente, die es immer wieder sehr anregend machen. Vor allem kann man nie genau wissen, wer die in Rede stehende Straße eigentlich kennt, der Gefragte oder der Frager.
Nehmen wir einen alltäglichen Fall – ein Mann tritt auf Sie zu und fragt:

* Die Wohnungsnot gehört zu den unumstößlichen Einrichtungen der israelischen Städte, weil Wohnungen nur käuflich erworben, nicht aber gemietet werden können. »Für Geld kannst du hier alles haben«, belehrte mich ein erfahrener Onkel, als ich ins Land kam. »Du kannst dir die kostbarsten Essenzen kaufen, die exotischesten Speisen, die bestgeschnittenen Anzüge, die Liebe der schönsten Frauen – nur eines nicht: eine Wohnung. Das ist zu teuer.«

»Wo ist die Goldsteinstraße?«
»Goldsteinstraße? Welche Nummer?«
»67. Dritter Stock.«
»Goldsteinstraße... Goldsteinstraße... Sehen Sie die breite Querstraße dort unten? Ja? Also – die Goldsteinstraße ist die erste links.«
»Nicht die zweite?«
»Warum soll es die zweite sein?«
»Ich dachte, es wäre die zweite.«
»Wenn es die zweite wäre, hätte ich Ihnen gesagt, daß es die zweite ist. Aber es ist die erste.«
»Wieso wissen Sie das?«
»Was meinen Sie – wieso ich das weiß?«
»Ich meine: wohnen Sie vielleicht in dieser Straße?«
»Ein guter Freund von mir wohnt dort.«
»Bobby Großmann?«
»Nein. Ein Ingenieur.«
»Woher wissen Sie, daß Bobby Großmann kein Ingenieur ist?«
»Entschuldigen Sie – ich kenne Herrn Großmann gar nicht.«
»Natürlich kennen Sie ihn nicht. Die erste Straße nach links ist nämlich der Birnbaumboulevard, nicht die Goldsteinstraße.«
»Ja, das stimmt. Da haben Sie allerdings recht. Aber welche ist dann die Goldsteinstraße?«
»Goldsteinstraße... Goldsteinstraße...« (Der Fremde, der Sie um Auskunft gefragt hat, zermartert sichtlich sein Hirn.) »Gehen Sie geradeaus, biegen Sie in die erste Straße rechts ein, und dann ist es die dritte Querstraße links.«
»Danke vielmals«, antworten Sie gerührt. »Verzeihen Sie die Mühe, die ich Ihnen gemacht habe.«
»Nicht der Rede wert«, antwortet freundlich der Mann, der von Ihnen wissen wollte, wo die Goldsteinstraße ist.
Sie selbst haben inzwischen grüßend den Hut gelüpft und sich auf den Weg in die Goldsteinstraße gemacht: gerade-

aus, dann rechts, dann die dritte Straße links. Ein wenig keuchend ersteigen Sie den dritten Stock des Hauses Nr. 67. Und erst wenn Sie an der Türe läuten, fragen Sie sich verdutzt, was Sie hier eigentlich suchen ...
Nun, so weit war es mit mir noch nicht. Ich wußte immerhin noch, daß die Geliebtes-Weib-Straße früher Julius-Finkelstein-Straße geheißen hatte.
»Warum haben Sie das nicht gleich gesagt?« fragte ein Mann, der mit einem Koffer in der Schlange stand. »Die Julius-Finkelstein-Straße kreuzt die Keuchhustenstraße, die aber jetzt einen anderen Namen hat.«
»Welchen Bus nehme ich dorthin?«
»Nummer 37.«
»Ich nahm den Bus Nr. 37. Nach etwa halbstündiger Fahrtdauer fragte ich den Fahrer:
»Steige ich jetzt aus?«
»Warten Sie, bis ich stehenbleibe!« brüllte der Fahrer mich an. »Immer diese Eile, immer diese Eile ...«
Nachdem ich ausgestiegen war, fiel mir ein, daß ich dem Fahrer gar nicht gesagt hatte, *wo* ich aussteigen wollte. Das war peinlich, und die Straße war menschenleer. Zum Glück tauchte ein städtischer Müllsammler auf und versicherte mir nachdrücklich, daß die Keuchhustenstraße, die seit neuestem Einsame-Witwen-Straße hieß, gleich über die nächste Ecke links zu erreichen sei, dann zweimal nach rechts, dann noch einmal rechts, und dann wäre es die dritte Straße links.
Ich zog noch bei einigen anderen Passanten Erkundigungen ein und sammelte innerhalb weniger Minuten vierzig bis fünfundvierzig »links«, ungefähr ebenso viele »rechts« und zwanzig »geradeaus«. Angesichts der rasch einsetzenden Dunkelheit war das eine ganz hübsche Leistung.
Nach einigen Irrgängen erreichte ich eine Straße, die dem geometrischen Mittel der mir erteilten Auskünfte entsprach. Das Unglück war, daß ihr Name sich nirgends feststellen ließ. Es gab keine Straßentafeln, und die rasch

vorübereilenden Passanten wollten sich nicht festlegen. Auf gut Glück läutete ich an einer ebenerdig gelegenen Wohnungstür und fragte den Mann, der mir öffnete, ob er zufällig den Namen dieser Straße kenne. Er antwortete, daß es irgendein hebräischer Name sei, den er aber nicht verstehe, da er nur englisch spreche. Seine kleine Tochter hingegen, eine Sabra, wüßte jemanden, der den Namen dieser Straße einmal aufgeschrieben hätte und nur im Augenblick leider nicht zu Hause wäre.
Bekümmert verließ ich das Haus. Gerade sauste ein Wagen der Feuerwehr vorüber, verlangsamte sein Tempo, und der Fahrer brüllte mir die Frage zu, ob er sich hier in der Meines-Bruders-Hüter-Straße befände, der früheren Ignaz-Fuchs-Straße? Ich brüllte ihm ein saftiges »links« zurück. Dann hielt mich ein Briefträger auf und erbat meinen Ratschlag, wie er wohl am besten in die Zwirn-und-Nadelöhr-Straße käme, deren Name vor kurzem in Samson-schlägt-die-Philister-Straße geändert worden sei, aber auch dieser Name hätte sich als zu lang erwiesen.
Ich bediente ihn mit einer detaillierten Auskunft und fragte meinerseits nach der Geliebtes-Weib-Straße. Der Postbote gratulierte mir überschwenglich: »Sie haben Glück«, sagte er. »Das weiß ich zufällig wirklich. Es ist die zweite Straße rechts, aber sie heißt jetzt Wunschtraumstraße.«
Meine Freude, als ich die Wunschtraumstraße tatsächlich fand, war unbeschreiblich. Das Haus 5a fand ich allerdings nicht. Überhaupt fand ich keine einzige Hausnummer. Ich fand einen zittrigen Patriarchen, der zwar auch nicht wußte, wo 5a war, mir aber den dankenswerten Hinweis gab, daß die Nummer einfach »5« heißen könnte, weil die Mapai überall den Buchstaben A hingepinselt hatte.*

* Jede der politischen Parteien Israels verwendet als Symbol einen Buchstaben des Aleph-Beths, das infolge der immer noch wachsenden Vielzahl unserer Parteien demnächst um einige Buchstaben erweitert werden dürfte.

Es ging auf Mitternacht, und ich befand mich noch immer auf der Jagd nach Hausnummern. Endlich entdeckte ich hoch oben an der Mauer einer Mietskaserne eine Tafel, konnte sie aber nicht lesen. Ich hielt den eben wieder vorbeisausenden Löschwagen an, borgte mir eine Leiter und stieg hinauf. Die Tafel trug die Aufschrift »182-351-561 k. g.«, und das half mir nur wenig.
Ein mitleidiger Spätheimkehrer informierte mich, daß das letzte Haus in dieser Straße die Nummer 198 trug – »Sie brauchen also nichts andres zu tun, als von hier aus weiterzugehen und bis Nummer 5 zurückzuzählen, und Sie brauchen sich auch gar nicht zu schämen, daß Sie das tun, denn ich tue es manchmal selbst, wenn ich wissen will, in welchem Haus ich wohne.«
Ich folgte seinem Rat, zählte von 198 rückwärts und läutete hoffnungsvoll an der Türe des Hauses, vor dem ich jetzt stand. Eine alte Dame öffnete. »Nein, hier ist Nummer 202«, sagte sie.
Auf meine Frage, ob es sich nicht vielleicht doch um das Haus Nummer 5 handle, erklärte sie mir geduldig, daß dies unmöglich der Fall sein könne, weil es in dieser ganzen Straße überhaupt keine ungeraden Hausnummern gäbe; das Stadtplanungsamt hätte versehentlich auf beiden Seiten der Straße nur gerade Nummern angebracht, so daß jetzt alle Nummern doppelt vorkämen, bis auf zwei, die Nummern 32 und 66, die sich am andern Ende der Stadt befänden, in der früheren Julius-Finkelstein- und jetzigen Keuchhustenstraße.
»Um Himmels willen«, stöhnte ich. »Das ist ja die Straße, die ich suche. Ich war überzeugt, daß ich hier bereits in der Keuchhustenstraße bin.«
»Nein, nein.« Die alte Dame schüttelte energisch den Kopf. »Diese Straße wird morgen in Dilemmastraße umbenannt. Heute heißt sie noch Dillenkopfstraße.«
»Merkwürdig. Warum haben mir alle Leute gesagt, daß es die Wunschtraumstraße ist?«

»Was hätten sie denn anderes machen sollen? Vielleicht mit Ihnen streiten?«
Und damit verschwand die Hexe in ihrem Bau.
Abermals sauste der Löschwagen vorbei, die Sirenen zu höchster Lautstärke aufgedreht, hielt am Ende der Straße an und richtete seine Wasserstrahlen gegen ein Haus. Aus purer Neugier ging ich näher und wurde von einem der Feuerwehrleute prompt gefragt, ob das die rituelle Badeanstalt in der Meines-Bruders-Hüter-Straße 107 sei, denn dort brenne es.
»Nein«, antwortete ich. »Was Sie da löschen, ist das Haus mit der rechtsseitigen Nummer 102 auf der ehemaligen Dilemmastraße.«
Die Feuerwehrleute ließen einige derbe Flüche hören, zogen Leitern und Schläuche ein und fuhren davon.
Ich schleppte mich weiter durch die Nacht. Vor meinem geistigen Auge, müde wie es war, erschien das vorwurfsvolle Gesicht Elusivis. Zorn und Verzweiflung begannen in mir hochzusteigen. Wütend packte ich den Kerl, der jetzt auf mich zukam, an den Schultern und brüllte in seine widerwärtige Fratze:
»Wo ist die Geliebtes-Weib-Straße, du Stinktier? Wo?!«
»Allah akbar«, antwortete der Legionär.
So geriet ich in arabische Gefangenschaft. Die Waffenstillstandskommission leitete sofort die nötigen Schritte ein.*

* Die Hälfte der Stadt Jerusalem gehörte damals zu Jordanien, was ungefähr die gleiche Situation schafft, als ob New York jenseits der Fifth Avenue unter sowjetrussischer Verwaltung stünde. Diese Vorstellung ist besonders ärgerlich, wenn man bedenkt, daß New York noch aus Sümpfen voll quakender Frösche bestand, als Jerusalem bereits die Hauptstadt des jüdischen Staates war.

Karena Niehoff
Moses im Schrebergarten

April 1960

Die Großmama, Französin, ist zum erstenmal zu Besuch, und der Enkel, zehn Jahre alt und im Lande geboren, erzählt ihr begeistert in stockendem Französisch die spannenden Geschichten aus dem Alten Testament. »Am liebsten liebe ich das Buch Ruth«, bemerkt er wichtig und hebt mit Umstand über deren Schicksal an. Die Dame aus Paris lächelt belustigt und eine Spur ironisch: Sie kenne die »Affäre« genau so gut wie er. Der Bub runzelt ungläubig und überlegen die Stirn: »Aber das kann ja gar nicht sein – das mit der Ruth, das ist doch hier in Tel Aviv in Papas Garage passiert!«

In Papas Garage. Und das Fräulein Rahel, um das Jakob sieben Jahre lang warb, hat in des Nachbarn Garten domiziliert. Nirgendwo ist die Religionsgeschichte zugleich so direkt die des eigenen Landes, des eigenen Volkes, etwas, das sich, so nah dem eigenen Schicksal, in die Hand nehmen läßt, und nirgendwo mögen deshalb die Kinder sie mit solchem Feuereifer lernen. Übrigens nicht etwa in dem Schulfach »Religion«. Das gibt es – in Form einer Beschäftigung mit Talmud, Tora, den zehn Geboten und dem strengen, in Jahrhunderten gewachsenen Kanon der jüdischen Moral-, Sitten- und Lebensregeln – nur in den orthodoxen Schulen. Wie denn? Diese Nation, die ihre Existenz doch gerade, über alle »völkische« Entnationalisierung hinweg, allein der unerschütterlichen Gemeinsamkeit ihres Glaubens verdankt, verzichtet (in ihren »normalen« Schulen) darauf, ihn zu lehren? Der Schulmeister, dem ich diese Frage stellte, versteht mein Staunen zuerst gar nicht. »Religion als gesondertes Lehrfach wie Latein oder Mathematik ist doch nur ein Notbehelf der Diaspora«, sagt er schließlich, seinerseits verwundert; hier lernen die Kinder »Religion« aus dem ABC des Hebräischen. »Sie lernen, ihre Sprache zu erkennen – und damit das, was sie mit ihr, durch sie bekennen.« Es ist nicht zu trennen. Sprache und Glaube hängen gleichsam unlösbar zusammen wie Körper und Seele. So selbstverständlich, wie dem schon im Lande aufgewachsenen Schulmann will das dem, der aus dem säkularisierten Westeuropa kommt, gar nicht scheinen: das Christliche saugt man da, selbst wo es Luther zu einem sinnlichen Phänomen der Sprache gemacht hat, nicht mit der Muttermilch ein.

Zwar gibt es trotzdem genug religiös indifferente Juden; aber keine, die nicht der Bibel kennerisch und liebevoll verbunden wären – ihr Familienalbum, in dem sie sich zu Hause fühlen; ihr abenteuerliches und trotziges Wild-West, von dem sie sich erzählen wie die Trapper und Cowboys die Heldentaten ihrer großen Sheriffs. »Unsere Jugend braucht keine Western-Filme, keinen Karl May und keine Gruselmärchen – die Bibel liefert ihnen Blutiges, Phantastisches und Großmütiges genug!«
Sogar die Ilias oder Odyssee seien dagegen »halb so wild«. Der sehr moderne Dorfschullehrer bemerkt das nicht ohne Stolz; keine Spur Blasphemie. »Kann Gott zürnen, wenn seine späten Geschöpfe ihn fabelhaft aufregend finden; kann Moses gekränkt sein, wenn sie seinen und unseres Volkes Leidensweg durch die Wüste auf Schulausflügen, gespannte und gewissenhafte Pfadfinder, täglich von neuem zu einer deutlichen Leuchtspur jüdischen Lebens machen?«

Pfadfinder ist hier auch jeder Erwachsene; Altphilologie und vor allem Archäologie sind in Israel fast kommune Hobbies: die passionierten Privathebräisten schwitzen nach Feierabend in den wissenschaftlichen Bibliotheken oder, auf dem Lande, in den Volksausgaben über Apokryphen und vergleichenden Kommentaren der Schriftgelehrten;

andere schwitzen beim systematischen Umgraben ihres Schrebergartens oder einer mühsam nach einem eifersüchtig gehüteten Geheimrezept als »fundverdächtig« lokalisierten Stelle des Landes in der Hoffnung auf Scherben, Mauersteine, heile Gefäße oder Schriftrollen gar. Und nicht selten kamen schon bei diesem Fieber Stücke zutage, die im kalten Licht der Wissenschaft bestehen konnten. Wer noch nie einen Fetzen Vergangenheit gefunden oder etwa nicht einmal buddelnd in die Tiefe strebend sich darum bemüht, der gilt beinahe als Landesverräter; amerikanische Touristen und deutsche Wandervögel mit höherer Schulbildung reisen übrigens, von den kundigen Einheimischen milde belächelt, gleich mit froh geschultertem Spaten zu. Man wünscht sich, seit Israel in Mode gekommen, »was Selbstgefundenes« aus des Landes altem Hausrat als Schmuck für die heimatliche gute Stube.

Nun sind die Heiligen Schriften, strotzend erzählerisch zwar, jedoch ebenso wenig geschwätzig wie ein Elefant. Ihre Rätsel trompeten sie nicht den Sonntagsjägern ins fleißig gespitzte Ohr. Die »studierten« Forscher sind es natürlich nur, die dem Lande nicht nur sinnvolle Erkenntnisse, sondern, als Nebenprodukt, auch noch zweckdienliche Kenntnisse beisteuern: die alte Karawanenstraße zwischen Ägypten und Indien, schon vor dem Alten Testament von den Hofchronisten der Pharaonen beschrieben, läßt vermuten, daß sich auf ihrem Wege durch die Wüste damals blühende Oasen befunden haben, und so stochert man gewissermaßen mit dem Zirkel an den geometrisch errechneten Punkten des Negev – und stößt in der Tat auf Grundwasser, bescheiden sickerndes zwar heute; aber sofort schießt eine noch so winzige Siedlung aus dem verkrüppelten Boden, finden sich die Beduinen von weit her ein, um sich und ihre Kamele zu tränken. Und die berühmten Kupferminen des weisen Königs Salomon, seinerzeit mit Tausenden von Sklaven betrieben, sind nicht durch Wünschelrutengänger oder Geologen neu entdeckt worden, sondern durch die Historiker und Religionswissenschaftler. Heute arbeitet das Kupferbergwerk fast genau an derselben Stelle, in der Nähe des Roten Meeres; allerdings ohne Sklaven. Die alten Chronisten haben genaue Arbeit geleistet, ihre Mythen und Legenden sind phantastisch zu hören und sie sind nüchtern anzufassen – aus Geist wurde Brot, sozusagen. Wer hier die Seele der Zeiten aufblättert, bekommt die Physis der eigenen Zeit leibhaftig zwischen die Finger.

Übrigens hatte in diesem Bezuge sogar die für die palästinensische Judenheit nicht eben glückliche römische Besetzung ihr Gutes; da hat nämlich des Titus römisch-jüdischer Kriegsberichterstatter Josephus Flavius für seine Nachkommen vorgesorgt: als 1948, nachdem die Engländer das Land verlassen, sich die Araber auf das eben frisch deklarierte Israel stürzten, das, nur mit den bisherigen Untergrundpartisanen bewaffnet, ihnen eine leichte Beute schien, da waren sie zunächst schon fast bis in die Vorstädte Tel Avivs eingedrungen und hatten Jerusalem von seinen Verbindungswegen abgeschnitten. Aber der General Yadin ist im Hauptberuf Archäologe, und das Wissen, die Bildung, oft, dank der ihr innewohnenden Skepsis, als Antagonismus und Hemmnis des Handelns verschrien, waren hier Rettung aus allerhöchster physischer Not: hatte doch der Josephus Flavius, erinnerte Yadin sich zwischen zwei Schlachten, präzisen Bericht von einer Römerstraße nach Jerusalem gegeben; wo führte sie entlang? Während die Heilige Stadt schon zu hungern begann und munitionslos mit Steinschleudern zu kämpfen sich anschickte, wurde, mit Josephus' Aufzeichnungen im Tornister, in aller Eile und nur im Schutze der Nacht gemessen und geschaufelt, und bald war die seit rund zweitausend Jahren nicht mehr benutzte Straße so weit präpariert, daß die Lastwagen ungeniert zur Hintertür Jerusalems hineinrollen konnten, während der Gegner angestrengt über dem Vordereingang brütete. Die Rudimente des Imperium

Romanum flogen den Arabern gleichsam wie späte verirrte Wurfgeschosse um die Ohren. Jerusalem war gerettet. Welch schöner Triumph für die, die das Hantieren mit den Buchstaben nicht weniger wichtig nehmen als das mit den Waffen. Die Partitur dieses Landes ist auf zwei Oktaven instrumentiert: Gedanke und Tat.

Hans Habe

Zwischenfall bei der Moschee

Der weite freie Platz, auf dem die Omar-Moschee mit der goldenen, die Aqsa-Moschee mit der silbernen Kuppel stehen – von hier ganz Jerusalem ein biblisches Panorama –, ist ein Marmorsaal des Glaubens.
Als wir ihn betraten, fiel uns nichts Ungewöhnliches auf – am Rande des runden Waschbeckens vor der Omar-Moschee saßen hagere Araber und wuschen sich die Füße. Dann entstand plötzlich, irgendwo zwischen Omar- und Aqsa-Moschee, ein kleiner Auflauf; von beiden Seiten liefen Polizisten, arabische und jüdische, welche die Moscheen bewacht hatten, auf eine Gruppe zu. Aus der Gruppe löste sich die Gestalt eines alten Juden im Kaftan – ein großer, breitschultriger Mann mit einem langen Bart; so müssen die jüdischen Kneipenwirte in Galizien ausgesehen haben –, hinter ihm ein junger Jude, im Kaftan auch er, rothaarig und schmal, als wäre er der Schatten des Alten in der Nachmittagssonne. Ein israelischer Polizist führte sie ab, ein Jude, und der schien sich in äußerst ungnädiger Stimmung zu befinden. Der arabische Polizist stand abseits – er hatte den jüdischen Kollegen herbeigerufen und war es nun zufrieden.
An diesem Tag hatte uns Beni gefahren, ein Sabra, ein kluger, munterer Junge, der sich indes – wie viele junge

Israelis, einer der schwächsten Punkte des Landes, mit fremden Sprachen nur schwer behelfen kann. Beni schien auch keine besondere Lust zu verspüren, uns über den Zwischenfall aufzuklären. Er hatte nicht mit meiner professionellen Neugierde gerechnet.

Seit die Israelis Ost-Jerusalem verwalten, hüten sie die mohammedanischen Heiligtümer ängstlicher als die eigenen; seit der Brandstiftung eines australischen Christen in der Aqsa-Moschee hat sich die Vorsicht verdoppelt. Damals hatten die arabischen Führer zum »heiligen Krieg« gegen Israel aufgerufen; sogar der gemäßigte tunesische Staatschef Bourguiba hatte versucht, die Wahnsinnstat der israelischen Regierung aufzuhalsen.

Die beiden orthodoxen Juden, die jetzt an uns vorbeigeführt wurden, der Alte gewichtigen Schrittes und schweigsam, der Junge tänzelnd und gestikulierend, hatten kein Attentat geplant. Was sie getan hatten, schien uns anfangs von geringer Bedeutung: Sie hatten, mitten auf dem Platz, gebetet. Ein jüdisches Gebet auf dem Platz, von wo Mohammed auf eine Nacht in den Himmel ritt, betrachtet der Islam als Entheiligung des Ortes. Deshalb hatten die israelischen Polizisten eingegriffen.

Warum aber hatten – eine seltene Ausnahme, sagte man uns – die beiden Juden die einfache Verordnung nicht geachtet? Ihr religiöser Fanatismus ging ihnen über die Interessen des Staates. Für den Vorfall eine einleuchtende Antwort, doch gehört der Fanatismus der orthodoxen Juden zu den kompliziertesten Problemen Israels – auch ein friedliches Israel könnte es so leicht nicht lösen.

Sechsundachtzig Prozent der Bevölkerung Israels besteht aus Juden. Israel hat, ich erwähnte es schon, drei religiöse Parteien mit insgesamt 18 von 120 Abgeordneten des Parlaments. Obwohl sich nur die Agudat Israel mit vier und die Poalei Agudat Israel mit zwei Abgeordneten als »orthodox« bezeichnen, faßt die größte der drei Parteien, die Mafdal, die Gesetze der Tora, die religiöse Tradition des Judentums und die Verquickung von Staat und Staatsreligion ebenso wörtlich auf. Sind fünfzehn Prozent der Israelis orthodox? Nicht jeder Wähler hat eine der drei Parteien nur aus religiösen Gründen gewählt; orthodoxe Juden geben zuweilen auch einer nichtreligiösen Partei ihre Stimme. Größer als fünfzehn Prozent ist die Minorität jedenfalls nicht, und doch übt sie einen Einfluß aus, der ihrer Zahl keineswegs entspricht. Diese Absurdität ist um so absurder, als sie im Gesetz verankert ist – Israel ist ein so formalistischer Rechtsstaat, daß auch die Absurdität nur kraft der Legalität existiert.

Israel kennt eine seltsame Form der Schattenregierung. Sie besteht aus dem Oberrabbinat: ein aschkenasischer, ein sephardischer Oberrabbiner sowie die Mitglieder des Obersten Rabbinatsrates. Zwar gibt es nur 387 ernannte Rabbiner, die fast 6000 Synagogen betreuen, daneben aber 8 rabbinische Bezirksgerichte mit einem aus 64 Mitgliedern zusammengesetzten Richterkollegium – Danajim –: die beiden Oberrabbiner als Berufungsinstanz, 179 religiöse Gemeinderäte und 320 religiöse Sonderausschüsse. Auf Israels Politik hat das orthodoxe Israel so gut wie keinen Einfluß, auf das Privatleben aber einen stärkeren als Parteien und Regierung. Die Orthodoxie kann die Haltung Israels in den Vereinten Nationen nicht beeinflussen, doch kann die Regierung den Zugverkehr am Sabbat ebenso wenig durchsetzen.

Paradox ist die Macht der Orthodoxie auch, weil sie nicht nur den Ideen eines modernen Staates, sondern auch den Grundsätzen des Zionismus widerspricht. Theodor Herzl hat in seinem »Judenstaat« geschrieben: *»Werden wir also am Ende eine Theokratie haben? Nein! Der Glaube hält uns zusammen, die Wissenschaft macht uns frei. Wir werden daher theokratische Valleitäten gar nicht aufkommen lassen. Wir werden sie in unseren Tempeln festzuhalten wissen, wie wir unser Berufsheer in den Kasernen festhalten werden. Heer und Klerus sollen hoch geehrt werden, wie es ihre schönen Funktionen erfor-*

dern und verdienen. In den Staat, der sie auszeichnet, haben sie nichts dreinzureden, denn sie werden äußere und innere Schwierigkeiten heraufbeschwören.« Es ist Israel gelungen, den politischen Einfluß der Generalität zu »kasernieren«, aber es ist nicht gelungen, den Klerus in den Tempeln »festzuhalten« – und das ist wieder um so paradoxer, als die Orthodoxen keine »echten« Zionisten sind: Der jüdischen Orthodoxie gemäß kann nur der Messias die Juden ins Land rufen, der Messias ist noch nicht erschienen, der Judenstaat ist bestenfalls eine Vorschußleistung. Ziviltrauungen sind in Israel ungültig. Zwei junge Kibbuzniks, Uri Reichert und seine Braut, glaubten, ohne einen Rabbiner glücklich zu werden; als die Ehe für ungültig erklärt wurde, appellierten sie an das Oberste Gericht. *»Die Einheit der Juden – das hat sich in der Vergangenheit gezeigt – ist nur denkbar, wenn die Tradition gewahrt bleibt«*, entschieden die höchsten Richter im Dezember 1967. Die Ehe wurde für ungültig erklärt, und das junge Paar mußte 250 Pfund zahlen.

Wer nicht jüdischen Glaubens ist, kann wohl nach drei Jahren die Staatsbürgerschaft erwerben – »automatisch« wird er nicht Israeli. Oswald Rufeisen wurde als Jude geboren: Nicht nur sein Vater war Jude, er hatte auch eine jüdische Mutter. Der polnische Jude Rufeisen tauchte nach der deutschen Besetzung Polens in einem Kloster unter, ließ sich taufen und trat als Bruder Daniel dem Karmeliter-Orden bei. Als er nach Israel einwanderte, pochte er auf sein Recht der Staatsbürgerschaft. Nach langwierigen Auseinandersetzungen befanden die Gerichte, daß Bruder Daniel zwar dem religiösen Gesetz, dem Halacha nach, Jude sei, aber sie verweigerten ihm die Staatsbürgerschaft – er halte ja am christlichen Glauben fest. »Wenn es nach meiner persönlichen Überzeugung ginge«, sagte Richter Berinson, »würde ich diesen Antragsteller als Mitglied der jüdischen Nation anerkennen.« Als Richter blieb ihm keine Wahl. Erst drei Jahre später, 1962, wurde Bruder Daniel israelischer Staatsbürger.

Die Orthodoxie maßt sich auch Rechte an, wo sie keine besitzt; »Auserwählte« behandelt sie anders als andere Sterbliche. Der Rabbiner der erz-orthodoxen Naturei Karta, ein 72jähriger Witwer, hatte sich in die 45jährige französische Katholikin Ruth Ben-David verliebt. Obwohl, wie ihr neuer Familienname besagt, Ruth schon vorher zum jüdischen Glauben übergetreten war, verweigerten die orthodoxen Rabbiner ihrem Kollegen den Segen – was ein anderer Rabbiner tun darf, darf ein orthodoxer Rabbiner noch lange nicht.

Ebenso radikal wollten die Orthodoxen mit einem Mitglied des Obersten Gerichtshofes verfahren, das übrigens das vortreffliche Buch »Reflections on the Trial and Death of Jesus« geschrieben hat. Der Rechtsgelehrte wollte eine geschiedene Frau heiraten, eine Jüdin – kein Ehehindernis, wäre der Abkomme einer angesehenen Lübecker Rabbinerfamilie nicht von »priesterlichem Stamm« gewesen. Eine geschiedene Frau zu heiraten, sagten die Rabbiner, das schicke sich nicht für einen religiösen Aristokraten. Wie der liebende Greis gewann der liebende Richter seinen Prozeß.

Es dämmert. Nach orthodoxer Auffassung ist nur Jude, dessen Mutter jüdisch ist. Das brachte einen Sabra, den Korvettenkapitän Benjamin Shalit, in Konflikt mit dem Gesetz. Er hatte eine protestantische Schottin, Ann Gedes, in Edinburgh geheiratet und lebte mit ihr zehn Jahre in Jerusalem. Niemand belästigte sie. Als jedoch der verdiente Offizier und Psychologe, ein überzeugter Atheist, seine beiden Kinder als Israelis eintragen wollte, protestierte die »Schattenregierung«: Zwar habe die Frau Shalits die israelische Staatsbürgerschaft erworben, aber da sie Christin geblieben sei, könnten ihre Kinder nicht als Israelis gelten. Endlich entschied der Oberste Gerichtshof im Januar 1970 mit neun Stimmen gegen eine Stimme, daß die Kinder Shalits als Bürger Israels anzuerkennen seien.

Es dämmert nur sachte. Während sich viele fromme Jeschiwastudenten freiwillig zum Militärdienst melden, sind orthodoxe Mädchen noch immer vom Dienst in der Armee befreit. Zwischen Sonnenuntergang am Freitag bis Samstagabend ist den Orthodoxen keine Zerstreuung gestattet; sie dürfen nicht Auto fahren, nicht reisen, keinen Sport treiben, nicht Licht machen, nicht kochen, kein Geld anfassen. Die Majorität der Israelis beachtet diese Gesetze nicht. Israels Autostraßen sind am Wochenende überfüllt, es wird Fußball gespielt, das Fernsehen sendet, mit besonderer Genehmigung darf sogar getanzt werden, aber in Bnej Brak, einer »orthodoxen« Stadt, werden Autofahrer am Freitag mit Steinen beworfen – was, sollte man glauben, auch ein verbotenes Amüsement ist –, und in Mea Schaarim wollte man sogar eine Hebamme daran hindern, mit dem Auto zur Entbindung zu fahren. Ein für den Sabbat geplantes Autorennen in Ashkelon wurde zum Skandal. Rabbi Menachem Porusch, der den Widerstand mit Drohungen organisiert hatte – Porusch versus Porsche – erzielte einen bezeichnend halben Sieg. Die Orthodoxen brachten 200000 israelische Pfund, rund 58000 Dollar auf, um die Verluste auszugleichen; das Rennen wurde auf Sonntag verschoben. Indes ist der Verlust ungleich größer, da kein internationaler Arrangeur ein zweites Rennen am Sonntag, einem jüdischen Wochen- und Arbeitstag veranstalten wird. Nicht minder sonderbare Blüten trieb die Intoleranz, als eine 15-Agora-Briefmarke eingezogen werden mußte: Sie stellte die Synagoge von Tunis dar; die Orthodoxen betrachteten es als Blasphemie, daß man diesen Marken einen Stempel aufdrücke oder sie mit der Zunge befeuchte.

Nach dem Zwischenfall vor der Omar-Moschee haben wir uns immer wieder gefragt, wieso die Engstirnigkeit einer Minderheit das Leben in einem demokratischen Staat entscheidend zu beeinflussen vermag.

Der politische Opportunismus, mit dem sich alle Parteien um die orthodoxen Wähler bemühen, würde die Duldung

der Unduldsamkeit am einfachsten erklären. In Wahrheit spielt er eine untergeordnete Rolle.
Der Zionismus beruht auf der jüdischen Tradition, jüdische Tradition fast vollständig auf Religion. Herzl, beileibe kein orthodoxer Jude, schrieb: *»Wir erkennen unsere historische Zusammengehörigkeit nur am Glauben unserer Väter, weil wir ja längst die Sprachen verschiedener Nationen unverlöschbar in uns aufgenommen haben.«* Drei große Faktoren schmieden Menschengruppen zusammen: Rasse, Volk, Religion. Der unvermeidliche Bankrott des Kommunismus ist nicht zuletzt eine Folge der marxistischen Vorstellung, daß noch eine vierte Kraft, die Ideologie, eine ebenso einigende Wirkung üben könne. Da die Juden keine Rasse sind, gibt es keine Rassensolidarität unter den Juden. Die Juden sind ein Volk. Dieses Volk wurde aber zerstreut unter die Völker – *»und nur eine geringe Zahl von euch wird übrigbleiben unter den Nationen, dahin der Herr euch führen wird«*. Unter den drei großen Bindegliedern – Rasse, Religion, Volk – ist »Volk« das schwächste: Anders als eine Rasse und eine Religion kann ein Volk ohne Land nicht existieren. Will man nicht an Wunder glauben, läßt sich der Fortbestand des Judentums nur so erklären, daß das religiöse Judentum jahrhundertelang die Brücke über das Vakuum der »Landlosigkeit« schlug. Über die Brücke der Religion kehrte das jüdische Volk nach Erez Israel zurück.
Nun sind die Juden das geworden, was ein Volk früher oder später werden muß: eine Nation. Nach zwei Jahrtausenden der verstreuten Existenz genügen jedoch zwanzig Jahre einer nationalen Existenz keineswegs, um die Brücke, über die man zur Nation gelangte, vergessen zu lassen. Die ständige Gefahr, in der sie leben, zwingt die Juden, zuweilen auch nach rückwärts zu blicken. Religion ist ihre lebendige Erinnerung. Sie wollen die Brücke, die sie in das unsichere Land führte, nicht hinter sich aufbrennen. Der jüdische Konservatismus ist ein Blick nach der rettenden Brücke.

Rechtens dürfen die Orthodoxen also sagen, daß die Religion, nichts anderes, die Juden der Diaspora vor dem Untergang durch Verfolgung oder Verrat bewahrte. Die Pioniere des Zionismus, die Mayflower-Israelis, kamen aus Europa – zwischen 1919 und 1948 waren es über 83 Prozent der Einwanderer –, und unter diesen waren die Ostjuden die überwiegende Mehrheit. Je unbarmherziger die Verfolgung, desto größer der Glaube an die Barmherzigkeit Gottes. Zwischen der Jahrhundertwende und 1930, als im Osten Europas Pogrome auf der Tagesordnung standen, in Deutschland aber der Liberalismus voreilige Triumphe feierte, kamen auf hundert deutsche Juden, die sich taufen ließen, nur drei polnische. Auch die nordamerikanischen, südamerikanischen und australischen Juden, die nach Israel fanden, stammten zu 85 Prozent aus religiösen Familien; von diesen wieder waren über 90 Prozent osteuropäischer Herkunft. Nicht die Rothschilds und Kafkas, die Warburgs und Mahlers, die Rathenaus und Modiglianis, die Dreyfus' und Einsteins retteten das Judentum vor der totalen Zerstörung: Es waren die verhöhnten und verpönten, die verprügelten und verjagten »Pajes-Juden« des Ostens. Die Orthodoxie ist jene sichtbare Spitze des Eisbergs, die über die Oberfläche des Meeres hinausragt: Der Eisberg der Tradition ist sechsmal größer.
Die Angst vor dem Verlust der Identität, eine der stärksten unter vielen Ängsten, sollte, mehr als zwanzig Jahre nach der Staatsgründung, allmählich weichen, und mit ihr kleinliche Bigotterie, störrische Rückständigkeit, blindes Vorurteil. Was hat den natürlichen Prozeß aufgehalten?
Israels Identität ist so lange in Frage gestellt, als seine Existenz in Frage gestellt ist. Daß nach einer Niederlage Israels ein Zusammenleben mit den Palästinensern auf dem Boden des heutigen Israel möglich wäre, ist schon deshalb palästinensische Propaganda, weil höchstens eine Handvoll Juden eine solche Niederlage überleben würde. Die Überlebenden, sollte es solche geben, würden von

wohltätigen Organisationen des Auslands aufgenommen werden: Wohltätigkeit ist der Katzenjammer ungetaner Taten. Das hieße eine neue Diaspora, die ihr Heil wieder nur in der jüdischen Religion suchen und finden könnte. Liegt aber Israels Identität immer noch im Schatten der Zweifel, dann ist die Frage: »Wer ist Jude?«, entscheidend. Nur die Orthodoxen beantworten sie eindeutig. Die Artikulierten, nicht die Gerechten, üben auf ein Volk immer den größten Einfluß aus.

Man fürchtet auch, daß zugleich mit einer größeren Toleranz die Verbindung mit dem Judentum in der Diaspora gelockert würde. Golda Meir, keine Freundin der Orthodoxen, hat, als der Fall des Korvettenkapitäns Shalit zur Diskussion stand, die Mischehe mißbilligt: Eine Duldung der Mischehen in Israel würde zu einer beschleunigten Assimilation in der Diaspora führen. Ben Gurion, ebenfalls kein Orthodoxer, erklärte, daß Mischehen in Israel zwar durchaus »ungefährlich« seien, in der Diaspora aber neun von zehn Kindern aus Mischehen für das Judentum verloren sind. Richtig oder nicht: Falsch ist es jedenfalls, daß Israel unbedingt mit zehn Millionen ausländischen Juden, dem »Weltjudentum«, rechnen kann. Die Zahl der Juden, die nie einen Tempel besuchen und dann doch nach Israel auswandern, ist gering. Der Tempel verbindet die Juden der Diaspora mit Israel. Deshalb werden in der Sowjetunion nicht alle Juden verfolgt, sondern jene, die beten.

Es heißt, zum dritten, daß der Sechs-Tage-Krieg den Israelis ihre Tradition zum Bewußtsein gebracht und damit die Orthodoxie gestärkt hat: Im Sechs-Tage-Krieg habe sich der schweigende Gott von Auschwitz wieder in Zebaoth verwandelt, den Gott der Heerscharen. Da Gott die Juden nicht verlassen hat, wollen auch sie Ihn nicht verlassen. Im Jahre 1966 wurden in Israel 61 neue Synagogen gebaut, vornehmlich mit staatlicher Hilfe; im Jahre 1968 entstanden 431, ohne staatliche Hilfe. Vor dem Sechs-Tage-Krieg gab es drei religiöse Zeitschriften, heute gibt es vierzehn. Bei einer Umfrage erklärten 81 Prozent der Israelis, mit größeren und kleineren Einschränkungen an den religiösen Grundgesetzen festhalten zu wollen. Ich habe in den Universitäten und in Armeelagern mehr junge Juden mit der Jarmulka gesehen als in den Straßen der Städte.

Die vierte Erklärung für die Beständigkeit des orthodoxen Anachronismus hörten wir selten – sie überzeugt mich am meisten.

Die physische Existenz Israels ist seit 1948 unentwegt in Gefahr – seit etwa fünf Jahren auch ihre moralische. Ungefähr um diese Zeit hat sich im Westen der nihilistische Intellektualismus, der destruktive Jugendkult, der antihumanistische Skeptizismus, die sexuelle Zügellosigkeit, hat sich die mißverstandene Freiheit mit allen ihren Kreaturen und Karikaturen breitgemacht: Resultat eines nicht immer unbegründeten, oft verständlichen Unbehagens, aber auch Anfang eines von Moskau und Peking geschürten revolutionären Unwillens. Nur wenige verstehen, daß die »Kultur-Revolution« tatsächlich als eine »Kultur«-Revolution geplant ist, welche die Massen erst mobilisiert, nachdem sie deren sittliche Prinzipien vernichtet hat. Man hat »Mein Kampf« nicht rechtzeitig gelesen – »Sein Kampf« verrät nicht weniger von den Absichten der neuen Herrenklasse. Die ethischen Fundamente der westlichen Welt sollen »reifgeschossen« werden; die Festung würde dann von selbst fallen. Da der östliche Kleinstaat Israel zum westlichen Kulturkreis gehört, wird er mit den gleichen Waffen bombardiert wie der Westen. Nur wenn die israelische Intelligenz, die israelische Jugend überzeugt werden kann, daß die Welt nicht mehr »heil« ist, daß man sich schämen muß, für ganz zu halten, was in Scherben liegt, sich schämen muß zu flicken, was zerrissen ist, sich schämen muß der eigenen Zurechnungsfähigkeit in einem Irrenhaus, sich schämen muß, Wörter wie Vater, Vaterland, Treue, Familie, Gesetz, Redlichkeit und Selbstbeherrschung, die eigentlich an die Wände der Aborte gehören,

nicht für obszön zu halten – nur wenn auch die israelische Intelligenz, die Jugend des Landes dieser suggestiven Infektion anheimfällt, ist der Weg frei für die Panzer Moskaus, auf denen, neben wenigen Arabern, der kommunistische Imperialismus reitet.
Mit der ihnen eigenen Logik errichten die Juden gegen eine moralische Angriffsfront eine moralische Verteidigungslinie. Bei ihrem Bau können sie auf ihre westlichen Verbündeten nicht rechnen: Amerika kann Phantoms liefern, eine Moral nicht mehr. Die Juden, allein, wie so oft in ihrer Geschichte, mobilisieren ihre älteste und bewährteste Waffe: die Religion. In acht Kibbuzim, also in den Hochburgen des israelischen Sozialismus, werden neue Synagogen errichtet. Bis etwa 1967 stand die Tradition im Dienste der Religion. Jetzt steht die Religion im Dienste der Tradition. Die Israelis sprechen von Jehova und meinen Sittlichkeit.
Gerade hier werden jedoch die Symptome einer schmerzlichen Verwirrung sichtbar. Festhalten an einer gewissen Tradition ist das sicherste Mittel, den moralischen Anarchismus zu bekämpfen. Eine Tradition, von der man nichts aufgibt, wird zur Groteske. Der Intoleranz kann man nicht anders als mit Härte begegnen. Wenn Härte jedoch Intoleranz erzeugt, wird die Abwehr unglaubwürdig. Gegen den Extremismus ist beinahe jedes Mittel recht – mit Ausnahme des Extremismus. Extremismus ist immer ein Akt der Verzweiflung.
Ein deutscher Freund, der in der Anti-Hitlerschen-Widerstandsbewegung eine tapfere Rolle gespielt und viele Juden gerettet hat, erzählte mir, daß es den versteckten, verzweifelten Berliner Juden gelungen war, in den Kellertiefen der Hauptstadt Mazoth, das jüdische Osterbrot zu backen. Mazoth-Backen kann ein Akt des Widerstandes sein – zu seiner Zeit, an seinem Ort. Die Orthodoxie hat in der Geschichte Israels eine Rolle gespielt, der man die Achtung nie wird versagen können. Wer sie heute noch

für eine Wunderwaffe hält, handelt wie die Franzosen 1939 handelten, als sie ihre Rekruten lehrten, moderne Schützengräben zu bauen, weil das die Deutschen im Ersten Weltkrieg besser verstanden hatten. Unterdessen gab es keine Schützengräben mehr. Frankreich hätte den Ersten Weltkrieg noch einmal gewonnen – und verlor, zumindest auf den Schlachtfeldern, den Zweiten. Die Waffen der Orthodoxie sind verrostet. Die neue Moral Israels braucht neue Waffen.

Der alte Mann und sein Schatten vor der Omar-Moschee gehörten zu dem Israel, das wir verstehen lernten. Zu dem Israel, das wir lieben lernten, gehörten sie nicht.

Ephraim Kishon

Israel in Pointen

Israel ist ein so kleines Land, daß man auf den meisten Landkarten und Globen seinen Namen nicht einmal voll ausschreibt. Fast immer heißt es »Isr.« und schon aus diesem Grund fällt es uns so schrecklich schwer, die im Sechstagekrieg besetzten Gebiete aufzugeben. Sie würden endlich Platz für das bisher fehlende »-ael« schaffen.

*

Israel wird als einziges Land in der Welt von Steuerzahlern finanziert, die außerhalb seiner Grenzen leben. Es ist im wahrsten Sinn des Wortes ein grenzenloses Land.

*

Es ist ein Land, in dem die Mütter von ihren Kindern die Muttersprache lernen.

*

Es ist ein Land, in dem die Väter sauere Trauben gegessen haben, damit die Kinder gesunde Zähne bekommen.

*

Die Einwohner dieses Landes schreiben hebräisch, lesen englisch und sprechen jiddisch.

*

Jeder Bewohner dieses Landes hat das gesetzlich verbriefte Recht, frei auszusprechen, was er denkt. Aber es gibt kein Gesetz, das irgendeinen anderen Bewohner verpflichten würde, ihm zuzuhören.

*

Israel ist, nicht zuletzt dank der freundlichen Mithilfe der arabischen Welt, das aufgeklärteste, fortschrittlichste und modernste Land der ganzen Gegend.

*

Wir haben in diesem Land sehr häufig Wahlen, aber nur selten eine Wahl.

*

Der Staat Israel ist ein organischer Bestandteil seiner Gewerkschaften.

*

Israel ist ein Land, das beträchtlich weniger produziert, als es zum Leben braucht, und in dem trotzdem noch niemand Hungers gestorben ist.

*

Es ist ein Land, in dem niemand Wunder erwartet und jeder es als selbstverständlich hinnimmt, daß sie geschehen.

*

Es ist ein Land, dessen Einwohner in ständiger Lebensgefahr schweben, was sie aber weniger aufregt als das Radio, das in der Nachbarwohnung zu laut angedreht ist.

*

Es ist ein Land, dessen Soldaten nicht grüßen und nicht Habacht stehen können. Aber sie können kämpfen.

*

Es ist ein Land, in dem jeder Mensch ein Soldat und jeder Soldat ein Mensch ist.

*

Es ist das einzige Land, in dem ich leben kann. Es ist mein Land.

Ägypten

Ägypten – ein Land von einer Million Quadratkilometer. Aber nur ein Dreißigstel dieses Gebiets sind bewohnt von 41 Millionen Menschen. Fast sieben Millionen davon leben in Kairo, zweieinhalb in Alexandria. Die anderen verteilen sich auf Dörfer, wo die Fellachen ihre Felder noch mit den gleichen Geräten bestellen, wie sie zur Zeit der Pharaonen benutzt wurden.

In Ägypten scheint die Zeit still zu stehen. »Der Mensch« sagt ein Sprichwort »fürchtet die Zeit, die Zeit aber fürchtet die Sphinx.«

Pyramiden und Sphinx waren schon uralt, als mit Christi Geburt eine neue Zeit begann. Sie haben die Unruhe um sie Jahrtausende lang überdauert, und sie ertragen es mit Würde, daß touristische Ton- und Lichtspiele ihnen die Nachtruhe rauben.

Jede Reise nach Ägypten – auch wenn man schon ein dutzendmal seine Füße im Nil wusch – ist ein Abenteuer, aufregend und faszinierend, eine Fahrt in eine Vergangenheit, die uns sowohl fremd wie vertraut ist. Ägypten – ein einziges Freilichtmuseum mit Tempeln, Pyramiden, Obelisken, Gräbern, Felsenkammern, Minaretts und Moscheen. Auch wenn man die Hieroglyphen nicht entziffern kann, fühlt man: In diesem Land waren Götter zu Hause, die uns zwar fremd sind, deren Macht jedoch noch heute zu spüren ist.

Mika Waltari

Sinuhe und die Tochter der Lust

(Diese Geschichte spielt im Ägypten des 14. Jahrhunderts v. Chr.)

Bereits am frühen Morgen begab ich mich zum Hause Nefernefernefers, doch sie schlief noch immer. Auch ihre Diener schliefen noch und fluchten über mich und gossen Spülwasser auf mich herab, als ich sie weckte. Deshalb saß ich wie ein Bettler vor der Türe, bis ich Bewegung und Stimmen aus dem Haus vernahm und wiederum um Einlaß bat.

Nefernefernefer lag auf ihrem Bett, und ihr Gesicht war klein und bleich, und ihre Augen dunkelgrün vom Weine. »Du langweilst mich, Sinuhe«, sagte sie. »Wahrhaftig, du langweilst mich gewaltig. Was wünschest du?«

»Ich will essen und trinken und mit dir der Liebe genießen«, sagte ich kummervollen Herzens, »denn das hast du mir versprochen.«

»Das war gestern, und heute ist ein neuer Tag«, sagte sie und ließ sich von einer jungen Sklavin das zerknitterte Gewand ausziehen und die Glieder kneten und salben. Alsdann betrachtete sie sich im Spiegel und malte ihr Gesicht und setzte die Perücke auf und legte den Stirnschmuck an, der aus Perlen und in altem Gold gefaßten kostbaren Steinen bestand.

»Mein Schmuck ist schön«, sagte sie. »Er ist ohne Zweifel seinen Preis wert, wenn ich auch erschöpft bin, und meine Glieder matt sind, als hätte ich die ganze Nacht gerungen.« Sie gähnte und trank Wein aus einem Becher, um ihren Leib zu stärken.

Auch mir bot sie Wein an, aber der Wein schmeckte mir nicht, als ich sie betrachtete.

»Du hast mich gestern also angelogen«, sagte ich, »du hattest keine Beschwerden, die dich gehindert hätten, mit mir der Lust zu pflegen.« Aber das hatte ich bereits am Tage zuvor gewußt, und meine Worte waren zwecklos.

»Ich habe mich geirrt«, sagte sie. »Doch wäre eigentlich der Zeitpunkt gekommen. Ich mache mir Sorgen, denn vielleicht hast du mich geschwängert, Sinuhe, da ich schwach in deinen Armen war, und du dich ungestüm benahmst.« Aber während sie so sprach, lächelte sie und betrachtete mich spöttisch, so daß ich verstand, daß sie mich bloß zum besten hielt.

»Dein Schmuck wurde gewiß in einem syrischen Königsgrabe gefunden«, sagte ich. »Ich entsinne mich, daß du gestern so etwas andeutetest.«

»Oh«, meinte sie leise. »Er wurde allerdings unter dem Kopfkissen eines syrischen Kaufmanns gefunden, doch darüber brauchst du dich nicht aufzuregen, denn er war dick wie ein Schwein und roch nach Zwiebeln. Nachdem ich das, was ich mir gewünscht, erhalten habe, werde ich ihn nicht mehr sehen.«

Sie nahm die Perücke und den Stirnschmuck ab, ließ beides gleichgültig neben dem Bett zu Boden fallen und streckte sich dann wieder aus. Ihr entblößter Schädel war glatt und schön, und sie reckte ihren Leib und verschlang die Hände im Genick. »Ich bin schwach und müde, Sinuhe«, sagte sie. »Wenn du mich so betrachtest, mißbrauchst du meinen erschöpften Zustand, denn ich kann dich nicht hindern. Bedenke, daß ich keine verachtenswerte Frau bin, obgleich ich allein wohne, und daß ich mein Ansehen wahren muß.«

»Du weißt ganz gut, daß ich nichts mehr habe, was ich dir schenken könnte, denn du besitzest bereits all mein Hab und Gut«, sagte ich und beugte mein Haupt bis zum Rand des Bettes nieder und spürte den Duft ihrer Salben und ihrer Haut. Sie berührte mein Haar mit ihrer Hand, zog sie jedoch sogleich zurück und lachte und schüttelte das Haupt.

»Wie falsch und betrügerisch sind doch die Männer!« sagte sie. »Auch du belügst mich, aber ich kann nichts dafür, daß ich dich gerne habe, Sinuhe, und ich bin schwach. Du

sagtest einst, mein Schoß würde dich schlimmer als Feuer brennen, aber das ist gewiß nicht wahr. Betaste meinen Schoß, und du wirst ihn kühl und erquickend finden. Auch meine Brüste darfst du mit den Händen streicheln, denn sie sind müde und sehnen sich nach Liebkosungen.«
Aber als ich mich mit ihr der Liebe hingeben wollte, stieß sie mich von sich, setzte sich auf und sagte erbittert: »Wenn ich auch schwach und einsam bin, erlaube ich doch keinem betrügerischen Manne, sich mir zu nahen. Du hast mir verheimlicht, daß dein Vater Senmut im Armenviertel beim Hafen ein Haus besitzt. Das Haus ist nicht viel wert, aber der Boden, auf dem es steht, ist unweit der Uferkais gelegen, und für den Hausrat in seinen Zimmern könnte man vielleicht etwas bekommen, falls man die Sachen auf dem Markt verkaufte. Vielleicht könnte ich heute mit dir essen und trinken und der Wollust pflegen, wenn du mir dieses Eigentum überläßt, denn niemand weiß, was der morgige Tag bringen kann, und ich muß auf meinen Ruf bedacht sein.«
»Das Eigentum meines Vaters gehört nicht mir«, sagte ich erschrocken. »Du kannst von mir nicht verlangen, was nicht mein ist, Nefernefernefer.«
Sie aber neigte den Kopf zur Seite und sah mich mit ihren grünen Augen an, und ihr Gesicht war bleich und klein, als sie sagte: »Deines Vaters Eigentum ist dein gesetzliches Erbe, das weißt du wohl, Sinuhe, denn deine Eltern haben keine Tochter, die dasselbe Erbrecht wie der Sohn besäße, sondern du bist ihr einziges Kind. Du verheimlichst mir auch, daß dein Vater blind ist und dir deshalb sein Siegel und das Verwaltungsrecht über sein Eigentum anvertraut hat, damit du darüber bestimmen kannst, als wäre es dein.«
Das stimmte, denn nachdem seine Augen schwach geworden waren, hatte mir mein Vater Senmut sein Siegel ausgehändigt und mich gebeten, seinen Besitz und seine Habe für ihn zu verwalten, da er nicht mehr genügend sah, um seinen Namen zu schreiben. Kipa und er sprachen öfters

davon, das Haus zu einem vorteilhaften Preise zu verkaufen, um ein kleines Landgütchen außerhalb der Stadt zu erwerben und von dessen Ertrag zu leben, bis sie in ihr Grab eingehen und die Wanderung in die Ewigkeit antreten würden.
Ich brachte kein Wort hervor, so groß war mein Entsetzen beim bloßen Gedanken daran, Vater und Mutter, die mir ihr Vertrauen geschenkt hatten, zu betrügen. Nefernefernefer aber schloß die Augen zur Hälfte und sagte: »Nimm mein Haupt zwischen deine Hände und berühre meinen Busen mit deinen Lippen, denn du hast etwas in dir, was mich schwach werden läßt, Sinuhe. Deshalb denke ich auch nicht an meinen eigenen Vorteil, wenn es dich betrifft, und ich will den ganzen heutigen Tag mit dir verbringen und der Wollust pflegen, falls du mir deines Vaters Besitz überläßt, wenn er auch keinen großen Wert hat.«
Ich nahm ihren Kopf zwischen meine Hände, und er war glatt und klein darin, und ich wurde von grenzenloser Leidenschaft befallen. »So mag es nach deinem Wunsch geschehen«, sagte ich, und meine eigene Stimme zerriß mein Ohr. Aber als ich mich ihr nähern wollte, sagte sie: »Sogleich magst du in dein Haus gelangen, du bist bereits darin, doch hole erst einen gesetzeskundigen Schreiber, damit er alle nötigen Papyri nach Vorschrift aufsetze, denn ich verlasse mich nicht auf Versprechungen der Männer, weil sie so betrügerisch sind und ich meinen Ruf wahren muß.«
Ich ging einen gesetzeskundigen Schreiber holen, und mit jedem Schritte, den ich mich von Nefernefernefer entfernte, wuchs meine Qual. Deshalb trieb ich den Schreiber zur Eile an und drückte das Siegel meines Vaters auf die Papyri und unterschrieb sie mit seinem Namen, damit der Schreiber die Papyri noch am gleichen Tage zur Aufbewahrung in das königliche Archiv senden könne. Aber ich besaß weder Silber noch Kupfer mehr, um den Schreiber für seine Mühe zu entschädigen, und er war unzufrieden, ging aber schließ-

lich darauf ein, auf seinen Lohn zu warten, bis das Eigentum verkauft sein würde, und auch dieses wurde aufgeschrieben.
Aber als ich zurückkehrte, sagten die Diener, daß Nefernefernefer schlafe, und ich mußte bis zum späten Abend warten, bis sie erwachte. Endlich war sie wach und empfing mich, und ich gab ihr die Quittung des Schreibers, und sie versorgte sie gleichgültig in ihrem schwarzen Schrein. »Du bist äußerst eigensinnig, Sinuhe«, sagte sie, »doch ich bin eine ehrbare Frau und halte stets mein Wort. Also magst du nehmen, was du zu holen kamst.« Sie legte sich aufs Bett und öffnete mir ihren Schoß, doch genoß sie nicht mit mir die Wollust, sondern wandte das Haupt zur Seite und betrachtete ihr Bild im Spiegel und gähnte im Verborgenen, so daß die Lust, die ich ersehnte, mir wie Asche war. Als ich mich von ihrem Bett erhob, sagte sie: »Nun hast du bekommen, was du wolltest, Sinuhe, und lasse mich jetzt in Ruh, denn du langweilst mich gewaltig. Du bereitest mir gar kein Gefühl der Lust, denn du bist unbeholfen und ungestüm, und deine Hände tun mir weh. Doch will ich, wenn du mich nur endlich in Ruhe läßt, nicht mehr daran denken, was ich durch dich ausgestanden habe, denn du verstehst es nun einmal nicht besser. Ein andermal magst du wiederkommen, doch hast du wahrscheinlich längst genug von mir.«
Ich fühlte mich leer wie die Schale eines ausgeblasenen Eies und ging taumelnd fort von ihr nach Hause. Ich wollte in einem dunklen Zimmer Ruhe suchen und meinen Kopf in die Hände legen und den Kummer und die Enttäuschung meines Herzens klagen. Aber auf der Veranda saß ein Gast, der eine geflochtene Perücke trug und in ein buntes syrisches Gewand gekleidet war. Er begrüßte mich kühl und bat um einen ärztlichen Rat.
»Ich empfange keine Patienten mehr«, sagte ich, »denn das Haus gehört nicht mehr mir selbst.«
»Ich habe schlimme Knoten an den Füßen«, sagte er und mischte syrische Worte in seine Rede. »Dein kluger Sklave

Kaptah hat dich wegen deiner Fähigkeit, solche Knoten zu behandeln, empfohlen. Befreie mich also von meiner Qual, und du wirst es nicht zu bereuen haben.«
Er war so eigensinnig, daß ich ihn schließlich in mein Arbeitszimmer führte und nach Kaptah rief, damit er mir heißes Wasser für die Behandlung bringe. Aber Kaptah war verschwunden, und erst als ich die Füße des Syriers untersuchte, erkannte ich, daß es Kaptahs schwärende Gichtfüße waren. Kaptah nahm die Perücke ab, entblößte sein Gesicht und lachte laut über mich.
»Was ist das für ein Unfug?« fragte ich und hieb mit meinem Stock auf ihn ein, daß ihm das Lachen rasch verging und sich in Wehgeschrei verwandelte. Nachdem ich den Stock weggeworfen hatte, sagte er:
»Da ich nicht mehr dein Sklave, sondern der eines anderen bin, kann ich dir ruhig erzählen, daß ich im Sinne habe zu fliehen, und deshalb wollte ich sehen, ob du mich in dieser Verkleidung erkennen würdest.«
Ich erinnerte ihn an die Strafen, welche entwichenen Sklaven drohen, und prophezeite ihm, daß er unfehlbar eines Tages erwischt würde, denn womit wollte er sich ernähren. Er aber erwiderte: »Nachdem ich viel Bier getrunken, hatte ich in der Nacht einen Traum. In diesem Traum sah ich dich, Herr, in einem brennenden Ofen liegen, aber ich kam hinzu und sprach gestrenge Worte und packte dich beim Genick und tauchte dich in fließendes Wasser, und es entführte dich. Ich ging auf den Markt und fragte einen Traumdeuter, was der Traum zu bedeuten habe, und er erklärte, daß mein Herr in Gefahr schwebe, daß ich wegen meiner Kühnheit viele Hiebe mit dem Stock erhalten, und daß mein Herr eine weite Reise machen werde. Dieser Traum ist wahr, denn man braucht nur dein Gesicht anzusehen, Herr, um zu wissen, daß du in großer Gefahr schwebst, und den Stock habe ich bereits zu spüren bekommen, und so wird wohl auch der Rest des Traumes wahr sein. Deshalb habe ich mir diese Kleidung verschafft, damit

man mich nicht erkenne, denn ich werde dich auf deiner Reise begleiten.«

»Deine Treue rührt mich, Kaptah«, sagte ich und versuchte, höhnisch zu sein. »Es mag wahrhaftig stimmen, daß eine weite Reise vor mir liegt, doch wenn dem so ist, wird sie mich in das Haus des Todes führen, und dorthin wirst du mich wohl kaum begleiten wollen.«

»Keiner kennt die Zukunft«, sagte Kaptah frech. »Du bist noch jung und grün, mein Herr, wie ein Kalb, dessen Mutter es noch nicht reingeleckt hat. Deshalb wage ich nicht, dich allein die schwere Reise in das Haus des Todes und das Land im Westen unternehmen zu lassen. Wahrscheinlich werde ich dich begleiten, um dir mit meiner Erfahrung beizustehen, denn ich habe dich trotz all deiner Torheit ins Herz geschlossen, und ich habe nie einen Sohn besessen, obwohl ich gewiß zahlreiche Kinder gezeugt habe. Nur habe ich sie nie gesehen, und will mir daher vorstellen, du seiest mein Sohn. Das sage ich nicht, um dich zu kränken, sondern um dir zu beweisen, mit welchen Gefühlen ich dich betrachte.«

Seine Unverschämtheit ging zu weit, doch mochte ich ihn nicht mehr mit dem Stock behandeln, nachdem er nicht mehr mein Sklave war. Ich schloß mich in mein Zimmer ein, bedeckte meinen Kopf und schlief wie ein Toter bis zum Morgen, denn wenn die Schmach und Reue eines Menschen groß genug sind, wirken sie wie ein Betäubungsmittel. Doch als ich am Morgen erwachte, entsann ich mich als erstes der Augen und des Leibes Nefernefernefers, und ich glaubte ihren glatten Kopf zwischen meinen Händen zu halten und ihren Busen an meiner Brust zu fühlen. Warum, kann ich nicht sagen; aber vielleicht hatte sie mich wirklich in einer mir unbekannten Weise verhext, obgleich ich nicht eigentlich an Zauberkünste glaube. Ich weiß nur, daß ich mich wusch und anzog und mein Gesicht salbte, um zu ihr zu gehen.

Nefernefernefer empfing mich in ihrem Garten am Lotosteiche. Ihre Augen waren klar und froh und grüner als das Wasser des Nils. Als sie mich erblickte, entschlüpfte ihrem Munde ein Ausruf der Verwunderung, und sie sagte: »O Sinuhe! Bist du wieder zu mir zurückgekehrt? Vielleicht bin ich doch noch nicht alt und häßlich, da du meiner noch nicht überdrüssig bist. Was willst du von mir?«

Ich sah sie an wie ein Verhungernder ein Stück Brot, und sie neigte ihr Haupt zur Seite und sagte zürnend: »Sinuhe, Sinuhe, du willst doch nicht wieder Wollust mit mir treiben? Zwar wohne ich allein, aber ich bin keine verachtenswerte Frau und muß auf meinen Ruf bedacht sein.«

»Gestern überließ ich dir den ganzen Besitz meines Vaters«, sagte ich. »Jetzt ist er, der früher ein geachteter Arzt war, ein armer Mann, der vielleicht in seinen alten Tagen genötigt sein wird, als Blinder um Brot zu betteln, während meine Mutter als Wäscherin dienen muß.«

»Gestern war gestern, und heute ist heute«, sagte Nefernefernefer und blinzelte mich an. »Doch will ich keine Forderungen stellen und gestatte dir gern, neben mir zu sitzen und meine Hand zu halten, falls du willst. Denn heute freut sich mein Herz, und ich will gerne meines Herzens Freude mit dir teilen, wenn ich dir auch weiter nichts gewähren kann.« Sie betrachtete mich schelmisch und lächelte und strich sich leicht über den Schoß. »Du fragst gar nicht, warum mein Herz sich freut«, sagte sie vorwurfsvoll. »Dann will ich es dir erzählen. So wisse denn, daß ein vornehmer Mann aus dem unteren Lande in unsere Stadt gekommen ist und ein goldenes Gefäß mitgebracht hat, das beinahe hundert Deben wiegt, und in dessen Wände viele schöne und ergötzliche Bilder eingraviert sind. Allerdings ist er alt und so dürr, daß seine Knochen meine Lenden abscheuern werden, aber trotzdem glaube ich, daß das goldene Gefäß schon morgen mein Haus schmücken wird. Ich bin nämlich keineswegs eine verachtenswerte Frau und muß meinen Ruf wahren.«

Als ich nichts erwiderte, seufzte sie scheinbar tief und

blickte träumerisch auf die Lotosblüten und die übrigen Blumen des Gartens. Dann entkleidete sie sich gemächlich und stieg in den Teich zum Bade. Ihr Haupt hob sich zwischen den Lotoskelchen aus dem Wasser, und sie war schöner als alle Lotosblumen. Sie ließ sich vor meinen Augen, auf dem Rücken liegend, vom Wasser tragen, die Hände im Genick verschränkt, und sagte: »Du bist sehr schweigsam heute, Sinuhe. Ich habe dich wohl nicht unbewußt gekränkt? Wenn dem so ist, will ich gerne alles tun, was ich kann, um die Kränkung wieder gutzumachen.«
Da konnte ich nicht umhin, zu sagen: »Du weißt ganz gut, was ich will, Nefernefernefer.«
»Dein Gesicht ist rot, und deine Adern schlagen an den Schläfen, Sinuhe«, sagte sie. »Wäre es nicht besser, du zögest dein Gewand aus und stiegest in den Teich, um dich abzukühlen, denn heute ist wirklich ein heißer Tag. Niemand sieht uns, und du brauchst nicht zu zögern.«
Ich zog mich aus und stieg ins Wasser neben sie, und meine Seite streifte ihre Seite. Doch wie ich sie an mich ziehen wollte, floh sie lachend und spritzte mir Wasser in die Augen. »Ich weiß schon, was du willst, Sinuhe«, sagte sie, »obwohl ich zu schüchtern bin, um dich anzusehen. Doch zuerst sollst du mir ein Geschenk machen, denn wie du weißt, bin ich kein verachtenswertes Weib.«
Ich verlor die Besinnung und rief: »Du bist verrückt, Nefernefernefer, du weißt doch, daß du mich völlig ausgeplündert hast. Ich schäme mich meiner selbst und getraue mich nie mehr, meinen Eltern in die Augen zu sehen. Aber ich bin immer noch Arzt, und mein Name steht im Buch des Lebens. Vielleicht werde ich noch einmal genug verdienen, um dir ein Geschenk zu machen, das deiner würdig ist, aber erbarme dich meiner, denn selbst im Wasser ist mein Leib wie Feuer, und ich muß mir die Hände blutig beißen, wenn ich dich betrachte.«
Sie schwamm leicht auf dem Wasser und wand sich, und ihre Brüste hoben sich wie rosige Blumen aus dem Teiche.

»Ein Arzt übt seinen Beruf mit den Händen und den Augen aus, nicht wahr, Sinuhe?« sagte sie. »Ohne Hände und ohne Augen könntest du kaum mehr Arzt sein, und wenn dein Name auch tausendmal im Buch des Lebens eingetragen wäre. Vielleicht würde ich am heutigen Tage mit dir essen und trinken und der Liebe genießen, wenn du dir die Augen ausstechen und die Hände abhacken lassen würdest, damit ich sie als Siegeszeichen über den Türrahmen meines Zimmers hängen könnte, und meine Gäste mich achten und sehen würden, daß ich keine verachtenswerte Frau bin.«

Zwischen grüngemalten Lidern blickten mich ihre Augen an, und sie fuhr gelassen fort: »Nein, ich würde mir doch kaum etwas daraus machen, denn mit deinen Augen wüßte ich nichts anzufangen, und deine Hände würden zu riechen beginnen und Fliegen in mein Zimmer ziehen. Sollten wir wirklich nichts mehr finden, was du mir schenken könntest? Denn du machst mich schwach, Sinuhe, und der Anblick deines nackten Leibes in meinem Teiche raubt mir die Ruhe. Du bist zwar plump und unerfahren, aber ich glaube, du könntest in einem Tage manches von mir lernen, was du noch nicht weißt, denn ich kenne viele Bräuche, die den Männern Befriedigung schenken und an denen auch eine Frau ihre Freude haben kann. Denk daran, Sinuhe!«

Aber wie ich nach ihr haschte, stieg sie rasch aus dem Teich heraus und stellte sich hinter einen Baum, wo sie das Wasser von den Armen schüttelte. »Ich bin nur ein schwaches Weib, und die Männer sind falsch und betrügerisch«, sagte sie. »Auch du, Sinuhe, hast mich noch weiter angelogen. Mein Herz ist betrübt, und die Tränen sind mir nahe, wenn ich daran denke, denn du bist meiner offenbar überdrüssig, sonst hättest du mir nicht verheimlicht, daß deine Eltern sich ein schönes Grab in der Stadt der Toten eingerichtet und an den Tempel das nötige Geld eingezahlt haben, um ihre Leichen einbalsamieren zu lassen, damit sie dem Tod widerstehen, und damit man ihnen die nötige

Ausrüstung für die Reise in das Land im Westen mitgibt.«
Als ich dies vernahm, riß ich mir mit den Nägeln die Brust blutig und rief: »Wahrlich, jetzt glaube ich, daß dein Name Tabubue ist!«
Sie aber sagte ruhig: »Du sollst mich nicht tadeln, weil ich keine verachtenswerte Frau sein möchte. Ich habe dich auch nicht gebeten, zu mir zu kommen, sondern du kamst von selbst. Wohlan, jetzt weiß ich, daß du mich nicht liebst, sondern nur kommst, um mich zu verhöhnen, nachdem du eine so unbedeutende Sache zum Hindernis zwischen uns werden läßt.«
Tränen rannen mir über die Wangen, und ich stöhnte laut vor Schmerz, doch ging ich auf sie zu, und sie berührte meinen Leib ganz leicht mit ihrem Leibe. »Der bloße Gedanke ist schon sündhaft und gottlos«, sagte ich. »Wie sollte ich meine Eltern des ewigen Lebens berauben und ihre Leichname in Nichts aufgehen lassen, wie es mit den Leichen der Sklaven und der Armen und derer, die man ihrer Verbrechen wegen in den Strom wirft, geschieht? Das kannst du nicht von mir verlangen.«
Aber sie lehnte ihren nackten Leib an den meinigen und sagte: »Überlasse mir das Grab deiner Eltern, und ich flüstere dir ›mein Bruder‹ ins Ohr, und mein Schoß wird von holdem Feuer für dich erfüllt sein, und ich werde dich tausend Dinge lehren, von denen du nichts weißt, und die einen Mann erfreuen.«
Und ich konnte mich nicht mehr beherrschen, sondern weinte und sagte: »Dein Wille soll geschehen, und dein Name sei in Ewigkeit verflucht, aber ich kann dir nicht widerstehen, so furchtbar ist der Zauber, mit dem du mich gebunden hältst.«
Sie aber sagte: »Sprich bitte nicht von Zauber mit mir, denn dadurch beleidigst du mich sehr, da ich doch keine verachtenswerte Frau bin, sondern in meinem eigenen Hause wohne und auf meinen Ruf achte. Aber da du so langweilig und schlechter Stimmung bist, werde ich durch einen Die-

ner einen gesetzeskundigen Schreiber holen lassen, und inzwischen wollen wir essen und Wein trinken, damit unsere Herzen sich freuen, und damit wir, sobald der Papyrus fertig ist, miteinander die Wollust genießen können.« Sie lachte fröhlich und lief ins Haus hinein.
Ich zog mich an und folgte ihr, und die Diener gossen Wasser über meine Hände und verneigten sich vor mir und streckten die Hände in Kniehöhe vor. Hinter meinem Rükken aber lachten sie und verhöhnten mich, so daß ich es hören konnte, obwohl ich tat, als wäre ihr spöttisches Gerede nur Fliegengesumm in meinen Ohren. Als Nefernefernefer herunterkam, schwiegen sie sofort, und wir aßen und tranken zusammen. Es gab fünf verschiedene Fleischgerichte und zwölf Arten Backwerk, und wir tranken gemischten Wein, der rasch in den Kopf steigt. Der gesetzeskundige Schreiber erschien und fertigte die nötigen Papyri aus, und ich überließ Nefernefernefer das Grab meiner Eltern in der Stadt der Toten mit der ganzen Ausrüstung sowie ihre Einzahlung im Tempel, so daß sie beide des ewigen Lebens und der Möglichkeit verlustig gingen, nach dem Tode in das Land des Westens zu reisen. Ich drückte meines Vaters Siegel auf den Papyrus und unterschrieb mit seinem Namen, und der Schreiber übernahm es, die Papyri noch am selben Tage in das königliche Archiv zu senden, damit sie Rechtskraft erhielten. Nefernefernefer aber händigte der Schreiber eine Beglaubigung über dieses Geschäft aus, und sie legte sie gleichgültig in den schwarzen Schrein und entlohnte den Schreiber für seine Mühewaltung, so daß der Mann sich unter Verbeugungen und mit zur Kniehöhe ausgestreckten Händen entfernte.
Als er gegangen war, sagte ich: »Von diesem Augenblick an, Nefernefernefer, bin ich ein Verfluchter und vor den Göttern wie vor den Menschen Entehrter. Beweise mir nun, daß meine Tat ihren Preis wert war.« Sie aber lächelte und sagte: »Trinke Wein, mein Bruder, um dein Herz zu erquikken.« Als ich sie an mich ziehen wollte, wich sie mir aus

und goß mehr Wein aus dem Krug in meinen Becher. Nach einer Weile betrachtete sie die Sonne und sagte: »Siehe, der Tag geht zur Neige, und der Abend naht. Was willst du noch, Sinuhe?«

»Du weißt genau, was ich will«, sagte ich. Sie aber fragte: »Du weißt wohl, Sinuhe, welcher Brunnen am tiefsten, und welche Grube bodenlos ist? Deshalb muß ich mich beeilen, mich umzuziehen und mein Gesicht zu malen, denn ein goldener Becher wartet darauf, morgen mein Heim zu schmücken.« Als ich sie umarmen wollte, entglitt sie mir und lachte schrill und rief mit lauter Stimme, so daß die Diener hereingestürmt kamen. Und sie sagte zu ihnen: »Wie kommt dieser unausstehliche Bettler in mein Haus? Werft ihn ohne Zögern hinaus und laßt ihn nie mehr durch meine Türe treten, und sollte er sich erkühnen, Widerstand zu leisten, so schlagt ihn mit Stöcken.«

Und die Diener warfen mich, ohnmächtig wie ich vom Weine und von der Wut war, vor die Türe, und als ich mit einem Stein dagegen zu schlagen begann, kamen sie heraus und hieben mit Stöcken auf mich ein. Als ich immer weiter lärmte und schrie, und Leute sich anzusammeln begannen, da sagten sie: »Dieser betrunkene Kerl hat unsere Herrscherin beleidigt, die in ihrem eigenen Hause wohnt und keine verachtenswerte Frau ist.« Sie schlugen mich so lange mit Stöcken, bis ich bewußtlos auf der Straße liegen blieb, wo die Menschen mich anspuckten, und die Hunde meine Kleider mit ihrem Wasser beschmutzten.

Aber als ich wieder zu mir kam, und meines ganzen Elends gewahr wurde, mochte ich nicht aufstehen, sondern blieb bis zum Morgen unbeweglich auf der Stelle liegen. Die Finsternis gewährte mir Schutz, und mir war, als könnte ich keinem Menschen mehr mein Antlitz zeigen. Der Thronerbe hatte mir den Namen: »Er, der einsam ist«, verliehen, und in dieser Nacht war ich wahrlich der einsamste Mensch der Welt. Aber im Morgengrauen, als wieder Leute in den Straßen auftauchten, und die Kaufleute ihre Waren vor den

Läden zur Schau ausbreiteten, und die Ochsen ihre Schlitten zu ziehen begannen, da erhob ich mich und ging vor die Stadt hinaus und hielt mich drei Tage und drei Nächte lang, ohne zu essen und zu trinken, im Schilf verborgen. Mein Leib und mein Herz waren wie eine einzige Riesenwunde, ich fürchtete, den Verstand zu verlieren, und hätte mich jemand zu jener Zeit angesprochen, ich würde laut geschrien und getobt haben.

Am dritten Tage wusch ich mein Gesicht, meine Füße und das Blut aus meinen Kleidern und kehrte in die Stadt zurück und ging nach Hause. Doch das Haus gehörte nicht mehr mir, und an der Türe war das Berufszeichen eines fremden Arztes angebracht. Ich rief nach Kaptah, und er kam gelaufen und schluchzte vor Freude und schlang seine Arme um meine Knie.
»O mein Herr«, sagte er, »denn in meinem Herzen bist du immer noch mein Herr, wer auch immer über mich befehlen sollte. Ein junger Herr ist gekommen, der glaubt, ein großer Arzt zu sein. Er probiert deine Kleider an und lacht vor Freude. Seine Mutter ist bereits in der Küche gewesen und hat mir heißes Wasser über die Füße gegossen und mich Ratte und Mistfliege gescholten. Deine Patienten aber vermissen dich und behaupten, seine Hand sei nicht so leicht wie deine, und seine Behandlung sei über alle Maßen schmerzhaft. Auch kenne er ihre Leiden nicht so gut wie du.«
Er plapperte noch lange drauf los, und sein einziges, rotgerändertes Auge war voller Schrecken, als er mich betrachtete, so daß ich schließlich sagte: »Erzähle mir nur alles, Kaptah! Mein Herz ist ohnehin wie ein Stein in meiner Brust, und nichts bewegt mich mehr.«
Da streckte er die Arme zum Zeichen tiefster Trauer empor und sagte: »Mein einziges Auge hätte ich hergegeben, wenn ich dir nur diesen Kummer hätte ersparen können. Aber dies ist ein böser Tag, und es ist gut, daß du kamst; denn wisse: deine Eltern sind tot.«

»Mein Vater Senmut und meine Mutter Kipa!« sagte ich und hob die Hände, wie es der Brauch ist, und das Herz rührte sich in meiner Brust.
»Die Gerichtsdiener brachen heute ihre Türe auf, nachdem sie gestern die Zwangsräumung angekündigt hatten«, erzählte Kaptah, »aber sie lagen auf ihrem Bette und rührten sich nicht mehr. Deshalb bleibt dir noch der heutige Tag, um die Leichen in das Haus des Todes zu überführen, denn morgen wird ihr Haus auf Anordnung des neuen Besitzers abgerissen.«
»Wußten meine Eltern, warum dies geschah?« fragte ich und konnte meinem Sklaven nicht ins Gesicht sehen.
»Dein Vater Senmut kam, um dich aufzusuchen«, sagte Kaptah. »Deine Mutter führte ihn, weil er nicht mehr sah, und sie waren beide alt und gebrechlich und zitterten beim Gehen. Ich aber wußte nicht, wo du warst. Da meinte dein Vater, es sei vielleicht besser so. Und er berichtete, daß die Gerichtsdiener ihn aus seinem Hause vertrieben und Siegel auf seinen Schrein und seine Möbel gesetzt hatten, so daß sie nur noch die zerfetzten Kleider, die sie am Leibe trugen, besaßen. Und als er nach dem Grunde des Geschehens fragte, sollen die Gerichtsdiener gelacht und gesagt haben: ›Dein Sohn Sinuhe hat dein Haus und die Möbel und euer Grab verkauft, um Gold für eine schlechte Frau zu beschaffen.‹ Nach langem Zögern bat dein Vater mich um ein Kupferstück, um einem Schreiber einen Brief an dich zu diktieren. Aber in deinem Hause war bereits ein neuer Herr, und gerade in jenem Augenblick kam seine Mutter, um mich zu rufen, und schlug mich mit dem Stock, weil ich meine Zeit in Gesprächen mit Bettlern vergeude. Du glaubst mir vielleicht, wenn ich dir sage, daß ich deinem Vater gern ein Kupferstück gegeben hätte, denn obgleich ich noch nicht die Gelegenheit gefunden habe, meinem neuen Herrn etwas zu entwenden, habe ich doch noch etwas von dem Kupfer und Silber übrig, das ich dir und früheren Herren gestohlen habe. Doch als ich wieder auf die Straße zurück-

kehrte, waren deine Eltern schon gegangen, und die Mutter meines neuen Herrn hinderte mich daran, ihnen nachzulaufen, und schloß mich über Nacht in die Feuergrube ein, damit ich nicht entweiche.«
»Mein Vater hat mir also keine Botschaft hinterlassen?« fragte ich und Kaptah antwortete: »Dein Vater hat dir keine Botschaft hinterlassen, Herr.«
Mein Herz war wie Stein in meiner Brust, aber meine Gedanken waren klar und ruhig wie Vögel in kalter Luft. Nach einigem Nachsinnen sagte ich zu Kaptah: »Gib mir alles Kupfer und Silber, das du noch besitzest! Gib es mir rasch, und vielleicht wird Ammon oder irgendein anderer Gott deine Tat belohnen, falls ich es nicht vermag, denn ich muß meine Eltern in das Haus des Todes überführen, und ich besitze nichts mehr, um die Balsamierung ihrer Leichen zu bezahlen.«
Kaptah begann zu weinen und wehklagen und hob wiederholt die Hände, um tiefste Trauer zu bezeugen, aber schließlich begab er sich in einen Winkel meines Gartens und blickte sich im Gehen um, wie ein Hund, der einen verscharrten Knochen holen geht. In dem Winkel wälzte er einen Stein zur Seite und holte einen Tuchfetzen hervor, in den er sein Kupfer und sein Silber eingeknüpft hatte, und obgleich es die Ersparnisse seines ganzen Sklavendaseins waren, zählte alles zusammen nicht einmal zwei Deben. Aber Kaptah gab mir alles, wenn auch unter Tränen und Zeichen tiefsten Kummers, und deshalb soll er für alle Zeiten gesegnet sein und sein Leib in alle Ewigkeit erhalten bleiben.
Wohl besaß ich Freunde, und Ptahor und Haremhab hätten mir vielleicht Gold leihen können. Auch Thotmes hätte mir zu helfen vermocht, aber ich war jung und bildete mir ein, meine Schande sei bereits auf aller Zunge, und ich wäre lieber gestorben, als meinen Freunden zu begegnen. Meiner Taten wegen war ich vor den Göttern und den Menschen ein Verfluchter, und ich konnte nicht einmal Kaptah dan-

ken, denn im selben Augenblick kam die Mutter seines neuen Herrn auf die Veranda heraus und rief mit böser Stimme ihren Sklaven, und ihr Gesicht war wie das eines Krokodils, und sie trug einen Stock in der Hand. Deshalb lief Kaptah rasch von mir weg und begann bereits auf der Verandatreppe, noch ehe der Stock ihn berührt hatte, zu jammern.
Diesmal brauchte er nicht zu heucheln, denn er weinte bitterlich über sein Kupfer und sein Silber.
Ich eilte nach dem Hause meines Vaters und sah, daß seine Türen aufgebrochen und die Siegel der Gerichtsdiener an den Möbeln angebracht waren. Nachbarn standen auf dem Hof herum und hoben die Hände zum Zeichen der Trauer, aber keiner sprach ein Wort mit mir, sondern alle wichen entsetzt vor mir zurück. Aber in dem inneren Zimmer ruhten Senmut und Kipa auf ihrem Lager, und ihre Gesichter waren rot, als lebten sie noch, und auf dem Boden standen ein noch glühendes Kohlenbecken, denn sie waren bei dichtverschlossenen Türen und Fensterläden durch Kohlengase erstickt. Ohne mich um das Siegel der Gerichtsdiener zu kümmern, wickelte ich die beiden Leichname in das Leichentuch und holte einen Eseltreiber. Mit seiner Hilfe lud ich sie auf den Rücken des Esels und brachte sie in das Haus des Todes. Aber im Hause des Todes wurde ihnen die Aufnahme verweigert, denn ich besaß nicht einmal für die billigste Balsamierung genügend Silber. Da sagte ich zu den Leichenwäschern:
»Ich bin Sinuhe, Senmuts Sohn, und mein Name steht im Buche des Lebens, obgleich mich ein so hartes Schicksal betroffen hat, daß ich nicht mehr genügend Silber für die Bestattung meiner Eltern besitze. Deshalb bitte ich euch bei Ammon und allen Göttern Ägyptens, die Leichen meiner Eltern einzubalsamieren, damit sie dem Tode widerstehen, und ich will euch mit meiner ganzen Kunst zu Diensten sein, solange die Balsamierung der Leichen währt.«
Sie fluchten über meinen Starrsinn und beschimpften mich,

aber schließlich nahm der von der Pest zerfressene Oberwäscher Kaptahs Kupfer und Silber an und schlug einen Haken in das Kinn meines Vaters und warf ihn in das große Becken der Armen. Und er schlug einen Haken auch in meiner Mutter Leib und warf sie in das gleiche Becken. Es gab im ganzen dreißig Becken, und jeden Tag wurde eines davon angefüllt und ein anderes geleert, in der Weise, daß die Leichen der Armen im ganzen dreißig Tage in Salz und Lauge lagen, um widerstandsfähig gegen die Verwesung zu werden. Weiter wurde nichts zu ihrer Balsamierung getan, aber das wußte ich damals noch nicht.
Ich mußte noch einmal in meines Vaters Haus gehen, um das Leichentuch, welches das Siegel der Gerichtsdiener trug, zurückzuerstatten. Der Oberwäscher lachte höhnisch und sagte: »Beeile dich, damit du vor dem Morgen wieder da bist, denn wenn du nicht bis dahin zurückgekehrt bist, um uns zu dienen, ziehen wir die Leichen deiner Eltern aus dem Becken und werfen sie vor die Hunde.« Daraus entnahm ich, daß er mich nicht für einen bevollmächtigten Arzt, sondern für einen Betrüger hielt.
Ich kehrte in meines Vaters Haus zurück, und das Herz war wie ein Stein in meiner Brust, obgleich die verwitterten Lehmziegel der Wände mich anredeten. Jeder Ziegel redete mich an, und die alte Sykomore auf dem Hofe redete mich an und auch der Teich meiner Kindheit. Deshalb ging ich rasch meines Weges, nachdem ich das Tuch an seinen Platz gelegt hatte, aber beim Tor kam mir ein Schreiber entgegen, der seinen Beruf an der nächsten Straßenecke, neben dem Laden des Gewürzhändlers, ausübte. Als er mich erblickte, hob er die Hände zum Zeichen der Trauer und sagte:
»Bist du Sinuhe, der Sohn des rechtschaffenen Senmut?«
Und ich antwortete ihm: »Der bin ich.«
Der Schreiber sagte: »Fliehe nicht vor mir, denn dein Vater hat mir eine Botschaft hinterlassen, die er dir selbst überbringen wollte, als er dich nicht zu Hause traf.« Da sank ich zu Boden und bedeckte mein Gesicht mit den Händen, der

Schreiber aber zog einen Brief hervor und las ihn mir vor: »Senmut, dessen Name im Buch des Lebens eingetragen ist, und sein Weib Kipa schicken ihrem Sohn Sinuhe, der im Hause des Pharao den Namen ›Er, der einsam ist‹ erhalten hat, diesen Gruß. Die Götter sandten dich zu uns, und immer hast du uns nur Freude und niemals Kummer bereitet, und unser Stolz auf dich ist groß gewesen. Jetzt sind wir deinetwegen betrübt, weil du Unglück gehabt hast, und wir dir nicht so helfen können, wie wir möchten. Und wir glauben, daß du in allem, was du tatst, recht gehandelt hast und nicht anders hättest handeln können. Traure nicht um uns, auch wenn du unser Grab verkaufen mußtest, denn sicherlich hättest du es nicht getan, wenn dich nicht triftige Gründe gezwungen hätten. Aber die Gerichtsdiener haben es eilig, und wir haben keine Muße mehr, auf unsern Todestag zu warten, denn der Tod ist uns willkommen, wie der Schlaf dem Müden und ein Obdach dem Flüchtling. Unser Leben war lang, und seine Freuden sind mannigfaltig gewesen. Die größten Freuden aber hast du, Sinuhe, uns bereitet, als du aus dem Strome zu uns kamst, obgleich wir alt und einsam waren. Deshalb erteilen wir dir unsern Segen, und du sollst nicht traurigen Herzens sein, wenn wir auch kein Grab besitzen, denn ohne Grenzen ist die Nichtigkeit des Daseins, und deshalb ist es vielleicht besser für uns, im Nichts zu verschwinden, dann bleiben uns auch die Gefahren auf der beschwerlichen Reise nach dem Lande des Westens erspart. Denke stets daran, daß unser Tod leicht war, und daß wir dich vor unserem Ende segneten. Mögen alle Götter Ägyptens dich vor Gefahren schützen, möge dein Herz vor Kummer bewahrt bleiben, und möge dir durch deine Kinder ebensoviel Freude zuteil werden, wie wir durch dich empfangen haben. Das wünschen dir dein Vater Senmut und deine Mutter Kipa.«
Und mein Herz war nicht länger wie ein Stein, sondern es rührte sich. Tränen flossen in den Staub zu meinen Füßen. Der Schreiber aber sagte: »Da hast du den Brief. Zwar trägt

er nicht das Siegel deines Vaters, wegen seiner Blindheit konnte er auch seinen Namen nicht darunter schreiben; doch wirst du mir glauben, wenn ich dir sage, daß ich Wort für Wort getreulich nach seinem Diktat geschrieben habe, und noch größere Gewißheit bieten dir die Tränen deiner Mutter, die da und dort ein Schriftzeichen verwischt haben.« Er zeigte mir die Papyri, doch meine Augen waren blind vor Tränen, und ich konnte nichts sehen. Er rollte die Papyri zusammen, gab sie mir in die Hand und sagte: »Dein Vater Senmut war ein rechtschaffener Mann und deine Mutter Kipa eine gute Frau, wenn sie auch zuweilen böse Redensarten im Munde führte, wie das bei Frauen üblich ist. Deshalb habe ich das alles für deinen Vater geschrieben, obwohl er mir nicht das kleinste Geschenk dafür geben konnte, und ich überlasse dir die Papyri, obgleich es gute Papyri sind, die man leicht reinigen und nochmals benützen könnte.«

Ich sann eine Weile nach und sagte: »Auch ich habe kein Geschenk für dich, mein guter Mann. So nimm mein Achseltuch, denn es ist aus gutem Stoff, wenn auch schmutzig und zerknittert.« Ich nahm mein Achseltuch ab und reichte es ihm, und er prüfte mißtrauisch den Stoff, hob dann aber erstaunt die Hände und sagte: »Du bist sehr großherzig, Sinuhe, was die Menschen auch immer von dir sagen mögen. Und sollten die Leute behaupten, du habest deinen Vater und deine Mutter ausgeplündert und nackt in den Tod getrieben, so werde ich dich verteidigen. Aber dein Achseltuch kann ich nicht annehmen, denn es ist aus kostbarem Stoff, und ohne es würden deine Schultern von der Sonne rotgebrannt werden wie die Rücken der Sklaven.«

Ich aber sagte: »Nimm es, und mögen alle Götter Ägyptens dich segnen, und mag dein Leib in Ewigkeit bewahrt werden, denn du weißt selber nicht, welchen Trost du mir gegeben hast.«

Da nahm er das Achseltuch und ging, und schwenkte es über seinen Kopf und lachte laut vor Freude. Ich aber begab mich in das Haus des Todes, nur mit einem Lendentuch bekleidet wie die Sklaven und Ochsentreiber, und diente den Leichenwäschern dreißig Tage und dreißig Nächte.

Herodot

Mumien – erster, zweiter, dritter Klasse

»Totentrauer und Bestattung begeht man in folgender Weise: Stirbt in einem Hause eine angesehene Person, so bestreichen alle dort wohnenden Frauen sogleich den Kopf und das Gesicht mit Kot. Sie lassen den Toten daheim liegen und laufen wehklagend, sich schlagend, das Gewand aufgeschürzt, die Brüste entblößt durch die Straßen der Stadt. Alle Frauen der Verwandtschaft folgen ihnen. Aber auch die Männer stimmen, den Oberkörper entblößt wie die Frauen, in die Wehklage ein und schlagen sich. Erst nachdem dies geschehen ist, tragen sie die Leiche des Verstorbenen fort, um sie einbalsamieren zu lassen.

Dafür gibt es eine besondere Klasse von Leuten, die sich auf diese Kunst verstehen und sie berufsmäßig ausüben. Sie legen denen, die ihnen die Leiche bringen, bestimmte Musterbilder von Toten, aus Holz gefertigt und menschenähnlich bemalt, zur Auswahl vor. Nach wem die erste Art der Einbalsamierung benannt wird, scheue ich mich aus religiösen Gründen zu sagen. Eine andere Art, die sie nach jener vorzeigen, ist schon einfacher und wohlfeiler, am billigsten ist die dritte. Schließlich fragen sie, auf welche der drei Arten die Leiche behandelt werden soll. Nachdem der Preis vereinbart ist, gehen die Verwandten wieder nach Hause, während in der Werkstatt die Einbalsamierung beginnt.

Bei der teuersten und vornehmsten Art verfahren sie wie

folgt: Zuerst holen sie mit einem gebogenen Eisen einen Teil des Gehirns durch die Nasenlöcher heraus. Den Rest lösen sie mit Hilfe gewisser Flüssigkeiten auf, die sie in den Schädel gießen. Darauf machen sie mit einem scharfen aithiopischen Stein einen Einschnitt in die Weiche, entleeren geschwind die ganze Bauchhöhle und spülen sie erst mit Palmwein und dann noch einmal mit zerriebenen Spezereien aus. Darauf füllen sie den Leib mit unvermischten zerstoßenen Myrrhen, mit Kassia und anderen wohlriechenden Spezereien, wobei nur Weihrauch ausgenommen ist, und nähen ihn wieder zu. Wenn dies geschehen ist, legen sie die Leiche in Natronsalz, siebzig Tage lang. Länger darf das Beizen nicht dauern. Ist die Zeit verstrichen, so waschen sie den Toten und umwickeln ihn ganz und gar mit Binden aus feiner Leinwand, die sie zuvor mit Mastix-Gummi bestreichen, der in Ägypten meistens anstelle von Leim gebraucht wird. Nun holen die Angehörigen die Leiche wieder ab, legen sie in einen hölzernen Sarg von Menschengestalt, den sie haben zimmern lassen, und verschließen ihn. Der eingesargte Tote kommt in eine Grabkammer, wo man ihn aufrecht an die Wand stellt. Dies ist die teuerste Art.

Wenn wegen der hohen Kosten die mittlere Art gewünscht wird, gehen die Einbalsamierer so vor: Sie füllen Klistierspritzen mit dem Harz des Zedernbaums und füllen es in den Leib des Toten ein, jedoch ohne ihn aufzuschneiden und auszuleeren. Sie spritzen es durch den After hinein und verschließen ihn. Dann legen sie die Leiche die vorgeschriebenen Tage in Natron ein. Am letzten Tage läßt man das vorher eingeführte Zedernharz wieder ausfließen. Dies aber hat solche Kraft, daß Magen und Eingeweide aufgelöst und mit herausgespült werden. Das Fleisch wird vom Natron zersetzt, so daß von der Leiche nichts als Haut und Knochen übrigbleiben. Nach dieser Prozedur wird sie zurückgegeben, ohne noch etwas Weiteres mit ihr zu tun.

Die dritte Art endlich ist nur für die Ärmeren. Dabei spü-

len sie lediglich den Bauch mit Rettichöl aus, legen die Leiche siebzig Tage ein und lassen sie dann wieder abholen.
Die Frauen angesehener Männer übrigens werden nicht sofort nach ihrem Tode zum Einbalsamieren gebracht. Das gleiche geschieht, wenn es sich um schöne Frauen oder solche aus besserem Hause handelt. Sie alle werden den Balsamierern drei bis vier Tage später übergeben. Das geschieht, damit die Leute sich nicht an den Körpern der Frauen vergehen. Denn es soll einmal einer ertappt worden sein, der die noch frische Leiche eines Weibes schändete. Ein Zunftgenosse hatte ihn angezeigt, worauf er bestraft wurde.«

Auguste Mariette

Der Tourist und die Denkmäler

Es besteht keine Notwendigkeit, die Bedeutung der Monumente, die die Ufer des Nils säumen, noch hervorzuheben. Für die Ägypter sind es Zeugen der früheren Größe und sozusagen die Patente ihres alten Adels. In den Augen der Fremden handelt es sich um die fragmentarischen Blätter der Archive einer der ruhmvollsten Nationen der Welt.
Aber je höher wir Ägyptens Monumente einschätzen, desto mehr sollten wir bemüht sein, sie zu erhalten. Von ihrer Konservierung hängt zum Teil der Fortschritt jener interessanten Studien ab, die die Geschichte des alten Ägyptens zum Gegenstand haben. Außerdem ist ihre Erhaltung nicht nur für uns, die wir heute den Nutzen davon haben, sondern auch für die Ägyptologen späterer Zeiten sehr wichtig. Noch in fünfzig, hundert, ja in fünfhundert Jahren sollte Ägypten den Gelehrten, die es besuchen, dieselben Monumente zeigen können, die wir hier

beschreiben. Die Fortschritte, die wir durch die Entzifferung der Hieroglyphen gemacht haben, sind, obwohl diese Wissenschaft noch in den Kinderschuhen steckt, bereits ungeheuer. Wie wird es erst sein, wenn mehrere Generationen von Gelehrten jene bewundernswerten Ruinen studiert haben werden, von denen man mit Recht sagen kann, daß sie, je besser man sie kennt, desto mehr die Mühe lohnen, die man für sie aufwendet?

Wir bitten daher alle Besucher Oberägyptens inständig, von dem kindischen Brauch abzulassen, ihre Namen auf diese Monumente zu kritzeln. Wenn man die Grabkammern des Tih in Sakkarah besucht, kann man sich davon überzeugen, daß diesem Grab tatsächlich in den vergangenen zehn Jahren durch die Hand von Touristen mehr Schaden zugefügt wurde als in den ganzen sechstausend Jahren seiner Existenz. Das schöne Grab von Sethi I. in Bab-el-Molouk ist fast gänzlich zerstört, und nur mit Mühe wird sich erreichen lassen, daß das Übel nicht noch schlimmer wird. M. Ampère, der Ägypten im Jahr 1844 besuchte, ist vielleicht in den folgenden Zeilen, die seinem Tagebuch entnommen sind, zu weit gegangen; aber ich möchte sie wiedergeben, um zu zeigen, welche Schande jene Reisenden auf sich laden, die gedankenlos ihre Namen in die Monumente einritzen: »Das erste, was einem auffällt, wenn man sich dem Monument (dem Pfeiler des Pompeius) nähert, ist die Zahl der in riesigen Buchstaben von Reisenden darauf geschriebenen Namen, die solcherweise unverschämt den Beweis ihrer Niedrigkeit in die ehrwürdige Säule eingraviert haben. Nichts kann dümmer sein als diese von den Griechen übernommene Unsitte, die die Monumente beschädigt, wenn nicht ganz zerstört. Oft sind Stunden geduldiger Arbeit darauf verwendet worden, in den Granit die großen Buchstaben einzumeißeln, die ihn entehren. Wie kann sich jemand soviel Mühe machen, um der Welt bekanntzugeben, daß eine völlig unbekannte Persönlichkeit ein Monument besucht und verstümmelt hat?«

Ich empfehle die aufmerksame Lektüre dieser Zeilen dem jungen amerikanischen Reisenden, der 1870 alle Ruinen in Oberägypten mit einem Teertopf in der Hand besuchte und auf allen Tempeln die unauslöschlichen Spuren seines Besuches hinterließ.
Wir haben jenen Reisenden keinen Rat zu geben, die Antiquitäten kaufen und sie als Andenken an ihren Besuch in Ägypten mit nach Hause nehmen möchten. In Luxor gibt es mehr als eine ausgezeichnete Fabrik.
Aber Reisenden, die einigen Nutzen aus ihrer Reise ziehen wollen, möchten wir die Suche nach Papyri empfehlen. Es gibt nichts Kostbareres als einen Papyrus. Man weiß ziemlich genau, was man in einem Tempel oder einem Grab vorfindet; aber hinsichtlich des Papyrus tappt man im dunkeln. Es kann tatsächlich ein Papyrus gefunden werden, dessen Bedeutung die eines Tempels in den Schatten stellt; und es ist sicher, daß, wenn je in der Ägyptologie eine jener die Wissenschaft revolutionierenden Entdeckungen gemacht wird, die Welt sie einem Papyrus verdanken wird.
Da in Ägypten alle Ausgrabungen verboten sind und noch niemals ein Firman mit einer Erlaubnis erteilt worden ist, könnte man annehmen, daß sich nie Gelegenheiten zum Kauf von Papyri bieten. Das ist indessen nicht der Fall. Jeder Reisende in Oberägypten hat sicher Fellahs in den Teilen der Ruinen arbeiten sehen, wo die Mauern aus groben Ziegeln einstürzen. Was sie suchen, ist der Staub der zerkrümelnden Ziegel, den sie als Dünger verwenden. Hin und wieder jedoch ist ihnen das Glück hold, und es kommt nicht selten vor, daß ein Papyrus auf diese Weise gefunden wird. Auch darf man nicht vergessen, daß trotz allen Verboten besonders in Theben heimliche Ausgrabungen vorgenommen werden, und auf diese Weise können neben vielen anderen Gegenständen auch Papyri entdeckt werden. Es ist an dem Reisenden, danach zu fragen und sich zu informieren, und zwar nicht nur in Theben, son-

dern an allen Stationen, wo der *dahabeah* hält. Die schöne Sammlung von Mr. Harris in Alexandria ist auf diese Weise entstanden; und es war ein reiner Zufall, daß Madame d'Orbiney den jetzt im Britischen Museum befindlichen Papyrus kaufte, der ihren Namen berühmt machte. Beim gegenwärtigen Stand der Ägyptologie kann der Wissenschaft kein größerer Dienst geleistet werden, als jeden Papyrus aufzukaufen, der zufällig in die Hände der Fellahs fällt und der früher oder später ganz verlorengehen müßte, wenn er nicht so vor der Zerstörung bewahrt würde.

Peter Tomkins

Das Geheimnis der Cheopspyramide

Die meisten Ägyptologen sind der Ansicht, daß die Große Pyramide für irgendeinen Pharao, vermutlich Cheops, gebaut wurde. Alle mathematischen, religiösen oder prophetischen Theorien über Sinn und Zweck dieses Bauwerks betrachten sie als reine Phantasie oder bestenfalls von untergeordneter Bedeutung. Für diese Wissenschaftler steht es fest, daß die Innengänge der Großen Pyramide lediglich dem Zweck dienten, den Sarg des verstorbenen Pharao zu seinem Sarkophag in der Begräbniskammer zu bringen und das Verlassen der Pyramide nach dessen Beisetzung zu ermöglichen; allenfalls wird noch eingeräumt, daß sie Grabräuber in die Irre führen sollten.

Vielfach wird von den Ägyptologen die Errichtung eines so gewaltigen Bauwerks allein mit der Absicht begründet, das Grab des toten Pharao vor räuberischem Zugriff zu schützen. Es ist nur merkwürdig, daß gerade diese Aufgabe von keiner der Pyramiden erfüllt wurde, auch nicht von der des Cheops. Denn es gibt keinen verläßlichen Bericht darüber, daß in irgendeiner Pyramide der Leichnam eines ägyptischen Königs gefunden worden ist. Es ist lediglich die Rede von einigen Knochensplittern ungewissen Alters. Selbst das ungeplünderte Grab von Cheops' Mutter Hetepheres, das 1925 von der Harvard-Boston-Expedition am Ende eines etwa 26 Meter tiefen, mit Geröll ausgefüllten Schachtes entdeckt wurde, erschien völlig unberührt. Doch der Sarkophag war leer, und es wird angenommen, daß er so in der Begräbniskammer aufgestellt wurde.

Dennoch vertreten so bedeutende Ägyptologen wie Petrie und Borchardt die Ansicht, daß ein Pharao in der Königskammer der Großen Pyramide bestattet worden ist. Sie meinen, daß man nach dem Vollzug der Beisetzungszeremonie und dem Verlassen der Grabkammer die riesigen Granitblöcke und mehrere Kalksteinplatten die stark geneigte große Galerie herabgleiten ließ und damit den aufsteigenden Gang hermetisch verriegelte.

Ob der Mechanismus, der die Sperrblöcke in Bewegung setzte, aus sicherer Entfernung von unten ausgelöst wurde, ob die Arbeiter, die diesen Mechanismus bedienten, lebendig eingemauert wurden oder ob sie das Freie durch den sogenannten Brunnenschacht gewinnen konnten, darüber gibt es unter den Ägyptologen verschiedene Ansichten. Als Erklärung für die drei mächtigen Granitpfropfen und die merkwürdige Anlage der Innengänge der Pyramide führt Borchardt an, daß der Entwurf für die Pyramide noch während der Bauzeit dreimal geändert wurde. Der Gelehrte nimmt an, daß die Große Pyramide ursprünglich nur eine Grabkammer für den verstorbenen Pharao im gewachsenen Fels am Ende des absteigenden Ganges haben sollte. Dieser Plan wurde jedoch geändert, und aus einem nicht angegebenen Grunde faßte man den Entschluß, die Grabkammer des Königs nach oben auf das schon errichtete Mauerwerk des Kerns zu verlegen. Die Arbeit an der unterirdischen Grabkammer (auch Grube oder Brunnen genannt) wurde somit eingestellt. Man brach dann etwa zwanzig Meter vom Eingang entfernt ein Loch in die gemauerte Decke des ersten absteigenden Ganges, und von dieser Stelle aus wurde ein neuer aufsteigender Gang durch das bereits bestehende Mauerwerk des Pyramidenkerns geschaffen. Dieser neue Gang wurde bis zur Höhe der Kammer der Königin geführt.

Bei einer sorgfältigen Untersuchung des aufsteigenden Ganges stellte Borchardt fest, daß die Steine im unteren Teil ungefähr senkrecht, im oberen Teil dagegen fast durchwegs parallel zur Neigung des Ganges angebracht waren. Aus dieser Tatsache schloß er, daß die Stelle, an der sich der Winkel der Steinplatten änderte, die Höhe markiert, bis zu der das Bauwerk gediehen war, als man sich zum Bau einer neuen Grabkammer entschloß.

Borchardts Ansicht wird von Leonard Cottrell, dem Autor eines weitverbreiteten Buches über die Pyramiden, *Mountains of Pharao*, geteilt. Auch er meint, daß der zweite Entwurf für die Pyramide bis zum Bau der Kammer der Königin und der Anlage der notwendigen Luftschächte gediehen war, als man sich abermals zu einem neuen Entwurf entschloß. Dieser dritte Entwurf führte zu dem Entschluß, den aufsteigenden Gang zu der großartig eingewölbten Galerie zu erweitern. Diese Galerie hat eine Länge von etwa 47 Metern und sollte zur Königskammer, der endgültigen Ruhestätte des verstorbenen Pharao, führen. Nach Cottrell entschloß man sich zur Ausführung des dritten Entwurfs, als der Bau der Pyramide bereits weit gediehen war, so daß deren äußere Gestalt von den berichteten Planänderungen unberührt blieb. Dafür spricht bereits die ungewöhnliche Sorgfalt, mit der das Grundrißquadrat der Pyramide vermessen und der Neigungswinkel ihrer Seitenflächen bestimmt worden war.

Warum die große Galerie eine Höhe von achteinhalb Metern erhielt, während weniger als die Hälfte für den Transport des Sarges und die Lagerung der Sperrblöcke genügt hätte, wird von Cottrell nicht erklärt.

Die von Borchardt und Cottrell vertretene Theorie wurde von Maragioglio und Rinaldi angezweifelt. Sie heben hervor, daß der untere Teil des aufsteigenden Ganges ganz bewußt durch die tieferen Schichten des gemauerten Pyramidenkerns geführt wurde, um ihn besser mit dem Baukörper zu verankern. Dieser Teil des Ganges wurde nach ihnen nicht aus dem bereits bestehenden, normalen Mauerwerk auf übliche Weise herausgehauen. Dieses Mauerwerk war vielmehr von vornherein so angelegt worden, um dem unteren Ende des Ganges einen festen Halt zu geben. Dafür spricht, daß viele der in ihm eingebauten Blöcke außergewöhnlich groß sind, flach, senkrecht und hochkant liegen und sich in ihrer ganzen Qualität von dem übrigen Mauerwerk des Kerns unterscheiden, vor allem auch viel feinere und sorgfältiger gearbeitete Fugen haben.
Nach Meinung der beiden italienischen Gelehrten war es der Zweck dieser Bauweise, eine Art Bollwerk an der Verbindungsstelle zwischen dem aufsteigenden und absteigenden Gang zu schaffen, um den Druck des oberen Ganges auf den darunter liegenden abzufangen. Sie weisen darauf hin, daß mehrere sogenannte Gürtelsteine in Abständen von je 5,25 Metern der ganzen Länge des aufsteigenden Ganges entlang angebracht sind und daß diese besonderen Steine die Aufgabe haben, dessen Verzahnung mit dem Kernmauerwerk zu bewirken und dadurch sein Abgleiten zu verhindern. Solche Gürtelsteine seien dagegen in dem absteigenden Gang nicht erforderlich gewesen, weil dieser überall festen Halt im gewachsenen Fels des Giseh-Massivs habe.
Borchardt krönte seine Theorie über die Konstruktion der Innengänge der Pyramide mit einer Vorstellung, die vielen seiner Kollegen unter den Ägyptologen unglaubwürdig erschien und seine ganze Behandlung des Problems etwas in Mißkredit brachte. Er führte nämlich aus, es sei undenkbar, daß die Granit- und Kalksteinpfropfen vor der endgültigen Verriegelung der Pyramide auf dem schrägen Boden

der großen Galerie aufgestapelt gewesen seien, sonst hätte ja die ganze Prozession bei der Grablegung des Pharaos über diese Blöcke klettern müssen. Da die Blöcke zu sperrig waren für die engen Gänge, die zur Königskammer oder zur Kammer der Königin führten, kombinierte Borchardt, daß sie auf einem von Holzgerüsten getragenen Bohlenboden gelegen haben. Er verweist in diesem Zusammenhang auf Nuten, die sich in halber Höhe der Galeriewände hinziehen, in die der dicke Balkenboden einrasten konnte. Diese Vorrichtung hätte es wohl dem Leichenzug erlaubt, in würdiger Form die große Galerie zu durchschreiten. Aber damit war natürlich nicht erklärt, wie es der Leichenzug fertigbrachte, ohne Verletzung seiner Würde durch den niedrigen und engen aufsteigenden Gang nach oben zu kriechen, noch wie die Fallsteine von dem Bohlengerüst auf den Fußboden der großen Galerie heruntergelassen wurden.

Daß Borchardts Hypothese unhaltbar ist, geht nach Maragioglio und Rinaldi auch aus der Tatsache hervor, daß sie nur von wenigen Archäologen ernst genommen wurde. Auch Cottrell weicht in diesem Punkt von Borchardts Vorstellungen ab. Er glaubt zum Beispiel, daß die Gruben oder Einkerbungen in den Wandsockeln der großen Galerie zur Befestigung von Querstützen aus Holz oder Kalkstein angebracht wurden, die ein Verrutschen der auf dem Fußboden gestapelten Sperrblöcke verhindern sollten. Wenn dann der Leichenzug die Galerie verlassen hatte, konnten auf den Seitenrampen postierte Arbeiter jeden Block einzeln aus seiner Halterung lösen, und zwar geschah das mit dem untersten zuerst. Sie glitten nacheinander in den aufsteigenden Gang hinab und verriegelten ihn.

Angesichts dieser Vorstellung stellt sich die Frage, was schließlich mit den Querstützen geschah. Waren sie aus Holz, mögen sie im Laufe der vielen tausend Jahre vollständig verrottet sein. Die Arbeiter, die für die Verriegelung des Ganges verantwortlich waren, hätten diese Stützen auch auf ihrem Rückweg durch den engen Schacht zum Brunnen mitnehmen können, obgleich das wenig einleuchtet. Aber welche Möglichkeit man hier auch ins Auge faßt, die ganze Frage bleibt rätselhaft. Warum sollte man sich auch die Mühe machen, den aufsteigenden Gang zu verriegeln, wenn die Grabräuber die Möglichkeit hatten, auf verhältnismäßig einfache Art durch den Brunnenschacht wieder in die große Galerie und von da aus in die Grabkammer des Königs zu gelangen? Natürlich hätte man das untere Ende des Brunnenschachts geschickt verbergen können; aber es wäre kaum möglich gewesen, seine ganze Länge mit Blöcken zu versperren oder mit Geröll unpassierbar zu machen, nachdem die letzten Arbeiter auf diesem Wege die Pyramide verlassen hatten. Jedenfalls wäre es möglich gewesen, den absteigenden Gang zum Teil oder gänzlich zu blockieren und damit das Innere der Pyramide zu sperren. Denn es hätte einer geradezu übermenschlichen Anstrengung bedurft, sich einen Gang von mehr als hundert Meter Länge durch massive Kalksteinblöcke und gewachsenen Fels zu hauen. Die Erörterungen über die mögliche Verriegelung des absteigenden Ganges haben zu keinem allerseits befriedigenden Ergebnis geführt. Manche Forscher sind sogar der Ansicht, daß dieser Gang absichtlich nicht verstopft wurde und die unterirdische Kammer, der sogenannte Brunnen, unvollendet blieb, um mögliche Grabräuber irrezuführen und sie glauben zu lassen, daß überhaupt kein König in der Pyramide bestattet worden sei.

Was den Brunnenschacht anbetrifft, so vertreten Maragioglio und Rinaldi eine ganz eigene Theorie über dessen Funktion. Sie glauben nicht, daß er als eine Art Notausgang gedacht war, sondern nehmen vielmehr an, daß er bereits in einem früheren Stadium des Pyramidenbaues als Versorgungsschacht zur Belüftung der unteren Partien des absteigenden Ganges angelegt worden sei.

Sie nahmen ferner an, daß lange bevor ein Leichenzug die

große Galerie betrat, der gesamte Brunnenschacht von oben mit Geröll und Schutt verstopft wurde. Der untere Zugang zu ihm wurde dann sorgfältig getarnt, während der obere Eingang, der sich in der westlichen Rampe der großen Galerie befand, mit einer Steinplatte versiegelt wurde, so daß er von außen nicht zu erkennen war. Sie berufen sich dabei auf die Tatsache, daß von der Zeit des klassischen Altertums bis zum 19. Jahrhundert niemand den unteren Zugang zum Brunnenschacht entdeckte.

Natürlich ist sich jeder Pyramidenforscher im klaren darüber, daß Diebe und Grabräuber bald nach der Fertigstellung der Pyramide in das Innere des Baues einbrachen. Das geschah vor allem während der Bürgerkriege, die zwischen 2270 und 2100 v. Chr. das Land erschütterten. Wie diese Grabräuber vorgingen, darüber haben Maragioglio und Rinaldi eine ziemlich kühne Theorie aufgestellt. Sie behaupten nämlich, daß es diese frühen Grabräuber und nicht al-Ma'muns Männer waren, die sich am Ende des aufsteigenden Ganges einen Weg um die Granitpfropfen herum bahnten.

Die Diebe folgten diesem Gang weiter nach oben, durchbrachen die herabgelassenen Fallsteine und befanden sich dann in der »Krypta«. Nach Ansicht der Italiener entdeckten diese Diebe oder auch spätere Grabräuber den Brunnenschacht. Ein auffälliger Unterschied in den Steinplatten am unteren Ende der westlichen Rampe in der großen Galerie veranlaßte sie, die betreffende Platte zu entfernen; und damit standen sie am oberen Zugang zum Brunnenschacht. Spuren von Hammerschlägen neben der herausgebrochenen Platte deuten an, daß das Herausbrechen mit Hilfe eines von oben angesetzten Meißels geschah. Für diese Annahme spricht auch die Tatsache, daß es äußerst schwierig gewesen wäre, den Stein von unten her zu entfernen, weil der Brunnenschacht zu eng dafür war.

Die Italiener beschäftigte natürlich auch das Problem, wie der aufsteigende Gang durch die Granitblöcke verriegelt

wurde. Sie vertreten die Ansicht, daß der Sperrmechanismus durch eine Art Fernsteuerung ausgelöst wurde, und verweisen in diesem Zusammenhang auf neuere Forschungen in der Knickpyramide des Snofru von Dahschur; diese hätten klar ergeben, daß die den absteigenden Gang versperrenden Granitblöcke nur durch ihre eigene Schwere an die Sperrstelle gleiten konnten und nicht durch Arbeiter mit Hebeln dorthin befördert wurden, denn es gibt in dieser Pyramide keinen besonderen Schacht, durch den sie wieder hätten ins Freie gelangen können.
Die beiden Forscher nehmen an, daß die in der Großen Pyramide verwendeten Sperrblöcke auf einer Schicht flüssigen Mörtels herabglitten. Den zehn Zentimeter breiten Spalt zwischen dem ersten und zweiten Granitpfropfen erklären sie sich damit, daß sich beim Herabrutschen der beiden Blöcke ein Teil des Mörtels zwischen sie preßte. Dabei erhebt sich allerdings die Frage, was mit diesem Mörtel im Lauf der Zeit geschah; denn er kann sich ja nicht verflüchtigt haben.
Auch sonst ist gegen die Vermutung der Italiener manches einzuwenden. So kann man sich zum Beispiel nur schwer vorstellen, wie die ersten Grabräuber genau die Stelle in der Mitte des absteigenden Ganges gefunden haben sollen, von wo der mit Granitblöcken versperrte aufsteigende Gang abzweigt, wenn es zutrifft, daß diese Stelle mit einem prismatischen Kalksteinblock verdeckt war. Maragioglio und Rinaldi beseitigten diese Schwierigkeit, indem sie das Vorhandensein eines solchen Blocks leugnen. Seltsamerweise schenken sie der Überlieferung Glauben, nach der al-Ma'muns Werkleute den Fall eines schweren Steins hörten, und zwar hauptsächlich deswegen, weil der von ihnen angelegte Stollen sich plötzlich scharf nach Osten wendet, bevor er auf den absteigenden Gang stößt.
Wiederum eine andere Theorie, die eine Erklärung geben soll, wie der Pyramideneingang möglicherweise verriegelt worden ist, wurde 1963 von August Mencken aufgestellt.

In seinem Buch, in dem der Ingenieur aus Baltimore über die Cheopspyramide geschrieben hat, rekonstruiert er sich den Gang der Ereignisse etwas zu phantasievoll in folgender Weise: Als der Bau der Pyramide bis zur Decke der Königskammer gediehen war und man noch in der großen Galerie und der sogenannten Vorkammer arbeitete, wurde das Ganze durch ein heftiges Erdbeben erschüttert. Es entstanden Risse in den Deckenplatten der Königskammer, die Risse erweiterten sich, und im Gefolge der aufgetretenen Spannungen löste sich zum Schrecken der Baumeister die Befestigung der auf dem Fußboden der großen Galerie abgestellten Sperrblöcke. Diese glitten in den aufsteigenden Gang und versperrten somit den Arbeitern den Ausgang aus der Pyramide.

Aber die Lage der Arbeiter war nach Mencken nicht hoffnungslos. Sobald sich der Schreck und die Verwirrung gelegt hatten, begriff man außerhalb der Pyramide, was den Arbeitern innen zugestoßen war, und stellte eine Verbindung mit ihnen durch die zur Königskammer führenden Entlüftungsschächte her. Über diese Schächte wurden sie auch mit Wasser und Lebensmitteln versorgt.

Wie sollte man nun die eingeschlossenen Männer befreien? Sich einen Weg durch die drei Granitblöcke in dem engen aufsteigenden Gang zu brechen war nach Mencken ganz unmöglich. Sie in einem Stollen seitlich zu umgehen, hätte einen nicht wiedergutzumachenden Schaden an den Gängen angerichtet. Darum sollen sich die Ägypter dazu entschlossen haben, vom unteren Ende des absteigenden Ganges den Brunnenschacht anzulegen, der zur großen Galerie hinaufführt. Die eingeschlossenen Männer hatten von den ins Werk gesetzten Rettungsarbeiten Kenntnis erhalten, und bevor der Schacht bis zur Sohle der großen Galerie vorgetrieben worden war, hatten sie den einen Stein in der Rampe herausgebrochen.

Nach Menckens eigenen Vorstellungen ließ die Bauleitung der Pyramide den durch das Erdbeben angerichteten Scha-

den überprüfen. Diese Prüfung richtete sich vor allem auf den Zustand der Decke in der Königskammer. Und zu diesem Zweck wurde auch ein kurzer Schacht in den ersten druckabwehrenden Hohlraum, die Davison-Kammer, oberhalb der Kammer der Königin vorgetrieben.
Die unplanmäßige Verriegelung des aufsteigenden Ganges machte, wie Mencken betont, alle weiteren Arbeiten im Innern der Pyramide unmöglich. Sie verhinderte außerdem die Verwendung der Königskammer als Bestattungsraum. »Somit wurde alle weitere Arbeit oberhalb der Sperrblöcke aufgegeben, und auf diese Weise endete der erste und einzige Versuch der alten Ägypter, oberirdische Grabkammern anzulegen.«
Menckens Theorie ist nicht einwandfrei. Zunächst einmal: Wenn der Bau der Pyramide beim Eintreten des Erdbebens bereits über die Decke der Königskammer hinaus gediehen war, wäre es dann nicht wesentlich einfacher gewesen, sich einen Zugang zu den eingeschlossenen Männern von oben zu bahnen, als einen Schacht von über hundert Meter Länge vom unterirdischen Brunnen bis zur großen Galerie anzulegen? Ferner: Wenn die Erbauer der Pyramide keine Verwendung mehr für ihre Innenräume hatten, warum machten sie sich dann die Mühe, ihre Außenflächen mit etwa 115 000 sorgfältig behauenen und polierten Steinblökken zu verkleiden?
Zu einer völlig anderen Lösung des Problems kommt David Davidson, der Bauingenieur aus Leeds. Nach ihm beweist die Breite und Tiefe der Granitblöcke, die das untere Ende des aufsteigenden Ganges versperren, daß sie bereits in diesem Gang eingebaut wurden, als das Mauerwerk der Pyramide bis zum Niveau dieser Sperrblöcke hochgezogen war, also eine Höhe von siebzehn Steinlagen erreicht hatte. Er meint, daß das Innere der Pyramide bis auf weiteres gar nicht genutzt werden sollte. Sie war vielmehr gedacht als ein »Buch in Stein«, eine Botschaft an die Nachwelt über das Wissen und die Kultur jener Zeit, zu

dem sich die Menschen einer späteren Kultur gewaltsam einen Zugang verschaffen müßten, so wie das al-Ma'mun getan haben soll. Auf den möglichen Einwand, daß furchtlose Erforscher der Pyramide relativ leicht durch den Brunnenschacht unmittelbar in die große Galerie hätten vorstoßen können, erwidert Davidson, daß dieser Schacht zunächst nicht als Notausgang vorgesehen war, und zwar schon deswegen nicht, weil die Pyramide gar nicht als Grabstätte dienen sollte.

Davidson nimmt an, daß die Pyramide kurz nach ihrer Vollendung von Erdbeben erschüttert wurde. Die Priester oder Wächter der Pyramide bemerkten, daß sich Teile des Bauwerks gesenkt hatten, und man kam zu dem Entschluß, zu erkunden, ob die Königskammer bei der Katastrophe zerstört oder ernsthaft beschädigt worden war. Das konnte um so leichter geschehen, als damals die Konstruktionspläne der Pyramide noch vorhanden waren.

Die mit der Überprüfung der Königskammer beauftragten Männer gelangten durch den absteigenden Gang in das Innere des Bauwerks. Sie legten dann den bis zur großen Galerie emporführenden Schacht an. Die sogenannte Grotte im Brunnenschacht wurde von ihnen aus technischen Gründen zur Stapelung von Geräten und als Ausweichstelle für Menschen und Material angelegt. Von der Grotte aus wurde der Schacht in Richtung auf die Galerie weiter vorangetrieben, und nach einer genauen Lagebestimmung gelangten sie schließlich in die Galerie unter der tiefsten Stelle ihrer westlichen Rampe. Im Gegensatz zu Mencken ist Davidson davon überzeugt, daß die betreffende Steinplatte in der Rampe von unten her aufgebrochen wurde.

Sie entfernten eine Reihe von Fußbodenplatten im unteren Teil der großen Galerie und legten damit den waagerechten Gang zur »Kammer der Königin« frei. Diese wurde sorgfältig überprüft und völlig in Ordnung befunden. In der Königskammer entdeckte man dagegen Anzeichen

einer Beschädigung durch das Erdbeben. Die Deckenplatten wiesen an ihren südlichen Enden Risse auf. Davidson glaubt, daß die Arbeitsgruppe diese Risse und auch offene Fugen mit Zement und Mörtel ausfüllte. Petrie berichtete später, daß er Spuren von Zement, die von Fingerabdrükken herrührten, zu beiden Seiten der Risse gefunden habe.
Als Petrie die Königskammer eingehend untersuchte, entdeckte er, daß sie heftig erschüttert worden sein mußte, vermutlich durch ein Erdbeben, unter dessen Einwirkung sich der ganze Raum um mehr als zwei Zentimeter ausdehnte. Jede einzelne Deckenplatte war auf ihrer südlichen Auflagerung mehr oder weniger losgerissen und in ihrer ganzen Länge gespalten worden. Die ganze ungefähr viertausend Tonnen schwere Decke wurde nur noch durch Schub und Druck in ihrer Lage gehalten. Nach Petries Worten war der Einsturz der Königskammer nur eine Frage der Zeit oder eines möglichen Erdbebens. Allein die Tatsache, daß sie in keinem festen Verbund mit dem Kernmauerwerk der Pyramide steht, hat sie bisher gerettet.
Ein französischer Professor der Architektur, J. Bruchet, der nach Ägypten ging, um sich an Ort und Stelle über die Konstruktion und die genauen Ausmaße der Großen Pyramide zu orientieren, veröffentlichte ein illustriertes Werk – betitelt *Nouvelles recherches sur la Grande Pyramide*, Aix-en-Provence, 1965 (Neue Untersuchungen über die Große Pyramide). Darin stimmt er Davidson zu, daß die Granitpfropfen nicht in den aufsteigenden Gang herabgleiten konnten. Er glaubt, daß diese Blöcke gestapelt wurden, als der Bau der Pyramide die Höhe der Königskammer erreicht hatte. Bei einem so geringen seitlichen Spielraum hätten die Wände des Ganges so glatt wie Glas sein müssen, um die Blöcke durchzulassen. In Wirklichkeit aber sind sie grob behauen, wie Bruchet feststellt. Damit die Arbeit am Brunnenschacht von oben her durchgeführt werden konnte, mußte damit begonnen werden, bevor der aufsteigende Gang verriegelt wurde oder nach der gewalt-

samen Öffnung der Pyramide durch al-Ma'mun. Sobald der oberirdische Teil des Bauwerks verschlossen war, gab es im Innern keinen Platz zur Ablagerung des Gerölls, das beim Bau des Brunnenschachts anfiel. Der französische Architekt betont, daß der Brunnenschacht nicht nach al-Ma'mun entstanden sein kann, weil der untere Teil des absteigenden Ganges von ihm mit den Trümmern der zerbrochenen Kalkstein-Sperrblöcke verstopft wurde. Und diese Trümmer wurden erst 1817 von Caviglia ausgeräumt. Außerdem weist Bruchet darauf hin, daß keine *Graffiti*, das heißt keine in die Wände eingekratzte Namen, die Anwesenheit von Besuchern in diesem Abschnitt des absteigenden Ganges nach 622, dem Jahr der Hedschra, bezeugen.
Auch ein anderer Franzose, Georges Goyon, der Reproduktionen aller an der Pyramide gefundenen *Graffiti* und Inschriften sammelte und sie 1944 in einem Buch veröffentlichte, lehnt die These ab, daß der Brunnenschacht als eine Art Notausgang diente. Er nimmt ebenfalls an, daß man kurz nach Errichtung der Pyramide gewaltsam in sie einbrach und daß das sogenannte »Loch des al-Ma'mun« bereits aus dieser Zeit stammt. Er versteigt sich sogar zur Annahme, daß diese ersten Grabräuber in dem Gang vordrangen, dessen Bau allgemein al-Ma'mun zugeschrieben wird, und daß der Araber in das Innere des Bauwerks eindrang, nachdem seine Verkleidung aufgebrochen worden war.
In einem jüngst in der *Revue Archéologique* erschienenen Aufsatz befaßt sich Goyon ausschließlich mit der Frage, wie das Innere der Großen Pyramide versperrt wurde. Er führt darin aus, daß es einem oder zwei Männern durchaus möglich gewesen wäre, die ganze Reihe von Sperrblökken den aufsteigenden Gang herab zu steuern. Nach seiner Vorstellung wurde dazu der Fußboden des Ganges mit einer Mischung aus Lehm und Kamelmilch bestrichen und dann die Geschwindigkeit der herabgleitenden Blöcke mit Holzkeilen auf beiden Seiten des ersten Blocks kontrolliert.

Als Bestätigung für die Richtigkeit dieser Annahme verweist Goyon auf das Vorhandensein von zwei sieben Zentimeter breiten Schlitzen an dem niedrigsten Granitblock, die für das Anbringen von Keilen bestimmt waren.
Wenn man all diese Theorien kritisch auf ihre Wahrscheinlichkeit überprüft, muß man zu dem Ergebnis kommen, daß eine davon allen möglichen Einwänden am besten standhält. Es ist die Theorie, die den Forschungsergebnissen Davidsons nicht widerspricht und von den Astronomen Proctor und Antoniadi vorgetragen wurde. Nach dieser Theorie, die auch von Kingsland und Morton Edgar unterstützt wird, diente der Pyramidenstumpf als ein astronomisches Observatorium. Dieses Observatorium ermöglichte den ägyptischen Priestern die Anfertigung exakter Karten und Tabellen von allen sichtbaren Sternen, die dann als Grundlage für die weitere Entwicklung der Wissenschaft der Astronomie, Geographie und Geodäsie benutzt wurden. Nachdem die Priester auf diese Weise alle Unterlagen zusammengestellt hatten, die sie für ihre astronomischen und astrologischen Voraussagen brauchten (natürlich auch für die hermetische Kunst der Landvermessung und Karthographie), mögen sie den Entschluß gefaßt haben, ihr Observatorium zu vermauern und somit die Quelle ihres Wissens zu verschließen.
Unter dieser Annahme wäre es sinnvoll gewesen, mit den Granit- und Kalksteinblöcken den aufsteigenden Gang zu versperren, während die große Galerie bis zum Niveau der Königskammer noch ohne Dach blieb. Im Rahmen dieser Theorie hätte der Brunnenschacht von unten aus begonnen sein können, wie das Davidson annimmt, aber es spricht auch nichts dagegen, daß er früher angelegt worden war, vielleicht auch als Zugang zur unterirdischen Kammer, wenn der absteigende Gang wegen astronomischer Beobachtungen nicht benutzt werden konnte. Auf jeden Fall bestand dann leicht die Möglichkeit, diesen Schacht von oben her zuzuschütten, bevor der Bau der Pyramide weiter

bis zur Spitze fortgeführt wurde, die als Sonnenuhr und zugleich als Kalender diente.
Donald Kingsbury, Professor für Mathematik an der McGill-Universität in den USA, vertritt die Ansicht, daß möglicherweise der Brunnenschacht zur Beobachtung des Zenitdurchgangs von Sternen über der Pyramide gebraucht wurde. Dieser Schacht enthält zwei senkrechte Abschnitte, die sich für diesen Zweck während verschiedener Phasen des Baues sehr gut geeignet hätten. Einmal gibt es eine kurze senkrechte Strecke von der Grotte nach unten, die eine Verbindung zum absteigenden Gang hat, so daß leicht Signale zwischen Zenit- und Polbeobachtern ausgetauscht werden konnten. Ein zweiter vertikaler Abschnitt führt vom Fußboden der großen Galerie in die Tiefe. Von ihm aus waren Zenit-Beobachtungen möglich, und zwar in Zusammenarbeit mit Beobachtern am aufsteigenden Gang, der nach Süden orientiert ist und das Licht von Sternen nach Norden reflektieren konnte. Kingsbury betont, daß zwei solche in so geringer Entfernung voneinander liegende Schächte die Beobachtung des Meridiandurchgangs eines im Zenit stehenden Sterns in solcher Weise ermöglichten, daß daraus der Umfang der Erde berechnet werden konnte.
Duncan Macnaughton, der Verfasser eines Werkes über das System der ägyptischen Zeitmessung, vertritt die etwas abweichende Theorie, daß die ägyptischen Astronomen zwar den Pyramidenstumpf als Observatorium gebrauchten, daß aber irgendein Pharao in ihr beigesetzt wurde, nachdem der Bau der Pyramide von der nachfolgenden Generation beendet worden war. Der Brauch, hervorragende Männer eines Volkes in bedeutenden Bauwerken der Nation beizusetzen, ist ja in der ganzen Welt verbreitet. Es sei hier nur auf Westminster Abbey, den Invalidendom in Paris, das Pantheon und Maes-Howe verwiesen.
Andererseits wird auch die These vertreten, daß der Sarko-

phag in der Königskammer niemals einen Sarg enthalten hat, sondern daß er von vornherein als »ein offenes Grab« gedacht war, als Symbol der Auferstehung und der geistigen Wiedergeburt bei Initiationsriten.

Gustave Flaubert
Tänzerinnen und Sklavinnen

Esna. – Mittwoch, den 6. – Gegen neun Uhr morgens in Esna angekommen. In der Nähe der Uferböschung ein paar Palmen; ein wenig weiter geht es leicht bergab, und man steigt über welliges Gelände wieder empor; hier ist das Viertel der Nubier.
Bembeh. – Während wir frühstückten, kam eine Tänzerin an Bord, um mit Josef zu plaudern, mager, mit schmalen Schläfen, die Augen mit Antimon gemalt; über den Kopf hatte sie einen Schleier geworfen, dessen Enden sie mit ihren Ellbogen an sich drückte. Ein zahmer Hammel begleitete sie; seine dichte Wolle war mit Henna gelb getupft; er trug ein schwarzes Samtband als Maulkorb; die Füße wie die eines künstlichen Hammels; er wich seiner Herrin nicht von der Seite.
Wir gehen an Land. Die Stadt ist wie alle anderen aus getrocknetem Schlamm erbaut, weniger groß als Keneh, die Basare sind weniger reich. Auf dem Platz ein Café mit Arnauten. Die Post befindet sich dort, das heißt, der Effendi kommt dorthin, seine Arbeiten zu erledigen. – Schule über einer Moschee, wir gehen hinein, um Tinte zu kaufen. Erster flüchtiger Besuch im Tempel. – Auf den Häusern sieht man eine Art viereckiger Türme mit Stangen, auf denen dichtgedrängt Tauben sitzen. Einige Tänzerinnen vor ihren Türen, doch weniger als in Keneh, in nicht so reichen Gewändern und weniger keck.

Haus Ruchiouk-Hânemos. – Bembeh geht voraus, von ihrem Hammel begleitet; sie stößt eine Tür auf, und wir treten in ein Haus, das einen kleinen Hof hat und der Tür gegenüber eine Treppe. Auf der Treppe steht, uns zugewandt, im vollen Lichte eine Frau in rosa Hosen, mit dem blauen Himmel als Hintergrund; um den Leib trägt sie nur einen Schleier von tiefem Violett.

Sie kam gerade aus dem Bade; ihr fester Busen duftete frisch, es war ein Duft wie von süßlichem Terpentin; sie begann damit, uns Rosenwasser über die Hände zu gießen.

Wir haben die erste Etage betreten. Oben auf der Treppe geht es links in ein viereckiges Zimmer, dessen Wände weiß gekalkt sind: zwei Diwane, zwei Fenster, eines nach den Bergen zu, eines nach der Stadt; von diesem zeigt mir Josef das große Haus der berühmten Saphiah.

Ruchiouk-Hânem ist ein großes, prächtiges Weib, heller als eine Araberin; sie stammt aus Damaskus; ihre Haut, besonders am Körper, ist leicht kaffeebraun. Wenn sie sich schief setzt, hat sie bronzene Wülste um den Leib. Ihre Augen sind schwarz und übermäßig groß, ihre Brauen sind schwarz; sie hat langgeschlitzte Nüstern, breite, kräftige Schultern, volle Brüste, einen Adamsapfel. Sie trug einen breiten Tarbusch, auf dessen Spitze eine gebosselte runde Scheibe aus Gold saß; mitten darin war ein kleiner grüner Stein, der einen Smaragd vorstellen sollte; die blaue Troddel ihres Tarbusch fiel fächerförmig herab und streichelte ihre Schultern. Vor dem Tarbusch lief von einem Ohr zum anderen ein kleiner Zweig weißer künstlicher Blumen über das Haar. Ihr dunkles, krauses Haar, das sich der Bürste nicht fügt, wird durch einen Scheitel auf der Stirn geteilt; kleine Flechten sind im Nacken aufgesteckt. In der rechten oberen Zahnreihe hat sie einen Schneidezahn, der schadhaft zu werden beginnt. Als Armreifen zwei gewundene und ineinander verschränkte Goldstäbchen. Dreifaches Halsband aus dicken, hohlen Goldkörnern. Als Ohrringe

leicht ausgebauchte Scheiben aus Gold, um deren Ränder feine goldene Körner laufen.
Auf dem rechten Arm Tätowierungen von blauer Schrift.

Die Spielleute kommen: ein Knabe und ein Alter, dessen linkes Auge von einem Lappen bedeckt ist, sie kratzen beide auf dem Rebab, einer Art kleiner, runder Geige mit zwei Saiten aus Roßhaar; das Instrument läuft in einen eisernen Arm aus, der auf die Erde aufgestützt wird. Auch der Hals ist im Verhältnis zum Schallkörper des ganzen Instrumentes sehr lang. Man kann sich nichts Falscheres und Unangenehmeres denken. Die Musiker spielen unermüdlich darauf weiter; man muß sie anschreien, damit sie aufhören.
Ruchiouk-Hânem und Bembeh fangen an zu tanzen. – Der Tanz der Ruchiouk ist brutal, sie preßt ihren Busen mit ihrer Jacke zusammen, so daß ihre nackten Brüste fest aneinander gequetscht liegen. Beim Tanzen nimmt sie einen braunen, goldgestreiften Schal mit drei an Bändern hängenden Troddeln, den sie sich wie eine Halsbinde als Gürtel umbindet. Sie hebt sich bald auf dem einen Fuß, bald auf dem anderen; ein wunderbarer Anblick; ein Fuß bleibt fest auf der Erde, während der andere sich hebt und vor dem Schienbein des ersten vorüberfährt, das Ganze in einem leichten Hüpfen. Ich habe diesen Tanz auf alten griechischen Vasen gesehen.
Bembeh tanzt mit Vorliebe den Tanz in gerader Linie; sie schreitet unter Senken und Emporrichten einer Seite der Hüften dahin, es ist eine Art von sehr ausdrucksvollem, rhythmischem Hinken. Bembehs Hände sind mit Henna gefärbt (sie ist in Kairo in einem italienischen Hause Zofe gewesen und versteht ein paar Worte Italienisch; ihre Augen sind leicht entzündet). Den Pas der Ruchiouk ausgenommen, kommt ihr Tanz übrigens dem des Hassan-el-Bilbesi nicht gleich. Josef ist der Ansicht, daß alle schönen Frauen schlecht tanzen.

Ruchiouk hat einen Tarabuk ergriffen. Ihre Haltung beim Spielen ist prachtvoll: der Tarabuk liegt auf ihren Knien oder eigentlich auf ihrem linken Schenkel; der Ellbogen des linken Armes ist gesenkt, das Handgelenk gehoben, und die spielenden Finger fallen gespreizt auf das Fell des Tarabuks; die Rechte schlägt und markiert den Rhythmus; sie lehnt den Kopf leicht zurück, unbeweglich, und ihre Gestalt ist schön gebogen.
Die Damen und besonders der alte Musiker nehmen ziemlich viel Raki zu sich. Ruchiouk tanzt mit meinem Tarbusch auf dem Kopfe; sie begleitet uns bis an die Grenze ihres Viertels und klettert uns abwechselnd auf den Rücken und treibt allerlei Possen.
Das Café unserer Damen. – Hütten, durch die Zweige fallen Sonnenlichter und streuen leuchtende Flecke über die Matte, auf der wir sitzen. Wir nehmen eine Tasse zu uns. – Ruchiouks Freude, als sie unsere beiden Schnurrbärte sieht und Max sagen hört: »La alah illah Allah, Mohammed rassoul Allah.«
Zweiter, eingehender Besuch im Tempel, wir erwarten den Effendi, um ihm einen Brief zu übergeben. – Diner.
Wir kehren zu Ruchiouk zurück. Das Zimmer war von drei Lämpchen erleuchtet, deren Dochte in ölgefüllten Gläsern lagen. Sie hingen in blechernen Armleuchtern an den Wänden. Die Spielleute sind an ihrem Platze. – Einige Schnäpse werden eilig hinuntergestürzt, die Spendierung von Getränken und unsere Säbel verfehlen nicht ihre Wirkung.
Nun kommt Saphiah-Zougaïrah, eine kleine Frau mit dikker Nase, schwarzen, tiefliegenden, lebhaften Augen voller Wildheit und Sinnlichkeit; ihr Piasterhalsband klingelt wie ein herumziehender Karren; beim Eintritt küßt sie uns die Hand.
Die vier Frauen sitzen nebeneinander auf dem Diwan und singen. Die Lämpchen werfen zitternde Rauten an die Wand; das Licht ist gelb. Bembeh trug ein rosa Kleid mit weiten Ärmeln (alle sind in leuchtende Stoffe gekleidet)

und über die Haare ein schwarzes Fichu nach Fellachenart. Die ganze Gesellschaft sang, die Tarabuks dröhnten, und die eintönigen Rebabs gaben einen leisen, belfernden Baß dazu: es war wie eine fröhliche Totenklage.

Ruchiouk tanzt uns den Bienentanz vor. Damit die Tür geschlossen werden kann, werden vorher Fergalli und ein anderer Matrose fortgeschickt; bis jetzt hatten sie aus dem Hintergrunde den Tänzen zugesehen und waren das groteske Element des Bildes; man legte dem Kinde einen kleinen schwarzen Schleier über die Augen, und dem alten Spielmann zieht man einen Zipfel seines blauen Turbans vors Gesicht. Ruchiouk entkleidete sich beim Tanzen. Ist die Tänzerin nackt, so behält sie nur ein Tuch und tut, als wolle sie sich dahinter verbergen; schließlich wird das Tuch fortgeworfen. Darin besteht der Bienentanz.
Übrigens hat sie nur ganz kurze Zeit getanzt, sie liebt diesen Tanz nicht mehr. – Josef klatscht begeistert in die Hände: »là, eu, nia, oh! eu, nia, oh!« – Schließlich tanzte sie noch jenen berühmten Schritt, wobei ein Bein vor dem anderen kreist; dann fiel sie schweratmend in die Diwanecke, wo ihr Körper noch rhythmisch auf und nieder wogte; man warf ihr ihre weite, rosagestreifte weiße Hose zu, in der sie bis zum Hals verschwand, und man hat den beiden Musikanten ihre Hüllen abgenommen.
Als sie dort hingekauert war, traten ihre Knie in prachtvoll plastischen Formen hervor.
Anderer Tanz: man stellt eine Tasse Kaffee auf die Erde; sie tanzt davor, dann fällt sie auf die Knie, und der Körper fährt fort, Tanzbewegungen zu machen; dazu rührt sie beständig die Klapper und führt in der Luft eine Art von Schwimmstoß aus. Während das immer weitergeht, senkt sich allmählich ihr Kopf bis zum Rand der Tasse, die sie mit den Zähnen faßt; dann erhebt sie sich hurtig mit einem Satz.
Es war ihr nicht allzuviel daran gelegen, daß wir die Nacht

über bei ihr blieben; sie fürchtete die Diebe, die kommen, wenn sie hören, daß Fremde da sind. Wächter oder Zuhälter (die sie tüchtig mit Schlägen traktierte) schliefen unten in dem Zimmer nebenan mit Josef und der Negerin, der abessinischen Sklavin, die an jedem Arm eine runde Narbe (wie ein Brandmal) von einer Pestbeule hatte. – Wir haben uns niedergelegt, sie wollte nach außen liegen. – Lampe: der Docht lag in einem geschnäbelten, ovalen Näpfchen.

Sie schläft ein, die Hand in die meinige verschränkt; sie schnarcht; das schwache Licht der Lampe drang bis zu uns und lag wie ein Dreieck von blassem Metall auf ihrer schönen Stirn, der übrige Teil des Gesichts lag im Schatten. Ihr kleiner Hund schlief auf meiner seidenen Jacke auf dem Diwan. Da sie über Husten klagte, hatte ich meinen Pelz über ihre Decke gebreitet. Ich hörte Josef und die Wächter mit leiser Stimme plaudern; ich gab mich leidenschaftlichen Träumereien hin voller Erinnerungen.

Ein anderes Mal schlummerte ich ein, den Finger in ihrem Halsband, als hätte ich sie zurückhalten wollen, wenn sie erwachte. Ich habe an Judith und Holofernes gedacht, die nebeneinander ruhten. Um ein Viertel vor drei Erwachen voll Zärtlichkeit.

Ich rauche einen Chicheh, sie geht, um mit Josef zu plaudern, bringt ein Becken mit glühenden Kohlen herbei, wärmt sich und legt sich wieder hin. »Basta.«
Welch süße Befriedigung für den Stolz das wäre, wüßte man beim Abschied, daß sie einen nicht vergessen wird, daß man ihr mehr als andere im Gedächtnis und im Herzen bliebe!
Am Morgen haben wir einander sehr ruhig Lebewohl gesagt.

*

Dienstag, den 19. – Ungefähr sieben Meilen zurückgelegt. – Am Nachmittag zwei Boote von Sklavenhändlern getroffen, die nach Kairo hinabfahren. – Gürtel und Amulette gekauft. –
Boote der Sklavenhändler. – Das erste gehörte einem dikken Mann mit schwarzem Backenbart, wir steigen auf die Kabine; er bietet uns Bündel von Straußenfedern an.
Die Masten sind niedergelegt, das Boot wird flußabwärts gerudert; die schwarzen Frauen liegen eng zusammengepfercht in mannigfaltigen Stellungen; einige mahlen Mehl zwischen zwei Steinen, und ihr Haar hängt darüber, wie die lange Mähne eines Pferdes, das am Boden weidet; bei der Bewegung des Mahlens schwappen ihre Brüste und zugleich die Lederschleife, die sie im Nacken tragen, und ihr geflochtenes Haar. – Eine Mutter mit ihrem kleinen Kinde. – Man frisierte eine. – Kleines Mädchen vom Plateau von Gondar mit Piastern an der Stirn; sie hielt sich regungslos und still, als Maxime ihr ein Halsband aus falschen Perlen umlegte. Alle diese Köpfe haben einen ruhigen Ausdruck, ihr Blick zeigt keine Gereiztheit, es ist der Stumpfsinn des Tieres.
Um noch einige Halsbänder zu bekommen, ließ der Sklavenhändler bei unserem Aufbruch zwei oder drei der besten oder der Tür zunächst Stehenden aus der Kabine kommen. Eine große, hoheitsvolle Abessinierin stand an das Dollbord gelehnt, die Hände in die Hüften gestemmt, und blickte uns nach.
Zweite Barke: der Händler ist in weißem Turban. Wir setzen uns unter das Zelt auf einen Gurtdiwan. Eine Frau wird mit dem Stachel eines Stachelschweins frisiert, man löst damit nacheinander die kleinen geflochtenen Strähnen, und dann macht man sie wieder zurecht.
Die Händler bieten uns schöne Taschen, Flaschenkürbisse an; der aus dem zweiten Boote eine Art von Wasserbehälter aus Leder mit zwei Henkeln, der an einem Riemen getragen wird.

Die Frauen sind wie zerfetzt von Tätowierungen; in der zweiten Barke saß eine, deren Rücken in dieser Weise von oben bis unten gezeichnet war; die Lenden hinab liefen Linien aufeinanderfolgender Wülste, Narben von Schnitten, die mit dem glühenden Eisen gemacht waren. Auf allen Booten finden sich unter den Frauen alte Negerweiber, die unablässig die Reise hin und her machen; sie sind dazu da, die neuen Sklavinnen zu trösten und zu ermutigen; sie lehren sie, sich in ihr Schicksal finden, und machen den Dolmetscher zwischen ihnen und dem Kaufherrn, der Araber ist.

Bei gewissen Sonnenuntergängen breiten sich die Wolken von einem Hauptkamm wie die Strähnen einer leuchtenden Pferdemähne aus.

Die Wolken marmorieren den Nil mit großen blaßblauen Platten.

Max Eth

Dampfpflugduell im Schatten der Sphinx

Der prachtvolle ägyptische Morgen brach an wie alltäglich und fand alles in Bewegung, nachdem ich die Leute, die zunächst nötig waren, mit freundlichen Worten und dem Stock meines Sais ein wenig ermuntert hatte, in jener fünftausendjährigen Sprache des alten Nillandes, in der ich mich schon ziemlich deutlich ausdrücken konnte und die, wenn sie richtig und ohne boshaften Ernst gesprochen wird, dem Fellah nicht nur die verständlichste, sondern, man könnte fast glauben, auch die liebste ist.

Die gebrochene Kette wurde durch eine neue ersetzt, die mit Schlamm überzogenen Räder gewaschen, die beiden Maschinen an den Feldenden aufgestellt, die Seile ausgezogen und am Pflug befestigt, und dieser, ein gewöhnlicher Vierfurchenpflug, zum Beginn der Arbeit bereitgestellt. So sah das Ganze, mit Howard an einem und Fowler am anderen Ende der fünfzig Hektar, in der Ferne fast aus, als ob wir in England stünden. Wären wir tatsächlich dort gewesen, mit englischen Arbeitern auf den Maschinen, so hätte ich mit ruhiger Zuversicht den nächsten Stunden entgegengesehen. So aber frühstückte ich doch mit einigem Herzklopfen.

Meine braven Fellachen waren wohl voller Eifer und hatten sich sogar feiertäglich herausgeputzt. Aber wer konnte wissen, was uns bevorstand? Mit Allah läßt sich nicht spaßen. Er gibt den Sieg, wem er will, sagt sein Prophet, und seine Gläubigen beugen sich, ohne zu murren. So weit sind wir Christen noch lange nicht.

Um acht Uhr kam Bridledrum mit seinen Leuten von Kairo, und auch die Howardsche Maschine begann zu rauchen. Ich zeigte ihnen alles, was für sie vorbereitet war: ihre abgewogenen Kohlen, die wir zusammen nachwogen, die Einrichtung für ihre Wasserzufuhr, die Kanne Schmieröl, die ihnen zur Verfügung stand. All das wurde von der Gesellschaft mit stummen Zeichen des Einverständnisses, jedoch etwas mißtrauisch, entgegengenommen. Dann stattete ihr erster Dampfpflüger, ein wackerer Bedfordshiremann, meinen Maschinen einen Besuch ab, und zum erstenmal erschien auf seinem breiten, ehrlichen Gesicht ein Lebenszeichen: schmunzelnde Zufriedenheit. Die Maschinen sahen allerdings nicht aus, als ob sie für ein Siegesfest aufgeputzt wären. Und die Nigger! Der Mann, der schon auf Barbados in den Antillen gepflügt hatte, teilte seit jener Zeit die Menschheit in zwei Klassen: Engländer und Nigger. Ein Fowlerscher Pflug, und bloß Nigger, die ihn bedienten! Das konnte nicht ernst gemeint sein.

Von neun Uhr an kamen Esel, Pferde und selbst Wagen aus Kairo, verirrten sich in allen Enden und Ecken des Guts – die meisten schienen zu glauben, die Prüfung finde in meinem Hause statt – und sammelten sich schließlich im Versuchsfelde: Bridledrums Freunde aus dem Hotel Shepheard, die Witwe mit ihrem Söhnchen voran, O'Donald, voller Eifer, mich gegen Bridledrum und Bridledrum gegen mich aufzuhetzen. Doktor Beinhaus, ernst und kampfesgrimmig wie immer, Heuglin mit der Ruhe eines schwäbischen Philosophen, den die Sonne Afrikas gedörrt hat. Der Vizekönig kam nicht; an seiner Stelle dagegen in prächtigem Wagen hinter zwei wunderbaren arabischen Hengsten und in voller ägyptischer Amtstracht sein Finanzminister Sadyk, damals noch Bey, und zwei Adjutanten. Dann folgten kleine Paschas und große Grundbesitzer: Nubar, Sheriff und andre, die hilflos auf dem Felde herumstanden und sich gegenseitig die wunderbaren Dinge zu erklären suchten, die sie nicht verstanden.

Um halb zehn erschien Halim in dem eleganten Korbwagen, den er benutzte, wenn er den Landwirt spielte, mit seinem ständigen Adjutanten Rames Bey an der Seite, dem baumlangen Tscherkessen in goldstrotzender Mamelukkentracht, dessen Hauptaufgabe es zu sein schien, seinem kleinen, nervös lebhaften Herrn alle drei Minuten eine neue Zigarette zu reichen, die dieser nach zwei Zügen wegwarf. Der Pascha begrüßte zunächst seine vornehmsten Gäste, die sich tief vor ihm verneigten, dann schüttelte er Bridledrum die Hand und ließ sich den Howardschen Apparat von ihm erklären, alles mit scharfen Blicken prüfend, aber ohne ein Wort zwischen die nicht ganz gewöhnlichen französischen Phrasen des Engländers zu werfen. Darauf rief er mich heran und meinte, daß für alle Anwesenden eine möglichst kurze Prüfung genügen würde. Jeder Apparat möge, um halb elf beginnend, eine volle Stunde arbeiten und so viel und so gut pflügen, als es ihm möglich sei. In einer Stunde könne sich dann jedermann selbst seine Meinung bilden.

Ich hätte lieber wenigstens einen halben Tag lang gepflügt; dabei hätte sich deutlicher zeigen können, was jedes der zwei Systeme wert ist. Doch blieb uns beiden, Bridledrum und mir, vorläufig nun nichts weiter übrig, als in zehn Minuten draufloszuarbeiten, so gut wir konnten. Wir gingen jeder zu seinen Maschinen. Halim, einen riesigen Chronometer in der Hand, blieb mit der Mehrzahl unsrer Gäste um Howards Apparat. Ich konnte ungestört nachsehen, ob alle Maschinenlager genügend geschmiert waren. Auch die Leute schienen es zu sein. »Fünfzig Piaster Mann für Mann, wenn uns Allah den Sieg verleiht!« war die Losung, die von Mund zu Mund ging; und Achmed schraubte, ohne daß ich es bemerkte, die Federbelastung der Sicherheitsventile fester, um wenigstens die Dampfspannung etwas höher halten zu können, als erlaubt war. Wenn Allah bestimmt hatte, daß wir in die Luft fliegen sollten, waren ja doch alle Sicherheitsventile nutzlos. Die Engländer hatten, wie ich nachher entdeckte, in aller Ruhe das gleiche getan.

Ein dreifacher Pfiff verkündete, daß es halb elf war. Emsig keuchend stießen die Maschinen ihre weißen Dampfwolken in den tiefblauen Himmel und begannen die mächtigen Pflüge in den Boden zu ziehen. Es knirschte und krachte, daß es eine Freude war. Für mich war dies alles natürlich ein alltägliches Vergnügen. Der Acker mit seinen fürchterlichen Kämmen und Wasserfurchen in dem steinharten Boden, die der Baumwollbau mit sich bringt, war eines der Durchschnittsfelder, wie ich sie jeden Tag aufzubrechen hatte. Wie ein Schiff im Sturm schwankend glitt der Pflug vorwärts; etwas zu schnell, so daß man ihm nur halb im Trabe folgen konnte. Die fünfzig Piaster wirkten, und mächtige Schollen, kleinen Felsblöcken gleichend, wurden wild auf die Seite geschleudert. Ich ließ den Pflug die dreihundert Meter lange Strecke zwischen den beiden Maschinen ein paarmal hin und her laufen und ermahnte die Maschinenwärter, nichts zu überstürzen. Es war nicht nötig, überschnell zu arbeiten. Dann konnte ich Howards Apparat einen Besuch abstatten.

Schon bei seiner ersten Bewegung von einem Acker zum andern war der Pflug zweimal stillgestanden. Das eine Mal hatte der Anker in dem steinharten Boden nicht gefaßt und sich dem Pfluge entgegen in verzweifelten Sprüngen auf die Wanderschaft gemacht. Beim zweiten Stillstand hatten die Engländer mit der Ruhe, die sie nie verläßt, einen der vier Pflugkörper des Gerätes abgeschraubt und auf diese Weise den Vierfurchen- in einen Dreifurchenpflug verwandelt. So ging es besser, wenn auch noch immer langsam und in gewaltigen, stoßartigen Zuckungen. Die Maschine war sichtlich zu schwach für einen derartigen Boden.

»Nun, Herr Bridledrum«, fragte ich meinen Freund und Gegner, »wie gefällt Ihnen Ägypten? Sie bemerken wohl, es ist nicht alles Sand hier?«

»Heißen Sie das Erde? Verfluchte Backsteine!« antwortete er grimmig. Er war offenbar an der Grenze seiner Spannkraft angelangt. Ich wußte es aus Erfahrung: Es ist keine Kleinigkeit, lächelnd die Vorteile eines Systems zu preisen, während man jeden Augenblick erwartet, ein Seil reißen oder einen Anker in die Luft fliegen zu sehen. Halim war zu den Fowlerschen Maschinen hinübergegangen. Bridledrum konnte Atem holen und sich mir gegenüber etwas gehen lassen.

»Ich glaube, Sie haben das härteste Feld im ganzen Nilland für uns ausgewählt«, fuhr er mit einem Lächeln fort, unter dem es kochte. »Macht nichts, Herr Eyth, macht nichts! So haben wir es am liebsten. Wir werden Ihnen schon zeigen, was pflügen heißt. – Der verteufelte Anker!!«

Am fernen Ende war der Eckanker wieder ausgerissen. Bridledrum trippelte ungeduldig in der keineswegs musterhaften Furche herum. Der Gang des Pflugs war zu unstet, um eine regelmäßige Tiefe einhalten zu können. Doch war ich zu höflich, darauf hinzuweisen; es war klar, ich konnte unbeschadet des Endergebnisses alle Rücksicht auf die Gefühle meines Gegners nehmen. Wir sahen, während der widerspenstige Anker zurückgeschleppt und wieder in den Boden eingelassen wurde, nach Fowlers Pflug hinüber, der ruhig, aber mit gefährlicher Geschwindigkeit durch das Feld segelte. Aus der Ferne sah sich dies vortrefflich an, namentlich für die ahnungslosen Zuschauer, welche nichts von den zitternden Schrauben und Zapfen wußten, die, wenn die höllischen Mächte es wollten, jeden Augenblick eine Katastrophe herbeiführen konnten. Der Pflug jagte jetzt förmlich, in eine haushohe Staubwolke eingehüllt. Ich nickte Bridledrum ermunternd zu und beeilte mich, nach meinen Maschinen zu kommen.

»Langsam, ya salaam, langsam!« rief ich Achmed schon aus weiter Ferne zu. Es half nichts. Er konnte mich in dem Lärm nicht hören. Seine Maschine brauste und klapperte weiter, schwankend und bebend. Beide Sicherheitsventile sandten senkrechte Dampfstrahlen gen Himmel. Die Heizer schaufelten die Kohlen in die Feuerbüchse, als wären sie besessen.

»Langsam, langsam!« schrie ich; »wo ist mein Dragoman?« Keuchend kam Abu-Sa auf seinem Esel übers Feld. Er hatte auch bei Howard hospitiert und erhielt eine Ohrfeige. Da er ein Christ und ein Schriftgelehrter war, kam dies selten vor und verstimmte ihn ein wenig. Doch blieb er jetzt an meiner Ferse hängen wie mein Schatten und schimpfte in meinem Namen mit löblicher Energie. Aber all unsre Bemühungen schienen keinen merklichen Einfluß auf das stürmische Tempo des Pflügens zu gewinnen. Stand ich auf dem Tender hinter Machmud, dem Führer der ersten Maschine, so jagte die zweite am entfernten Feldende, als wäre sie toll geworden. Eilte ich dorthin und riß Achmed den Steuerhebel aus der Hand, so schien Machmud entschlossen, die verlorenen Sekunden wieder einzubringen, auch wenn alles in die Luft fliegen sollte. Erst nach zehn Minuten dieser nicht zu bändigenden Raserei wurde mir die Ursache von Abu-Sa erklärt. Während meines Besuches bei Bridledrum war Halim Pascha auf den Fowlerschen Maschinen gewesen. Das Feuer des Wettkampfes hatte ihn gepackt. Er hatte beiden, Achmed und Machmud, einen Theresientaler in die Hand gedrückt und mit seinem verstohlenen Lächeln zu den Leuten gesagt: »Oh, ihr Gläubigen! Wenn ihr heute diese Engländer da drüben besiegt, so erhaltet ihr ein Backschisch! – ein Backschisch!! ein englisches Pfund, jeder, der mitgearbeitet hat!«

»Inschallah!« hatten sie alle inbrünstig gerufen und waren bereit, mit den Maschinen in die Luft zu fliegen. Tut nicht Allah, was er will, auch mit den Dampfmaschinen?

Ganz wie ein Mensch muß sich auch ein Pflug an seine Arbeit etwas gewöhnen, ehe er zeigen kann, was in ihm ist. Howards Gerät lief jetzt besser und stetig, wenn auch nur halb so schnell als das unsre. Ein stattlicher schwarzbrauner Streifen frischgepflügten Landes lag schon hinter uns, schätzungsweise zweimal so breit als der am andern Feldende, und anzusehen, als ob ein Afrit die Erdklumpen umhergeschleudert hätte. Hübsch gepflügt konnte man es nicht nennen. Aber wer weiß in Ägypten, oder wer will wissen, was hübsch gepflügt ist? Staunend und den Propheten anrufend liefen die aufgeregten Türken des Vizekönigs den letzten Furchen entlang und sprangen, ihre Pluderhosen zusammenraffend, entsetzt zur Seite, wenn der Pflug in seiner Staubwolke knirschend und prasselnd an ihnen vorüberglitt. Beinhaus und Heuglin gingen ernst und schweigend auf und ab. O'Donald gestikulierte heftig mit Bridledrum, der sich vergebens bemühte, seinen Leuten ein anderes Tempo beizubringen. Beide wußten nicht, daß die Wackeren stumm und ingrimmig taten, was irgend möglich war.

Zweiundvierzig Minuten unsrer Stunde waren abgelaufen. Ich stand auf Machmuds Maschine, als ein kleiner Fellahjunge, von Achmed kommend, atemlos über das Feld gelaufen kam und zu mir heraufkletterte. »O Baschmahandi!« schrie er mir in die Ohren, »komme eiligst, Achmeds Vapor ist erkrankt.«

Vapor ist neuarabisch für alles, was vom Dampf getrieben

wird. – »Der Kuckuck! Dacht' ich mir's doch!« rief ich wütend, sprang von der Maschine und rannte über das Feld. Abu-Sa hinter mir her, die beiden Esel nachschleppend. Doch es rauschte und brauste noch alles in scheinbar bester Ordnung. Nur noch fünfzehn – nur noch zwölf Minuten!

Achmed stand neben seiner Maschine, die im Augenblick nichts zu tun hatte, da die andre den Pflug zog. Er war mit der Speisepumpe beschäftigt, immer ein schwacher Punkt des Ganzen, und schraubte an dem Ventilkasten herum, der zwischen dem Kessel und der Pumpe sitzt. Die Dichtung der Flansche desselben hatte nachgegeben, und ein dünner Wasserstrahl schoß aus der haarfeinen Öffnung heraus, die sich durch kein Festschrauben schließen lassen wollte. Das Schlagen des Ventils war nicht mehr hörbar: die Pumpe versagte. Konnte dies nicht wieder in Ordnung gebracht werden, so mußten wir in einigen Minuten aufhören, wenn wir aus Wassermangel den Kessel nicht fünf Minuten später in die Luft sprengen wollten. Ich drückte mit einem Schraubenschlüssel einen Putzlappen auf die entstandene Spalte, so daß der Wasserstrahl, der immer größer und heftiger hervorschoß, zurückgehalten wurde, und sofort hörte man das tröstliche Schlagen des Ventils, welches bewies, daß das Speisewasser wieder seinen richtigen Weg in den Kessel fand. Nur dauerte es nicht lange. Der Wasserstrahl fand seinen Weg an dem Schlüssel vorbei, unter dem Schlüssel durch; das Ventil hörte wieder auf zu schlagen. Doch Achmeds Augen funkelten. Er hatte einen Gedanken; nur war keine Zeit, darüber zu sprechen. Mit einem Riß hatte er beide Ärmel seiner zerlumpten Bluse abgerissen, ließ sich von seinem Heizer Werg und Putzlappen, die reichlich vorhanden waren, um beide Hände und Arme wickeln und mit den Fetzen seiner Bluse umbinden. Dann drückte er, eine Hand auf die andre gestützt, mit aller Kraft gegen die haarfeine Spalte unter der heißen Ventilflansche. So war der Wasserstrahl fast gänzlich gehemmt. Die Pumpe arbeitete mit lautem Schlagen. Der Pflug war am andern Ende angekommen. »Bravo, Achmed!« rief ich, »vorwärts da droben!« Der Heizer verstand die Handgriffe so weit, um die Maschine in Bewegung zu setzen, die jetzt rasselnd und klappernd den Pflug heranzog. Die augenblickliche Gefahr war vorüber. Man konnte weiterpflügen.

Achmed hielt fest. Die Pumpe arbeitete. Aber das Wasser fing an, ihm zwischen den Fingern durchzulaufen. Man sah in seinem Gesicht, daß es siedend war. Die Lumpen um seine Arme dampften. Zum Glück kam soeben ein Wasserwagen angefahren. Ich ließ einen Blecheimer füllen und schüttete selbst dem Helden des Augenblicks einen Strom kalten Wassers über Hände und Arme. »Gut! Gut!« sagte er und hielt fest. Dieses Verfahren war rasch organisiert. Zwei Eimer waren zur Stelle; der eine wurde gefüllt, während ein Fellah mit dem andern fortwährend Achmeds Hände und Arme beschüttete. Zwei-, dreimal rief er aus dem Dampf heraus, in dem er fast verschwand, nach seinem Propheten: »ya nabbi! ya salaam!« Aber er hielt aus. Ich wagte nicht, ihn zu ermuntern. Die Pumpe arbeitete; das Wasser im Kessel, das gefährlich nieder gestanden hatte, war schon um zwei Zentimeter gestiegen. Es war ein wirkliches und wahrhaftiges Heldenstück, von der Mucius-Scävola-Gattung. Schweißbedeckt, selbst naß bis auf die Haut und halb betäubt, sah ich endlich wieder nach Howards Maschine hinüber. Und mit einem Mal – hallo, was war das? –

Ein kleiner dumpfer Knall, bis herüber hörbar, ein lautes, wütendes Zischen, eine ins Riesige wachsende Dampfwolke, welche die ganze Howardsche Maschine einhüllte, aus der ein halbes Dutzend Türken, sich überpurzelnd, herausstürzten! Ihr Pflug aber stand mitten im Feld plötzlich stockstill.

»Festhalten, Achmed! Nur noch drei Minuten festhalten!« rief ich, sprang auf meinen Esel und galoppierte der neuen

Unglücksstätte zu. Was geschehen war, wußte ich im ersten Augenblick; es bedeutete nichts Gefährliches, aber doch das Ende der heutigen Prüfung. Ich kannte den Knall. In jeder anständigen Feuerbüchse befindet sich ein sogenannter Sicherheitspfropfen aus Blei, der ausschmilzt, wenn das Wasser im Kessel zu nieder steht. Durch das hierdurch entstehende Loch strömt der Dampf in den offenen Feuerraum, löscht das Feuer aus und verhindert so eine wirkliche Explosion, die durch das Überhitzen der Kesselbleche bei niederem Wasserstand stattfinden würde.
Aus irgendwelchen Ursachen – vielleicht war auch bei Freund Bridledrum die Speisepumpe des heftigen Arbeitens müde geworden – war das Wasser zu tief gesunken, so daß der Kessel seine eigene Rettungsvorrichtung in Tätigkeit gesetzt hatte. Es muß in einem solchen Fall ein neuer Bleipfropf eingeschraubt, der Kessel frisch mit Wasser gefüllt und aufs neue Feuer und Dampf gemacht werden, ehe man weiterarbeiten kann. Das heißt: der kleine Unfall kostet einen Stillstand von drei bis vier Stunden.
Als ich bei der verunglückten Maschine ankam, stand der englische Maschinenwärter vor seiner noch immer wild zischenden Dampfwolke, die Wasser und Feuer spie, stumm, grimmig, einen Strohhalm kauend. Im Felde hatten sie schon das Seil vom Pfluge losgehakt. Bridledrum explizierte Halim Pascha mit feuriger Beredsamkeit die unbezahlbaren Vorzüge eines Bleipfropfs in der Feuerbüchse. Die arabischen und türkischen Würdenträger hatten sich mit etwas unziemlicher Hast in ihre Wagen geflüchtet und waren bereits in der Schubraallee und auf dem Wege nach Kairo. Fowlers Pflug lief noch immer über das Feld, als ob dort alles in schönster Ordnung wäre.
»Ich denke, wir können aufhören, Herr Eyth«, sagte der Prinz zu mir, um sich dem Redestrom Bridledrums zu entziehen. Er sah auf seinen Riesenchronometer, den er bisher gewissenhaft in der Hand gehalten hatte, und gab ihn Rames Bey, der das kostbare Kunstwerk ohne

Umstände in den bodenlosen Taschen seiner grünen Hosen versinken ließ.
»Siebenundfünfzig Minuten!« fuhr Halim fort, indem er die Zahl mit einer goldenen Bleifeder in ein vergoldetes Miniaturtaschenbuch eintrug. Er hatte nicht umsonst in der Ecole Centrale zu Paris zwei Jahre lang Technologie studiert. »Sieben – und – fünfzig – Minuten! Null – Komma – fünf – sieben Stunden! Das heißt, das ist wohl nicht ganz korrekt. Wie, Herr Eyth? – Messen Sie jetzt die gepflügten Flächen und legen Sie mir morgen das Ergebnis vor. Herr Bridledrum wird Ihnen Gesellschaft leisten. Sehr hübsch, Herr Bridledrum, sehr hübsch! Die Sache hat mir wirkliches Vergnügen gemacht. Ihr Apparat hat einige Vorzüge, namentlich für englischen Boden, der ohne Zweifel leichter aufzubrechen ist als unser alter Nilschlamm. Adieu, meine Herren!« Er sprang in seinen Korbwagen, Rames Bey ihm nach, die Zigaretten hervorholend, und fort waren die Herrschaften. Auch Abu-Sa, der Dragoman, hatte, auf meinem vielgeprüften Esel querfeldein reitend, die Fowlerschen Maschinen erreicht und schon unterwegs mit Händen und Füßen und lauter Stimme »Stop! Stop!« telegraphiert. Der Pflug war am Ende seiner letzten Furche angelangt und hielt stille. Die Prüfung war zu Ende.
Als auch ich Achmeds Maschine erreichte, um nach dem Burschen zu sehen, lag er mit geschlossenen Augen auf einem Kohlenhaufen und rührte sich nicht. Er schien ohnmächtig geworden zu sein. Mein erster Pflüger Ibrahim, sein noch jugendlicher Schwiegervater, kniete vor ihm und sagte von Zeit zu Zeit: »Malisch! malisch!« zu dem Dutzend Fellachen, die die Gruppe umstanden. Ich wollte nach Öl und Verbandzeug schicken. Ibrahim schüttelte den Kopf und beschäftigte sich eifrig damit, in einem Wassereimer aus einer aufgeweichten Erdscholle einen zähen Lehmbrei zu kneten, den er zolldick um die verbrühten Hände und Arme des Daliegenden klebte. »Gut! sehr gut!« rief das Fellahpublikum, sichtlich bestrebt, mich über die

hervorragenden chirurgischen Erfahrungen Ibrahims aufzuklären. Achmed öffnete die Augen, richtete sich auf und sah nicht ohne Befriedigung die zwei Klumpen Erde, die ihm statt der Arme am Leibe hingen. Dann stand er auf, sagte ebenfalls »Malisch« und ging nach der Maschine, um sich von seinem Heizer aus dem notdürftig gereinigten Eimer einen gewaltigen Trunk Wasser reichen zu lassen. Als sein Kopf wieder aus dem Eimer herauskam, sah er erfrischt und vergnügt aus und sagte: »Wo ist das Backschisch, o Baschmahandi?« Ich hatte ein neues englisches Pfund schon seit einer Viertelstunde nervös zwischen den Fingern hin und her gedreht und steckte es jetzt in den Lehm, der seine Hand umgab. »Gut! sehr gut!« rief das entzückte Publikum. »Mir auch – mir auch! Wo ist unser Backschisch?«

»Morgen bekommt ihr euer Teil, wenn ihr es verdient und euch Allah den Sieg verliehen hat«, ließ ich durch Abu-Sa verkündigen.

»Morgen – Inschallah – morgen!« riefen sie alle wie ein Theaterchor. »Er ist gut, unser Baschmahandi, er wird uns ein großes Backschisch geben.« Und dann begann eifriges Beraten, was mit dem großen Backschisch zu machen sei, und lustiges Geplauder, wie das von Kindern um die Weihnachtszeit, während im nächsten trockenen Graben die Vorbereitungen für das äußerst einfache Mittagsmahl der Gesellschaft getroffen wurden.

Bridledrum, O'Donald, meine zwei deutschen Freunde und ich maßen nun mit vereinten Kräften die gepflügten Flächen, Bridledrum in gereizter Stimmung, aus der er sich gelegentlich aufraffte, um O'Donald die Ursachen auseinanderzusetzen, die heute seinen Apparat verhindert hatten, das zu leisten, was er unzweifelhaft sonst überall leistete. Bei der Multiplikation der Länge und Breite der Feldstücke machte er zweimal den Versuch eines ausgleichenden Rechnungsfehlers, aber in diesem Punkte war das rechnerische Gewissen O'Donalds unerbittlich, während

Beinhaus dem Agenten über die zuckenden Schnurrbartspitzen einen seiner blutdürstigen Blicke zuwarf, der ihn völlig aus der Fassung brachte. Über die Pflugtiefe wurde wie gewöhnlich heftig gestritten; schließlich schien doch das Ergebnis festzustehen: Fowlers Apparat hatte in der Stunde 8350 Quadratmeter 30 Zentimeter tief, Howards 3800 Quadratmeter 22 Zentimeter tief gepflügt.
»Theorie!« rief Bridledrum verächtlich, als beim dritten Versuch das Multiplizieren keine besseren Früchte tragen wollte, klappte sein Notizbuch zu und rief nach seinem Wagen. Meine Einladung zum Frühstück lehnte er mit finsterer Höflichkeit ab. Die drei andern waren klüger. In einer halben Stunde lagen wir in meinen dunkeln kühlen Zimmern auf den Diwans herum, mischten eiskaltes Nilwasser mit Ungarwein und ließen Deutschland, England und Ägypten, Halim Pascha, Fowler und Howard und selbst Bridledrum hochleben.
Ein harter Morgen war vorüber.

Lawrence Durrell

Die andere Seite von Alexandria

Die schmale Straße aus wohlriechendem Terrakottaboden war weich und glatt vom Regen, aber nicht naß; gesäumt von den bunten Buden der Prostituierten, deren erregende, marmorne Körper in ehrbarer Pose vor den Puppenhäusern saßen wie vor einem Altar. Auf dreibeinigen Hockern und in farbenfreudigen Pantoffeln saßen sie, gleich Orakeln, auf offener Straße. Die seltsame Beleuchtung verlieh der Szene die Färbung einer todlosen Romanze; denn statt elektrischer Laternen, die ihr Licht von oben auf die Straße werfen, standen flackernde Karbidlampen am Boden, die gefräßige, violette Schatten in

Nischen und Giebel der Puppenhäuser schleuderten, in die Nüstern und Augen ihrer Bewohner, in das schmiegsame Fell der pelzigen Finsternis. Langsam ging ich zwischen diesen geheimnisvollen Menschenblüten dahin und dachte darüber nach, daß eine Stadt ebenso wie der Mensch Neigungen und Triebe und Ängste entwickelt. Sie wächst heran, bringt ihre Propheten hervor und sinkt in Abstumpfung und Alter, oder in die Einsamkeit, die grausamer ist als alles andere. Ohne zu wissen, daß ihre Stadt im Sterben lag, hockten die Lebenden noch immer auf offener Straße und trugen gleich Karyatiden das Dunkel, die Qualen des Morgen auf den Lidern; ruhelos wachten sie, nach der Unsterblichkeit Jagende, durchwachten die lange, schicksalbringende Zeit.
Auf meinem Weg kam ich an einer Bude vorbei, die über und über mit einem Lilienmuster bedeckt war, sorgfältig Blatt für Blatt war es in königsblauer Farbe auf einen pfirsichfarbenen Grund gemalt. Unter der Tür saß eine hünenhafte, bläuliche Negerin, achtzehn vielleicht, in einem roten Flanellnachthemd, das mich an ein Missionshaus denken ließ. Auf das schwarze, wollige Haar hatte sie einen Kranz leuchtender Narzissen gedrückt. Demütig lagen ihre Hände im Schoß – eine Schürze voll Finger. Sie glich einem bezaubernden kohlefarbenen Kaninchen, das im Eingang seines Baues sitzt. In der nächsten Tür eine Frau so zart wie ein Blatt, und dann wieder eine, die an eine chemische Formel erinnerte, ausgezehrt von Anämie und Zigaretten. Und überall auf den dünnen braunen Wänden der Talisman des Landes – der Abdruck einer Hand mit gespreizten Fingern, der die Schrecken der Finsternis abwehren sollte, die draußen vor der erhellten Stadt lauerten. Als die Frauen mich sahen, riefen sie mir zu; nicht Menschengekreisch nach Geld war es, sondern taubensanftes Locken – ihre samtenen Stimmen hüllten die Straße in klösterliche Stille. Sie versprachen in ihrer eintönigen Abgeschiedenheit im gelbflackernden Licht nicht die

Freuden ihres Geschlechts, sondern als wahre Einwohner Alexandrias das tiefe Vergessen der Geburt, hervorgegangen aus physischer Lust, die ohne Abscheu genossen wird. Als vom Meer her der Wind einfiel und gegen die losen Planen und leicht befestigten Trennwände anstürmte, erbebten und wankten die Puppenhäuser einen Augenblick lang. Eines der Häuser besaß überhaupt keine Rückwand, und wenn man durch den Eingang spähte, sah man einen Innenhof mit einer verkümmerten Palme. Im Feuerschein, den ein Kübel voll brennender Späne verbreitete, erblickte ich drei Mädchen, die in zerrissenen Kimonos auf Schemeln saßen, sich leise unterhielten und ihre Fingerspitzen dem elfischen Licht entgegenstreckten. Sie schienen so versunken, so fern, als hockten sie um ein Lagerfeuer in der Steppe.

(Im Geiste sah ich die großen Eisblöcke, auf denen Nessims Sektflaschen lagen und bläulichgrün schimmerten wie bejahrte Karpfen in einem Gartenteich. Und als wollte ich meine Erinnerung wachrufen, drückte ich das Gesicht in meinen Ärmel, um einen Hauch von Justines Parfüm zu spüren.)

Schließlich trat ich in ein menschenleeres Café und ließ mir von einem Saidi, dessen groteskes Schielen alles, was er ansah, zu verdoppeln schien, einen Kaffee bringen. In der hintersten Ecke, zusammengekauert auf einer Truhe und so reglos, daß ich sie anfangs gar nicht bemerkt hatte, saß eine sehr alte Dame und rauchte eine *narguileh,* aus der von Zeit zu Zeit ein leises, blubberndes Geräusch aufstieg, das wie Taubengurren klang. Und hier rief ich mir alles noch einmal ins Bewußtsein, durchdachte es von Anfang bis Ende. Es begann in jenen Tagen, da ich Melissa noch nicht gekannt hatte, und würde irgendwann bald in einem sinnlosen, nüchternen Tod enden, in einer Stadt, zu der ich nicht gehörte. Ich sagte, ich rief mir alles ins Bewußtsein, doch, so merkwürdig es sein mag, ich dachte daran nicht als ein persönliches Schicksal, sondern vielmehr als an einen Teil des historischen Gewebes dieser Stadt. Ich schilderte mir diese Geschichte als Bestandteil der Verhaltensweise dieser Stadt, harmonisch verbunden mit dem Vergangenen und allem Zukünftigen. Es war, als sei meine Vorstellungskraft völlig berauscht von meiner Umgebung und nicht mehr empfänglich für persönliche, individuelle Wahrnehmungen. Ich vermochte nicht einmal mehr den Schauer der Gefahr zu empfinden. Am meisten bedauerte ich – und das war bezeichnend –, daß ich einen solchen Wust von Manuskriptfragmenten zurücklassen würde. Schon immer hatte ich das Unfertige, das Bruchstückhafte gehaßt. Ich beschloß, wenigstens all dies zu vernichten, bevor ich einen weiteren Schritt unternähme. Ich erhob mich – und wußte in diesem Augenblick, daß der Mann, den ich in der Bude gesehen hatte, Mnemjian gewesen war. Wie war es möglich, daß ich seinen mißgestalteten Rücken nicht sofort erkannt hatte? Der Gedanke beschäftigte mich, als ich durch das Viertel zurückging und mich den breiteren Straßen näherte, die zum Meer führen. Ich schritt durch die Fata Morgana kreuz und quer ineinandermündender Gassen, wie man über ein Schlachtfeld gehen mag, das alle Jugendfreunde verschlungen hat; und dennoch genoß ich jeden Duft, jeden Laut, genoß sie mit der Freude eines Überlebenden. An einer Ecke stand ein Feuerfresser mit zum Himmel gewandtem Gesicht und spie eine Flammensäule aus, die sich, von flatterndem Rauch umrahmt, schwarz färbte und ein Loch in die Nacht fraß. Von Zeit zu Zeit nahm er einen Schluck aus der Petroleumflasche, warf dann abermals den Kopf zurück und stieß zwei Meter hohe Flammen aus. Violette Schatten fielen in alle Winkel und sanken nieder, durchwebt vom Leid der Welt, wild und lyrischzart zugleich. Ich nahm es als ein Zeichen der Reife, daß ich nicht mehr von verzweifeltem Mitleid mit mir selbst überwältigt war, sondern nur noch wünschte, die Stadt möge mich aufnehmen in ihre trivialen oder tragischen Erinnerungen – wenn sie dazu bereit war.

Libyen

Dieser Name steht heute für jene Republik in Nordafrika, die zwischen Ägypten im Osten, Tunesien und Algerien im Westen im mittleren Teil der südlichen Mittelmeerküste liegt. Von den 1,7 Millionen Quadratkilometern ist der weitaus größte Teil Stein- und Sandwüste mit zahlreichen Oasen.
Im Altertum wurde das ganze damals bekannte Afrika westlich von Ägypten als Libyen bezeichnet. Während im Osten das griechische Reich von Kyrene – die Cyrenaika – entstand, gehörte die Küste im Westen zu Rom.
Die Libyer sind ein mit den alten Ägyptern urverwandtes Volk, das sich um 2300 v. Chr., von Südwesten her vordringend, längs des Nils ansiedelte. Seit 945 v. Chr. waren libysche Söldnerführer und ihre Nachkommen über zwei Jahrhunderte Könige von Ägypten. Die libysche Schrift mit ihren einfachen Zeichen wurde im Altertum in ganz Nordafrika verwendet.
Heute verdankt Libyen seine wirtschaftliche Stellung dem Erdöl. 1977 wurden in der Republik über drei Prozent der Weltproduktion gefördert.

Arabisches Märchen

Die Geschichte von der Weiberlist, die über die Männerlist siegte

Da war einmal ein Kaufmann, und dieser Kaufmann war sehr reich – doch niemand ist reich außer Gott! – Und er hatte einen Laden eröffnet als Obmann der Kaufmannsgilde; über der Tür seines Ladens aber hatte er eine Tafel aufgehängt, auf der geschrieben stand: ›Die List der Männer siegt über die List der Frauen.‹ Nun ging eines Tages die Tochter des Obmanns der Schmiede an seiner Ladentür vorbei, und wie sie aufblickte und die Tafel sah, auf der geschrieben stand: ›Die List der Männer siegt über die List der Frauen‹, ärgerte sie sich sehr; dann ging sie nach Hause, aber sie konnte gar nicht einschlafen und fand keine Ruhe bis zum Morgen.

Am Morgen – Guten Morgen, ihr Hörer! (Auch dir guten Morgen, o Erzähler!) –, als sie aufstand, legte sie ihre schönsten Gewänder an, frisierte sich, schmückte sich und putzte sich und begab sich geradewegs zu dem Laden des Kaufmanns. Als sie dort ankam, sprach sie zu ihm: »Guten Morgen, lieber Oheim!« Er antwortete ihr: »Einen glücklichen Morgen wünsche ich von Gott. Wie geht es dir?« Darauf sagte sie: »Gott behüte dich!« und begann zu weinen.

Als der Kaufmann sie weinen sah, flog ihm der Verstand davon, und er sprach zu ihr: »Was ist dir, daß du weinest?« Doch sie gab ihm keine Antwort, sondern weinte nur noch mehr. Da war er ganz außer sich und sprach zu ihr: »Erzähl es mir doch nur! Wenn du etwas wünschest, so laß mich es dir geben! Doch hör auf zu weinen, du zerbrichst mir das Herz. Wenn dir jemand Unrecht getan hat, sag es mir; kurz, was es auch sei, wenn du irgend etwas wünschst, so sage mir nur davon, ich will es für dich tun.«

Da redete die Jungfrau und sagte: »O daß doch!«

»Ja, was ist dir denn?« fragte er. Darauf – o Herr, der du uns zuhörst! – hub die Jungfrau an und sprach zu dem Kaufmann: »Was ist es mit meinen Augen?« und schaute ihn an. Als sie ihn fragte, was es mit ihren Augen sei und ihn anblickte, war er entzückt und rief: »O Jungfrau, schönere als die hat Gott noch nie geschaffen.« Dann fuhr sie fort: »Schau, was ist es mit meinen Armen?« und enthüllte ihm ihre Arme. Als er ihre Arme wie Kristall schimmern sah, verlor der Kaufmann wieder den Verstand und sprach: »Schönere als die habe ich noch nie gesehen.«

Darauf begann die Jungfrau noch mehr zu weinen und enthüllte ihm ihre Waden und sprach zu ihm: »Schau, was ist es mit meinen Waden?« Nun ward der Kaufmann erst recht ganz berückt und sprach zu der Jungfrau: »Eine Schönere als dich hat mein Auge niemals erschaut! Hör doch auf zu weinen! Sage mir nur, was dir ist!« Da begann sie herzzerreißend zu weinen, enthüllte ihr Haupt, so daß ihr Haar sichtbar ward in schönen Flechten, und sprach zu ihm: »Schau, was ist es mit meinem Haar?« Er antwortete ihr: »Schöneres als dies habe ich noch nicht gesehen.«

Schließlich erzählte sie ihm: »Ich bin die Tochter des Kadis, und immer, wenn einer kommt, um mich von meinem Vater zu erbitten, so sagt er zu ihm: ›Meine Tochter ist kahlköpfig, meine Tochter hat Krüppelhände, meine Tochter ist lahm, meine Tochter ist einäugig.‹ Jedesmal, wenn einer kommt, spricht er so zu ihm. Und ich weiß nicht, was ich tun soll. Weil ich dich lieb habe, bin ich gekommen, um dir zu klagen.«

Wie nun der Kaufmann die Worte aus dem Munde der Jungfrau vernahm, sprach er zu ihr: »Da die Sache so steht, will ich morgen zu deinem Vater gehen und dich von ihm erbitten. Er mag mir sagen, was er will, ich werde ihm antworten, daß ich einverstanden bin. Sei nur nicht traurig!« So sprach er zu ihr. Sie aber machte sich auf und ging davon.

Als nun der Kaufmann am Abend in seine Wohnung kam, konnte er die ganze Nacht nicht schlafen, weil er immer an die Schönheit der Jungfrau dachte. Kaum konnte er es erwarten, daß der Tag anbrach, um schnurstracks zum Kadi eilen zu können. Zu dem trat er ein, machte vor ihm die Ehrenbezeigung und erflehte Segen auf sein Haupt; schließlich sprach er zu ihm: »O Kadi der gläubigen Gemeinde, ich wünsche deine Nähe, ich wünsche nicht deine Ferne, ich wünsche deine Tochter für mich.«

Der Kadi antwortete ihm: »Lieber Sohn, ich habe keine Töchter.« Doch der Kaufmann fuhr fort: »Ich weiß, daß du eine Tochter hast.« Nun erwiderte ihm der Kadi: »Junger Mann, meine Tochter ist einäugig.« »Ich nehme sie an.« »Sie ist lahm.« »Ich nehme sie an.« »Sie hat Krüppelhände.« »Ich nehme sie an.« Und so fuhr er fort, ihm dies und das zu sagen, während jener immer sagte, daß er sie annehme, bis er zuletzt sagte: »Der Brautpreis für meine Tochter beträgt zehntausend Goldstücke.« »Es sei«, sagte der Kaufmann; denn er wußte ja, wie schön die Tochter war. Dann traf er die Vorbereitung zur Hochzeit und vollendete sie in kürzester Frist; er konnte es kaum erwarten, bis der Hochzeitstag kam; kurz, er bereitete alles vor.

Danach begab er sich zum Kadi; der Ehevertrag ward aufgesetzt, und die Unterschriften wurden hingesetzt: ›Vermählt ist die Tochter der Edlen mit dem Sohne der Edlen.‹ Nun ging er wieder nach Hause; am Abend, wie er dort wartete, kam des Wegs ein Lastträger mit einer Kiste von dem Kadi; der ging bis zum Hause des Kaufmanns, trat ein zu ihm und sprach: »Dies ist eine Kiste von dem Kadi.« Der Kaufmann befahl ihm: »Trag sie hinauf!«; denn er sagte sich in seinem Sinne: ›Vielleicht ist dies eine Truhe mit ihren Gewändern.‹ Nachdem der Träger die Kiste niedergesetzt hatte und von dannen gegangen war, sprach der Kaufmann bei sich: ›Ich will mir doch mal die Truhe anschauen‹, und ging hinauf, um sie sich anzusehen. Als er sie öffnen wollte, entdeckte er, daß sie offen war, und er schaute hinein; ja, da saß eine drinnen, die alle jene Fehler hatte.

Er fragte sie: »Wer bist du?« Und sie antwortete ihm: »Ich

bin deine junge Frau, die Tochter des Kadis.« Da rief er: »Holla, wie kannst du die Tochter des Kadis sein? Als du zu mir kamst, warst du so schön wie der Mond.« Und wie er noch weiter zuschaute, entdeckte er, daß sie unter sich Wasser gelassen hatte. Da ließ er sie in der Kiste drinnen, legte sich allein zur Ruhe nieder und sprach: »Es gibt keine Macht und keine Kraft außer bei Gott, dem Erhabenen und Allmächtigen! Was ist das für ein Unglück! Was habe ich jener bösen Jungfrau getan, daß sie kommen und mir einen solchen Streich spielen mußte!«

Als unser Kaufmann am nächsten Morgen erwachte, machte er sich auf und ging zu seinem Laden. Dort saß er nun und legte seine Hand an die Wange und begann nachzudenken. Bald darauf kam die Tochter des Obmanns der Schmiede an ihm vorbei und sprach zu ihm: »Guten Tag wünsche ich.« Er blickte auf, und als er sie sah, sprach er zu ihr: »Gott schenke dir keinen guten Morgen! Ich will wissen, was ich dir angetan habe, daß du mich in dies Unglück gestürzt hast.«

Die Jungfrau antwortete ihm: »Ja, ja, du bist schlau, daß du über die Tür deines Ladens schreibst: ›Die List der Männer siegt über die List der Frauen‹!« Da sagte er: »Das ist es also, was dich erzürnt hat!« »Freilich«, erwiderte sie; und als er fragte: »Gut, was soll ich jetzt tun?«, antwortete sie: »Ändere diese Inschrift und schreib: ›Die List der Frauen siegt über die List der Männer‹, und zwar mit Goldfarbe. Dann werde ich morgen kommen und dir sagen, was du tun sollst.« Darauf ging sie wieder fort; und nachdem sie gegangen war, holte er rasch die Tafel herunter, wischte die Schrift aus, die darauf war, und schrieb mit Goldfarbe: ›Die List der Frauen siegt über die List der Männer.‹

Als der Kaufmann am nächsten Morgen aufgewacht war, ging er zu seinem Laden und setzte sich nieder, aber er konnte kaum aus den Augen sehen. Bald darauf kam die Jungfrau und sah die Tafel, auf der nun geschrieben stand: ›Die List der Frauen siegt über die List der Männer.‹ Darüber war sie aufs höchste erfreut, und sie sprach zu dem Kaufmann: »Schau her, geh jetzt bald hinaus zu den Zigeunern, sammle dir etwa zwanzig Leute und laß sie, Trommeln und Pfeifen spielend, dir beim Kadi Glück wünschen und zu dir sprechen: ›Gott lasse sie dir zum Segen gereichen, lieber Vetter!‹ Dann wird der Kadi dich fragen: ›Wer sind diese Leute?‹ Und du antworte ihm: ›Lieber Schwiegervater, wer seine Abkunft verleugnet, der hat keine Abkunft. Die Leute da sind meine Vettern; denn ich bin von Hause aus ein Zigeuner, und Gott hat mich begnadet.‹ Dann wird der Kadi zu dir sagen: ›Scheide dich von meiner Tochter!‹ Aber du halt erst fest und scheide dich dann.«

»So ist es recht«, erwiderte er und ging zu den Zigeunern. Als er bei ihnen war, sprach er zu ihnen: »Hört, ihr Leute, mein Vater stammte von den Zigeunern, und ich habe mich verheiratet, da möchte ich, daß ihr nach einer Weile kommt, um mir Glück zu wünschen, während ich beim Kadi bin; denn ich habe die Tochter des Kadis geheiratet. Da, nehmt ein jeder ein halbes Goldpfund!«

Mit diesen Worten gab er ihnen, was er zufällig bei sich hatte, und ging fort; er begab sich in den Gerichtssaal zu seinem Schwiegervater. Kaum hatte er dort eine kleine Weile bei ihm gesessen, indem er mit ihm plauderte, da kamen plötzlich die Zigeuner in den Saal und riefen: »Wo ist unser Vetter?« Der Kadi fragte sie: »Wer ist euer Vetter?« Und sie antworteten ihm: »Der Kaufmann.«

Gleich darauf sahen sie den Kaufmann, und nun fingen sie an, die Trommeln zu schlagen und zu singen und die Flöten zu blasen. Der Kadi aber wandte sich zu dem Kaufmann und sprach zu ihm: »Was ist das?« Jener gab ihm zur Antwort: »O Herr Kadi, wer seine Abkunft verleugnet, der hat keine Abkunft. Die Leute da sind meine Vettern, die gekommen sind, um mir Glück zu wünschen.« Nun rief der Kadi: »Also habe ich meine Tochter mit einem Zigeuner verheiratet! Nein, nein, ich will sie von dir scheiden.«

Aber der Kaufmann erwiderte ihm: »Mein Gebieter, ich

lasse mich nie von ihr scheiden.« Da sprach der Kadi: »Du mußt dich von ihr scheiden, sonst mache ich dir den Prozeß. Warum hast du mir nicht vor der Hochzeit gesagt, daß du ein Zigeuner bist?« Der Kaufmann sagte darauf: »War ich denn verpflichtet, dir von meiner Abkunft zu erzählen? Hättest du mich gefragt, so hätte ich es dir gesagt.« Doch der Kadi fuhr fort: »Unter allen Umständen mußt du dich von meiner Tochter scheiden.«

»Es sei«, sagte der Kaufmann; »wenn du mir alle Ausgaben, die ich gehabt habe, zurückerstattest, so lasse ich mich scheiden.« »Gut«, erwiderte der Kadi, »ich werde zahlen.« Alsbald gab der Kadi ihm all das Geld, das der Kaufmann ausgegeben hatte, schied seine Tochter von ihm und ließ sie in sein Haus zurückbringen. Als der Kaufmann sah, daß die Tochter des Kadis zu ihrem Vater zurückgekehrt war, freute er sich sehr und schlief vergnügt in jener Nacht.

Am nächsten Tage in der Frühe begab er sich zum Laden und setzte sich dort nieder. Bald darauf kam auch die Tochter des Meisters der Schmiede und fragte ihn: »Was hast du getan?« Nachdem er ihr alles erzählt hatte, fuhr sie fort: »Siehst du, wie die List der Frauen über die List der Männer siegt?« »So ist es«, erwiderte er; und sie sagte darauf zu ihm: »Schau her, geh morgen zu meinem Vater, dem Obmann der Schmiede, und wirb um mich bei ihm.« »Gern«, erwiderte er.

Am nächsten Tage machte er sich auf und ging geradewegs zu dem Obmann der Schmiede; zu dem sprach er: »Guten Morgen!« »Hundertmal guten Morgen!« »Schau, ich bin gekommen, um deine Tochter von dir zu erbitten, aber unter der Bedingung, daß ich sie vorher sehe.« »Das kann doch niemals angehen, daß einer die Jungfrau sieht, ehe er sie heiratet!« »Mein Freund, ich gebe dir zu ihrem Brautpreis noch tausend Goldstücke hinzu unter der Bedingung, daß ich sie sehe.« Da wandte sich einer von den Schmieden zu dem Obmann und sprach zu ihm: »Was kann das ausmachen, wenn er sie sieht? Deine Tochter ist doch schön.«

»Gut«, sagte darauf der Meister der Schmiede, »ich will dir gestatten, sie zu sehen.«
Darauf ging der Kaufmann mit dem Obmann der Schmiede zu dessen Haus; und als ihn dort die Tochter sah, begann sie zu lachen und fragte ihn: »Warum bist du gekommen?« Er antwortete ihr: »Ich befürchtete, du würdest mich auf eine hereinfallen lassen, die noch schlimmer ist als die Tochter des Kadis.« Darauf holte ihr Vater den Kadi und den Mufti und den Adelsmarschall; der Ehevertrag ward aufgesetzt, und die Unterschriften wurden hinzugesetzt: ›Die Tochter der Edlen ist vermählt mit dem Sohne der Edlen.‹
Der Kaufmann aber hielt eine Hochzeit, die nicht ihresgleichen hatte; er lud alle seine Freunde und Gefährten ein und vermählte sich. Dann lebte er mit seiner Gattin, der Tochter des Obmanns der Schmiede, in schönster Glückseligkeit.

Daus, daus – die Geschichte ist aus!

Philipp Vandenberg

Das Orakel mit dem Gordischen Knoten

Es war im Winter 334/3 v. Chr. Auf dem Weg nach Ägypten eroberte Alexander eine kleinasiatische Stadt nach der anderen, zuletzt Gordion, die alte Metropole Phrygiens, die Residenz des legendären Königs Midas, unter dessen Händen der Sage nach alles zu Gold wurde. Midas' Vater hieß Gordios und hatte auch der Stadt ihren Namen gegeben. Er war ein biederer Landmann und wurde nach der Überlieferung durch einen Orakelspruch zum König. Der Spruch kam vielleicht aus Didyma, vielleicht aus Klaros, jedenfalls gab er Antwort auf die Frage, wen die Bewohner von Phrygien zu ihrem König machen sollten. Er lautete: »Den, den die Fragesteller auf ihrer Rückreise zuerst auf einem Wagen zum Zeus-Tempel fahren sehen.«

Der erste, der des Weges kam, war Gordios. Er wurde zum König von Phrygien gekrönt. Zur Erinnerung an dieses Ereignis ließ er den Wagen, dem er die Königswürde verdankte, im Zeus-Tempel aufstellen. Dort sah ihn Alexander der Große.
Aber nicht der Wagen war es, dem sein Interesse galt, es war ein Orakelspruch, der demjenigen die Herrschaft über Asien versprach, der den überdimensionalen Knoten an der Deichsel des Wagens lösen könne. Dieser Knoten bestand aus einem irritierenden Gewirr von Kirschenbast und hielt das Joch an der Deichsel fest. Die Hauptschwierigkeit, warum es bisher keinem gelungen war, den Knoten zu lösen, lag darin, daß in dem Knoten weder Anfang noch Ende des Strickes sichtbar waren.
Alexander besah sich die Bescherung, er zögerte nicht lange, zog sein Schwert und hieb den Knoten mit einem Schlag durch. Ein heftiges Unwetter mit Blitz und Donner, das in der folgenden Nacht über Gordion herniederging, wertete Alexander als Zustimmung des Zeus, und er nannte sich von nun an »König von Asien«.
Übrigens meldete sich nach dem Vorfall ein weiser alter Mann namens Aristobulos zu Wort, den Alexander als technischen Experten für seinen Asienfeldzug angeworben hatte. Er meinte, die Lösung des Knotens wäre viel einfacher gewesen, Alexander hätte bloß den Pflock, der den Jochriemen festhielt, aus der Deichsel herauszunehmen und auf diese Weise das Joch vom Wagen zu ziehen brauchen. Aber dazu hätte es einiger Überlegungen bedurft, und wer verlangt das schon von einem Feldherrn!
Ägypten fiel dem Makedonen kampflos in die Hände, das Nilvolk hieß Alexander als Befreier von der persischen Knechtschaft willkommen. Die Priester der Hauptstadt Memphis krönten ihn zum Pharao von Ägypten. Zu Beginn des Jahres 331 v. Chr. zog er nilabwärts durch das Delta und legte nahe der antiken Stadt Rakotis den Grundstein der Stadt Alexandria, die der Baumeister Demokrates

aus Rhodos nach seinen präzisen Anweisungen auf dem Reißbrett konstruiert hatte.
In diesen Tagen muß bei Alexander der Plan gereift sein, das Amun-Orakel in der Libyschen Wüste zu besuchen. Das war ein leichtsinniges Unternehmen, nicht nur wegen der Gefahren des Weges, sondern vor allem wegen Dareios. Der Perserkönig hatte sein Heer reorganisiert und brannte darauf, die Schlappe von Issos wiedergutzumachen. Wo es zur Entscheidungsschlacht kommen würde, wußte zu dieser Zeit niemand. War es Neugier, Selbstbewußtsein, oder war er über die feindlichen Aktivitäten so gut informiert: Alexander zog jedenfalls in aller Ruhe sechs Wochen durch die Wüste zum Amun-Orakel.
Das Heer, das den Feldherrn begleitete, nahm den Weg über Marsa Matruh auf der alten Karawanenstraße, die noch heute mit dem Landrover befahrbar ist. Wie bei allen seinen Unternehmen war dem großen Makedonen auch diesmal das Glück hold. Als die Wasservorräte der Truppe zur Neige gingen, brach nach der Überlieferung ein großer Regen los. Die Soldaten fingen das Wasser mit Planen auf und ergänzten ihre Vorräte. Nachdem ein Sandsturm den Weg verweht hatte, tauchten Raben am Himmel auf. Alexander befahl, den Raben zu folgen, denn er nahm an, daß die Vögel nur zu einer Oase fliegen konnten. Die Vermutung war richtig, wohlbehalten erreichte er mit seinen Leuten Siwa.

Alexander kam unangemeldet, aber gewiß hatten Kundschafter das Jahrtausendereignis bereits gemeldet; denn als der Feldherr den Tempel erreichte, »begrüßte ihn der Oberpriester Amuns im Namen des Gottes als seines Vaters« (Plutarch, *Alex.* 27). Weißgekleidete Frauen und Mädchen waren angetreten und brachten Gesänge und Tänze dar. Inmitten einer feierlichen Prozession wurde Alexander durch die Tempelanlage geleitet.
Seine Männer waren Zeuge, als Alexander an den Ober-

priester des Orakels die Frage richtete: »Ist auch keiner der Mörder meines Vaters seiner Strafe entgangen?«
Darauf der Priester mahnend: »Drücke dich behutsamer aus; denn du hast keinen sterblichen Vater!«
Alexander formulierte seine Frage neu: »Hat der Gott alle Mörder Philipps der gerechten Strafe zugeführt?«
Jetzt antwortete der Priester: »Philipp hat volle Genugtuung erhalten.«
Ob ihm der Gott zugestehe, Herr über alle Völker zu werden, wollte Alexander wissen.
Der Oberpriester antwortete, dies sei ihm bewilligt.
Da, berichtet Plutarch, brachte er dem Gott Amun prächtige Weihegeschenke dar, und die Einwohner wurden mit Geld überhäuft.
Schließlich sollten auch einige Leute aus der Begleitung des Feldherrn Gelegenheit haben, das Orakel zu befragen. Und als einer wissen wollte, ob sie ihren König als Gott verehren dürften, antwortete Amun, das würde ihm gefallen.
Es ist nicht überliefert, wie lange sich Alexander am Ort des Orakels aufhielt, fest steht jedoch, daß er das Orakelheiligtum noch einmal ganz allein aufsuchte. Die Frage, die er dabei stellte, wie die Antwort, die ihm zuteil wurde, sind ein großes Geheimnis der Geschichte.
Als er aus der Orakelzelle heraustrat, fragten seine Begleiter, welchen Spruch er empfangen habe. Doch Alexander sagte nur, er habe gehört, was er habe hören wollen.
Seiner Mutter Olympias schrieb er in einem mysteriösen Brief, »er habe einige geheime Weissagungen bekommen« (Plutarch, *Alex.* 27), bei seiner Rückkehr wolle er sie ihr allein enthüllen. Was immer ihm prophezeit worden sein mag, er nahm das Geheimnis mit ins Grab. Alexander starb 323 in Babylon, seine Mutter hat er nie wiedergesehen.
Hatte das Orakel von Gordion seinen Glauben gefestigt, er sei der König von Asien, so bestärkte ihn das Amun-Orakel in der Zuversicht, er sei göttlicher Herkunft, und

die Amun-Verehrung nahm in seinem kurzen Leben breiten Raum ein. Alexander sagte vor seinem Tod einem Freund, er wolle nahe dem Amuntempel von Siwa bestattet werden. Die Nachwelt erfüllte ihm diesen Wunsch jedoch nicht.
Wohl aus Furcht vor Plünderungen in der schutzlosen Wüste ließ Ptolemäus I., der Heerführer Alexanders und spätere Satrap von Ägypten, in seiner Stadtgründung Alexandria ein monumentales Mausoleum errichten. Doch dem Zulauf der Gläubigen in der Wüste tat dies keinen Abbruch.

Auf der Spurensuche nach dem legendären Orakelheiligtum in der Libyschen Wüste besteigen wir in Alexandria den Wüstenexpreß nach Marsa Matruh. Die ägyptische Eisenbahn fährt die 290 Kilometer lange Strecke zu der westlichen Hafenstadt des Landes in gut fünf Stunden, und der Reisende ist erstaunt, fernab der Zivilisation einen aufstrebenden Badeort anzutreffen. Hotels mit zugkräftigen Namen wie »Lido«, »Riviera« oder »Miami« können zwar mit entsprechenden Etablissements in Europa nicht konkurrieren, dafür ist die Landschaft mit gelben Dünen und Felsendurchbrüchen um so eindrucksvoller.
Das Begehren eines Besuches der Oase Siwa wird dem Fremden in der Kanzlei des Gouverneurs mit Stempel bescheinigt und gegen geringe Gebühr gestattet, Road Pass Permission. »Inschallah, misa fadlak. Wenn es Allah gefällt, bitte!«
Obwohl die ersten 125 Kilometer des Weges asphaltiert sind, werde man schon acht bis zehn Stunden für die 300 Kilometer brauchen, meint der Fahrer des Landrovers. Zwei Kanister Benzin und einer mit Wasser sollen jedes Risiko ausschließen. Dann geht es los, immer nach Westen, am Flugplatz vorbei, nach Sidi el-Barani. Weiter immer nach Süden, von Zisterne zu Zisterne, die hier Bir heißen: Bir el-Kanayes, Bir el-Glaz, Bir el-Helou, Bir el-

Istabl, Bir Fouad, Bir el-Noss. Nach 149 Kilometern, der Hälfte des Weges, Pause für Mensch und Motor. Von der asphaltierten Piste ist nun nur noch ein staubiger Wüstenweg übriggeblieben, der von surrenden Telegrafenstangen markiert wird. Weiter. Bir el-Bacour, dann scheint der Weg zu Ende, nur noch Wüste. Aber kein Murren, Alexander der Große legte dieselbe Strecke zu Pferd zurück, seine Soldaten zu Fuß. Dann auf einmal nach 280 Kilometern mitten in der Wüste ein Flugplatz. Wir haben wieder Asphalt unter den Rädern, Siwa taucht auf, geschafft.

Siwa, das altägyptische Sekhetam, das Palmenland, sieht heute gewiß nicht viel anders aus als zu Zeiten Alexanders des Großen. Die 50 Kilometer lange, vier bis sechs Kilometer breite Oase, 24 Meter unter dem Wasserspiegel des Mittelmeeres gelegen, ist ein »Geschenk der Quellen«. Tausend solcher Quellen sollen es in der Antike gewesen sein, heute zählt man noch 200. Sie bewässern 200000 Dattelpalmen und 40000 Olivenbäume und sind die Lebensvoraussetzung für die 6000 Einwohner, die sich auf die Ortschaften Siwa, Aghurmi, Khamisa, El-Maragi, Zeitun, Abu Shuruf und Karet Umm-el-Soghayyar verteilen.

Siwa selbst ist nicht der Ort, der von Alexander besucht wurde, der liegt drei Kilometer entfernt und heißt heute Aghurmi. Ruft man den Historiker Diodor zu Hilfe, so erhält man eine auch heute noch gültige Beschreibung der örtlichen Verhältnisse, jedenfalls künden Ruinen davon.

»Die Bewohner der Amun-Oase wohnen in Dörfern; inmitten der Oase liegt die Burg, die mit dreifachen Mauern befestigt ist. Von dieser umschließt die erste Umfassungsmauer das Schloß der alten Fürsten; die zweite den Frauenhof, die Wohnungen der Kinder, der Weiber und Verwandten, sowie die Wachtlokale der Besatzung, endlich die Kapelle der Gottheit und die heilige Quelle, an der die Opfer für den Gott gereinigt werden; die dritte die Barakken für die Soldaten und die Wachtlokale für die fürstliche Leibgarde. Außerhalb der Burg liegt in nicht zu weiter

Entfernung ein zweiter Tempel des Amun im Schatten zahlreicher großer Bäume. In seiner Nähe befindet sich eine Quelle, die wegen ihrer Beschaffenheit die ›Sonnenquelle‹ heißt« (Diodor XVII 50, 3, 4).
Dies ist eine der wenigen Textstellen, die den Forschern vergangener Jahrhunderte bei der Suche nach dem Amun-Orakel behilflich waren. Das Heiligtum war nämlich tausend Jahre lang von allen Landkarten verschwunden, der Ort existierte nur in der Literatur, wo er sich verbarg, das wußte niemand mehr.

Viktor Aubertin

Spaziergang in Tripolis

Man gehe zum Beispiel in Tripolis auf den Brotmarkt an der alten Mauer, er ist der größte und der schönste von allen.
Da liegen auf niedrigen Tischen zu Tausenden diese merkwürdigen orientalischen Brote, die anders sind als unsere nordischen Brote, weil sie nämlich nicht geschnitten werden, sondern gebrochen. Sie sind klein und kuchenförmig und handlich; es ist das Brot, das auf dem abendlichen Tisch von Emmaus gelegen hat. Wenn man es so duftig und knusprig liegen sieht und mit geheimnisvollen Kräutern bestreut, bekommt man schon von selbst die Lust, es in beide Hände zu nehmen, zu zerbrechen und die Stücke zwischen den Kindern und dem Gesinde am Tisch rundherum zu verteilen.
Die Patriarchengebärde, die am Grund des Sakramentes liegt.

Die schönste Straße in Tripolis und eine der merkwürdigsten Straßen der Welt überhaupt – meinem Gefühl nach schöner als der Broadway in New York – ist der Sukh-el-Turk, der sich durch die ganze Stadt zieht. Fast in seiner ganzen Länge aber ist er von einem Weinstock überwachsen, der neben der Moschee schenkeldick aus dem Boden wächst und dann staketartig hingezogen wurde. Ist der Broadway von einem Weinstock überwachsen, der neben der Moschee herauswuchs? Nein, na also!

In dieser Straße wird nur das Prächtige und Kostbarste verhandelt. Silberne Teller mit Fabeltieren, in Reihen eingehämmert. Der Kenner sieht sofort phönizische Formen, die sich hier in dem verlorenen Winkel der Welt gehalten haben durch die Generationen der Eroberer. Gold, schönes, achtzehnkarätiges in Filigranarbeit gefaßt. Zu Tausenden verkauft wird die merkwürdige flache Hand, die man irrtümlich die Hand der Fatme nennt. In Wahrheit aber ist es die Hand Allahs, sie schützt vor dem bösen Blick; und du stehst da unter der heiligen Rebe und handelst um die goldene Hand Gottes. Handele ja recht lange, ziehe es hin, dieses seltene Geschäft, denn bald mußt du wieder mit der Straßenbahn fahren!

Auch halbe Elefantenzähne sind zu haben, schön gelb, und drei Meter lange Schlangenhäute von kolossalen Schlangen, die hier gleich dicht in der Umgegend leibhaftig herumgekrochen sind, vielleicht gerade neben dem Grand Hotel.

Schließlich habe ich mir eine kleine Schnur Kaorimuscheln gekauft bei einem alten Mann, der an der Straßenecke auf dem Boden saß und der so aussah, wie man sich den heiligen Jakobus den Älteren vorstellt. Ich kaufte sie, weil Kaorimuscheln etwas ganz Afrikanisches sind, weil sie Glück bringen und weil ich das Glück liebe. An dem Geschäft beteiligten sich drei Nachbarn und der Korrespondent einer anderen deutschen Zeitung, und schließlich behielt ich die Kaorimuscheln für fünf Lire. Der heilige Jakobus der Ältere hatte fünfzehn verlangt.

Berühmt sind die Jüdinnen von Tripolis. Man nennt sie die schönsten Frauen der Welt. Auf älteren Bildern sind sie oft dargestellt, da sitzen oder lagern sie hinter dem holzvergitterten Fenster, angetan in die weiten, fließenden Gewänder des alten Bundes, und tun nichts, höchstens, daß die eine von ihnen einmal eine Rose durch das Gitter dem gerade unten vorübergehenden Passanten auf den Kopf fallen läßt, zu seiner – des Passanten – lebhaftester Genugtuung. Schon allein dieses zu untersuchen, war die weite und gefährliche Reise über die Meere wert.
Aber Achtung, es gibt eine Enttäuschung! Die jüdischen Frauen von Tripolis sind noch gerade so schön wie in der Vorzeit, und man sieht Gesichter wie aus dem Hohenlied. Aber es kam eine neue Zeit und eine neue Sitte und eine schlechtere Welt. Es kam die höchst fragwürdige Anschauung, daß die Frau im Alltag mitzuarbeiten habe mit dem Mann. Uneingedenk der Wahrheit, daß die wichtigste Aufgabe des Weibes es ist, den Passanten Rosen auf den Kopf fallen zu lassen, gehen die Mädchen aus dem Hohenlied jetzt auf die Straße und kaufen nebenan drei Pfund Kartoffeln. Und dabei behalten sie die fließenden Gewänder aus der Zeit Salomons. Und das macht sich schlimm.
Alle diese Frauen sehen aus, als seien sie schwanger. Alle, auch die siebenjährigen Mädchen. Man sagte mir, daß sie diesen interessanten Zustand künstlich herstellen, indem sie sich Tücher um den Leib binden.
Wiederum bestätigt sich die Erfahrung, daß von allen Trachten der Länder und der Geschichte die schönste weibliche Tracht die jetzige Mode der europäischen Frau ist. Manchmal ziehen diese Tripolitanerinnen am Feiertage die moderne Tracht mit den kurzen Röckchen und beigefarbenen Seidenstrümpfen an, und dann möchte man sie wirklich die schönsten Frauen nennen. Welch ein Wuchs! Aber dann brauchte man eigentlich nicht so weit bis hierher zu fahren.

Alfred Neubauer

Rennlotterie – made in Italy

Erinnern Sie sich noch an das Frühjahr 1933?
In diesem Jahr versinkt das amerikanische Riesenluftschiff »Akron« mit Mann und Maus im Atlantik. Die Vereinigten Staaten feiern nach dreizehn Jahren Prohibition die erste »nasse« Nacht, in der die Amerikaner den lang entbehrten Alkohol gleich literweise in die ausgedörrten Kehlen stürzen. Eine gewisse Elly Beinhorn fliegt im Nonstop von Berlin nach Istanbul. Prinz Wilhelm von Preußen, jüngster Sohn des Kronprinzen, heiratet ohne Genehmigung des Herrn Papa ein Fräulein Dorothea von Salviati. Im Berliner »Deutschen Theater« spielt Heinrich George den Geßler im »Wilhelm Tell« und Attila Hörbiger die Titelrolle. Und nur wenige Zuschauer ziehen Vergleiche zwischen dem Hut des Tyrannen Geßler und dem Hakenkreuz Hitlers ...
In Deutschland zählt man um die Zeit noch Millionen Arbeitslose. Da wird »Reichshilfe-Butter« für zwei Groschen das Kilo an alle Rentner ausgegeben. Da kostet das Paar Handschuhe – letzter Schick – runde 8,40 RM, und das Kännchen Kaffee beim Tanztee im Berliner Mokka-Efti bloße 31 Pfennige.
Da wird der Hellseher Hanussen in einer Schonung unweit der Autobahn Berlin–Dresden tot aufgefunden. Im Reich wird die Todesstrafe durch Erhängen eingeführt. Panzerkreuzer »Admiral Scheer« läuft von Stapel, Goebbels verhängt den Boykott über jüdische Geschäfte, die ersten Konzentrationslager werden eingeführt ... und die Berliner Volksbühne spielt: »Viel Lärm um Nichts ...« Erinnern Sie sich noch ...?
Damals auch eröffnete Marschall Italo Balbo, der Gouverneur der italienischen Kolonie Libyen, die neu erbaute Rennbahn von Tripolis, die schnellste Bahn der Welt.
Diese Bahn ist das Gegenteil des Hexenkarussells von Monte Carlo. Sie ist 13,1 Kilometer lang und besteht aus

einer einzigen Kette langgestreckter Kurven. Hier kann man einen Schnitt von 200 Stundenkilometern fahren – und sich das Genick brechen.
Die Fahrer wissen das. Und auch die Veranstalter. Die smarten Herren nutzen diesen Reiz. Sie brauchen Wirbel und Publicity für Italien, für Mussolinis »Imperium Romanum«. Und ganz besonders für Marschall Balbo, den frischgebackenen Gouverneur, den charmanten Sportsmann, der seine eigenen, geheimen, ehrgeizigen Pläne hat.
Eine Lotterie wird veranstaltet. Monate vor dem Rennen werden überall in Italien die Lose verkauft. Das Stück kostet elf Lire. Und mit diesen lächerlichen elf Lire kann man Millionär werden...
Drei Tage vor dem Rennen werden die Lose der dreißig Hauptgewinner gezogen. Jedes Los trägt die Nummer eines der dreißig startenden Wagen.
Wer die Nummer des späteren Siegers gezogen hat, ist Gewinner der Lotterie. Er darf 7,5 Millionen Lire kassieren. Das ist damals weit über eine Million Reichsmark. Beste Friedenswährung...
Es ist am Abend vor dem Start. Ein Herr mit spiegelnder Glatze, Hamsterbäckchen und verschmitzten Äuglein läßt sich bei Achille Varzi im Hotel melden.
Varzi liegt lesend auf der Couch in seinem Appartement. Sein Haar ist sorgfältig in der Mitte gescheitelt. Er trägt einen lichtblauen Morgenrock. Der weiße Seidenschal wird von einer kostbaren Perle gehalten. Durch das geöffnete Fenster weht weich und warm der Wüstenwind. In einem Sessel sitzt eine Frau in einem leichten, seidenen Morgenmantel. Ihr Haar ist geöffnet. Schwarz und glänzend fällt es über die Schultern herab. Ihre Augen sind voller Zärtlichkeit auf Achille Varzi gerichtet.
Sie werden jetzt sicher wissen wollen, wer diese Frau in Varzis Zimmer ist? Nun, ich, der dicke Neubauer, hab Sie schon mal um Verständnis gebeten, wenn ich das eine oder andere Mal gewisse Diskretion üben möchte. Für den

ganzen »Fall Varzi« werde ich Sie noch öfters um Verständnis bitten müssen...

Nennen wir also die schöne, liebenswerte Frau einfach »Sophia«. Ohne indiskret zu sein, kann ich noch folgendes erzählen: Sophia stammt aus einem außergewöhnlich guten Haus, aus bester italienischer Bürgerfamilie. Dieser wohlerzogenen Tochter begegnete Varzi, als er 20 Jahre alt war und sich gerade in Mailand aufhielt. Achille sah das junge Mädchen auf der Straße, und der sonst so zurückhaltende und nur für seinen Rennsport lebende junge Mann war im gleichen Augenblick entflammt.

Mit einer ihm sonst völlig fremden Impulsivität ging er auf das Mädchen zu und sprach es an – in Italien ein unmögliches Verhalten. Unwillig wollte Sophia abwehren, aber dann sah sie in Achilles ernste und bittende Augen. Wahrscheinlich hat sie sofort erkannt, daß er kein Abenteurer war, der nur leichte Beute suchte. Vielleicht auch ahnte sie damals schon instinktiv, daß dieser junge Mann ihr Schicksal sein sollte...

Eines aber dürfte Sophia kaum vorausgesehen haben: daß sie mit Achille Varzi zwar alle Höhen, aber erst recht alle Tiefen des Lebens auskosten müsse. Denn selten hat eine Frau soviel Kummer, Leid, Schmerz, Tränen und Entsagung auf sich nehmen müssen, wie Sophia um Achille Varzi. Selten aber hat auch eine Frau so stark geliebt wie Sophia. Und wenn Achille Varzi dem vernichtenden Sog einer unseligen, lebenszerstörenden Leidenschaft entrinnen konnte, dann hat er es nur Sophia zu danken.

Jedenfalls nach jenem schicksalhaften Zusammentreffen auf einer Straße in Mailand brach Sophia alle Brücken zur Vergangenheit ab. Sie gehörte nur noch Varzi und ihrer Liebe.

Das also ist die schöne dunkelhaarige Frau, die im Morgenkleid bei Varzi im Zimmer sitzt, als sich ein Herr mit spiegelnder Glatze, Hamsterbäckchen und verschmitzten Äuglein beim Rennfahrer-Idol Italiens anmelden läßt.

Varzi erhebt sich, als der Glatzköpfige ins Zimmer tritt. »Sie wünschen bitte?«
»Mein Name ist Enrico Rivio, Holzkaufmann aus Pisa. Ich muß Sie dringend sprechen, Signore.« Er stockt. Seine Äuglein bleiben an Sophia haften. Er hüstelt. »Nur... hm... streng vertraulich, Sie verstehen?«
Varzi gibt der Frau einen Wink. »Bitte, Sophia – laß uns allein. Nur einen Moment.«
Sophia zögert. Etwas an diesem Fremden gefällt ihr nicht. Ihr Mißtrauen ist wach. Fast bittend sieht sie Varzi an.
»Bitte«, sagt er ein wenig herrisch.
Sophia drückt die Zigarette aus und geht ins Nebenzimmer. Varzi schiebt einen Stuhl zurecht. »Bitte – was also kann ich für Sie tun?«
Rivio schluckt. »Das ist mit drei Worten gesagt – das Rennen gewinnen!«
»Und nur um mir das zu sagen, kommen Sie eigens von Pisa nach Tripolis geflogen?«
»Nicht nur darum. Ich bin nämlich der Inhaber des Loses, das die Nummer Ihres Wagens trägt!«
Varzi pfeift leise durch die Zähne. »Sieh mal an – Sie sind also der Herr, der an meinem Sieg verdienen möchte? Freut mich ganz ungemein, Ihre Bekanntschaft zu machen.«
»Warum so bitter, Signore?«
»Ist das nicht verständlich? Sie streichen siebeneinhalb Millionen ein, wenn ich gewinne. Und ich werde mit dem Startgeld, also mit einem Butterbrot abgespeist. Mein Einsatz ist Leben und Gesundheit – und der Ihre lumpige elf Lire!«
»So billig will ich's gar nicht haben«, sagt Rivio eifrig. Er betont jedes Wort: »Wenn Sie morgen gewinnen, gehört Ihnen mehr als ein Drittel meines Preises – ich biete Ihnen drei Millionen!«
»Alle Wetter!« Varzi mustert den Dicken scharf. »Das tun Sie doch kaum aus reiner Nächstenliebe, wie?«

»Nennen Sie's, wie Sie wollen. Es ist jedenfalls ein faires Angebot. Sie brauchen nur zu gewinnen.«
»Wenn es nach mir ginge! Sie vergessen, daß es noch andere Fahrer gibt, die ihr Handwerk verstehen. Denken Sie an Nuvolari, an den kleinen Borzacchini, an Campari. Von Chiron ganz zu schweigen.«
Rivio wedelt mit seiner dicken, ringgeschmückten Hand durch die Luft. »Drei Millionen sind eine Menge Geld, Signor Varzi. Auch wenn sie vielleicht in zwei oder drei Teile geteilt werden müßten...«
Varzi kneift die Augen zusammen, überlegt. Dann fragt er kalt: »Signor Rivio, wer garantiert mir, daß Sie Ihr Versprechen auch halten?«
Der Dicke zieht ein Schriftstück aus seiner Aktentasche. »Hier – mein Notar hat den Vertrag bereits ausgefertigt. Alles ist in bester Ordnung.«
Varzi überfliegt das Dokument. Dann faltet er es sorgfältig zusammen und steckt es in seine Brieftasche.
»Gut, Signore, ich werde sehen, was ich tun kann.«
Eine Minute später ist er allein. Er zögert einen Augenblick. Dann nimmt er das Telefon ab.
»Zentrale? Bitte verbinden Sie mich mit Signor Nuvolari. Und dann mit Signor Borzacchini...«

Es ist der 7. Mai 1933. Der heiße Wind der Wüste, der Ghibli, weht über die Ebene von Tripolis. Wie ein weißes Band liegt die neue Rennstrecke zwischen Palmenhainen und gelbem Sand. Die Luft flirrt über dem Beton. 38 Grad im Schatten zeigt das Thermometer.
Auf der Tribüne schwitzen die feinen Leute: Offiziere in prächtigen Uniformen, würdige Kolonialbeamte, Parteifunktionäre im Schwarzhemd, dicke Plantagenbesitzer, reiche Araber im weißen Burnus. Und immer wieder – schöne, elegante Frauen.
In einer Loge sitzt eine seltsame Gesellschaft beieinander, die Besitzer der dreißig Lose: Ein biederer Metzgermeister

aus Mailand. Eine verhärmte Rentnerin aus Florenz. Ein Postbeamter, ein Kaufmann, ein Student. Handwerker, Arbeiter. Eine reiche Witwe, ein vertrottelter Baron. Mitten darunter schnauft ein rundlicher Herr mit geröteter Glatze vor Erregung: Signor Enrico Rivio, Holzkaufmann aus Pisa. Dreißig Menschen, vom Schicksal zusammengewürfelt, bangen und hoffen um den Sieg ihres Fahrers. Dreißig Menschen, für die ein kleines, bedrucktes Stück Papier die große Hoffnung ihres Lebens bedeutet...

Dreißig Wagen stehen am Start. Motorenlärm von zehntausend Pferdekräften dröhnt über die Wüste. Marschall Balbo, in Gala-Uniform, mit gepflegtem Vollbart, hebt die grünweißrote Flagge. Das Rennen beginnt.

Es wird ein seltsames Rennen, voll aufregender, voll unerklärlicher Zwischenfälle. Drei Wagen schießen davon wie losgelassene Pfeile: Nuvolari mit seinem roten Alfa, dicht dahinter der kleine Borzacchini, dann Campari, der dicke Meisterfahrer, der nebenbei Tenor an der Mailänder Scala ist und dessen Onkel eine berühmte Likörfabrik besitzt.

Auch andere mischen noch kräftig mit: der elegante Franzose Chiron, der hünenhafte Fagioli und der kühle Engländer Sir Henry Birkin auf seinem grünen Maserati.

Nur einer hält sich zurück: Achille Varzi, der große Favorit. Er fährt, gut placiert, im Mittelfeld. Was ist mit ihm? staunen die Zuschauer. Indisponiert? Nicht auf dem Posten? Oder – reine Taktik?

5. Runde: Campari führt vor Nuvolari und Birkin. Der blaue Bugatti Varzis liegt bereits 57 Sekunden zurück. Auf der Ehrentribüne tupft sich ein rundlicher Herr mit nervös zitternden Händen den Schweiß von der Glatze.

12. Runde: Campari liegt neun Sekunden vor Nuvolari. Auch Borzacchini ist aufgerückt. Der Engländer Birkin hält den vierten Platz. Von Varzi ist nichts zu sehen.

14. Runde: Camparis Wagen hustet und spuckt ganz fürchterlich. Er fährt an die Boxen. Mechaniker wühlen aufgeregt im Motor. Die Menschen machen lange Hälse. Minu-

ten vergehen. Dann steigt der Dicke aus. Fluchend, mit wutverzerrtem Gesicht.

Als Campari sich wenig später in der Kantine einen Schluck Chianti genehmigt, ist er gar nicht mehr so wütend. Im Gegenteil, er lächelt stillvergnügt vor sich hin. Seltsam, seltsam . . .

20. Runde: Nuvolari führt vor Borzacchini. Auch Chiron und Birkin liegen noch gut im Rennen. Noch zehn Runden sind zu fahren. Jetzt merken die Zuschauer, daß Varzi anfängt zu beschleunigen. Er dreht mächtig auf.

25. Runde: Chiron und Birkin fallen zurück. Varzi liegt an dritter Stelle, hinter Nuvolari und Borzacchini.

Da – der Motor von Varzis blauem Bugatti geht unregelmäßig, holpert, rumpelt, bockt. Zwei Zylinder fallen aus. Die Geschwindigkeit sinkt. Kerzenschaden!

Varzi beißt sich auf die Lippen. Verdammt! Das hatte noch gefehlt! Jetzt halten – Kerzen wechseln? Ausgeschlossen. Das würde drei bis vier Minuten kosten, das würde die sichere Niederlage bedeuten. Also – weiterfahren . . .

26. Runde: Zwei Wagen liegen noch vor Varzi. Der Glatzkopf auf der Ehrentribüne wird abwechselnd rot und blaß und zerrt nervös an der Uhrkette. Die Massen jubeln Nuvolari zu.

»Tazio . . . Taziooo!« Der fliegende Teufel aus Mantua legt schnell noch eine Rekordrunde auf den Beton, überdreht fast den Motor, droht Varzi schon zu überrunden.

27. Runde: Borzacchini wird sichtlich nervös. Immer wieder blickt er sich um. Seltsam, seltsam . . .

Wenn Borzacchini den hinter ihm folgenden Varzi fürchtet, warum drückt er dann nicht aufs Gaspedal? Er fährt doch den Wagen nicht voll aus, und Varzis Motor geht – für alle hörbar – sehr unregelmäßig. Seltsam, seltsam . . .

Da geschieht etwas, was einem Meisterfahrer wie Borzacchini eigentlich nicht passieren dürfte: Er schneidet eine Kurve an und streift mit dem linken Vorderrad eine der leeren Öltonnen, die als Markierung aufgestellt sind. Die

Tonne wirbelt durch die Luft. Der Wagen schleudert, Borzacchini steuert gegen, fängt den Wagen ab, bremst...
Mit zerbeulter Karosserie und zerfetztem Pneu rumpelt der rote Alfa vor die Boxen. Borzacchini gibt auf. Trotz allem Pech aber scheint er recht vergnügt, der kleine Mann mit den lustigen Augen.
Die letzte Runde: Nuvolari führt 30 Sekunden vor Varzi. Noch zwei Kilometer bis zum Ziel. Jetzt sehen die Zuschauer das gleiche, was sie schon bei Borzacchini verwundert bemerkten: immer wieder blickt Nuvolari sich um. Dabei kraucht Nuvolaris Verfolger Varzi dahin wie eine lahme Ente...
»Tazio... Tazio!« brüllen zehntausend Menschen im Rhythmus. Sie klettern auf die Bänke, sie schwenken Hüte, Taschentücher. Jetzt taucht der rote Alfa Nuvolaris fern am Anfang der Zielgeraden auf. Tazios kanariengelber Pullover leuchtet.
Da... Der Wagen wird langsamer, ganz langsam... der Motor setzt aus. Nuvolari hält!
Den Zuschauern stockt der Atem. Warum fährt Nuvolari nicht weiter – die letzten paar hundert Meter bis zum Ziel? Sie sehen, wie Nuvolari aus dem Wagen klettert, wie er die Hände ringt, wild umherhüpft und gestikuliert.
»Gasolina!« brüllt er klagend. »Niente Gasolina!«
Kein Benzin...
Mechaniker rennen mit Kanistern von den Boxen heran, kippen Benzin in den Tank. Nuvolari springt wieder hinters Steuer.
Jetzt taucht am Anfang der Zielgeraden der blaue Bugatti von Varzi auf – und dicht dahinter der rote Alfa von Chiron. Aber beide Wagen schleichen hintereinander her wie klapprige Pferdedroschken. Eine groteske Situation!
Wer wird siegen? Varzi? Chiron? Oder doch noch Nuvolari, dessen Wagen gerade wieder angeschoben wird? Man wettet, man fiebert. Die Sanitäter haben Hochbetrieb. Der Dicke mit der Glatze auf der Ehrentribüne springt auf den

Sitz, reißt sich den Kragen auf und brüllt mit überschlagender Stimme: »Varzi! Varzi!«
Noch fünfzig Meter, noch zehn – wie Schnecken krauchen alle drei Wagen nebeneinander her! Das gibt's doch nicht, das ist doch glatt unmöglich, da stimmt doch etwas nicht...
Mit sage und schreibe einer Reifenbreite Vorsprung gewinnt Achille Varzi den Großen Preis von Tripolis vor Nuvolari. Den dritten Platz belegt fast drei Minuten zurück der Engländer Birkin. In der Aufregung hatte man nämlich völlig übersehen, daß Chiron längst überrundet war.
Die Mechaniker heben einen schweißüberströmten, total erschöpften Varzi aus dem Wagen, tragen ihn im Triumphzug auf den Schultern davon. Ein dicker Herr mit schweißnasser Glatze, den niemand kennt, herzt und küßt Varzi, als sei er sein heimgekehrter, verlorener Sohn. Seltsam, seltsam...
Eine Stunde später sitzen in einem Hotelzimmer in Tripolis frisch gewaschen und im Tropenfrack die Signores Varzi, Nuvolari und Borzacchini und leeren selbdritt mehrere Flaschen vom allerfeinsten Champagner.
Der kleine Borzacchini hat Freudentränen in den Augen. »Mein Gott«, stöhnt er, »ich kann's kaum fassen – jetzt bin ich ein richtiger Millionär!«
Varzi nippt an seinem Glas. »Was wirst du mit dem vielen Geld anstellen?«
»Ein Häuschen bauen – für meine Frau und meine Kinder. Mit einem kleinen Garten – und sonst nichts. Da werd ich mich zur Ruhe setzen!«
»Und keine Rennen mehr fahren?« fragt Nuvolari skeptisch.
»Nie wieder! Ich hab die Nase voll. Darauf könnt ihr Gift nehmen...«
Am gleichen Abend beginnt ein großes Raunen und Wispern in den Redaktionen der Sportpresse, in den Büros der Rennleitungen, in den Hotelhallen, in den Werkstätten

und Ersatzteillagern. Man flüstert von Schiebung, von Wettschwindel, von Lotteriebetrug ...

Am nächsten Morgen tritt die oberste Sportbehörde in Tripolis zu einer Sondersitzung zusammen. Der Präsident, ein kleiner Herr mit Pomadenscheitel, hat einen krebsroten Kopf.

»Ein Skandal!« wettert er. »Die Fahrer haben eine Absprache getroffen, daß nur Varzi siegen darf. Sie haben Defekte und Unfälle vorgetäuscht, um ihre Pläne durchzusetzen.«

»Wer ist daran beteiligt gewesen?« will ein Funktionär wissen.

»Mit Sicherheit Varzi, Nuvolari und Borzacchini. Aber es besteht dringender Verdacht auch gegen Campari und Chiron ...«

Der Präsident holt tief Luft. »Ich beantrage, sämtliche beteiligten Fahrer zu disqualifizieren und ihnen sofort die Lizenz zu entziehen!«

Die Kommissare und Funktionäre machen lange Gesichter. Wer soll noch Autorennen fahren, wenn Nuvolari und Varzi, Campari, Chiron und Borzacchini gesperrt sind? Die besten Fahrer, die Europa in jener Zeit besitzt. Der Antrag des Präsidenten fällt unter den Tisch. Ein Verweis ist die einzige Strafe für die Sündenböcke.

In Tripolis aber werden fortan strenge Bräuche eingeführt. Die Ziehung der dreißig Lose wird auf einen Zeitpunkt fünf Minuten vor dem Start verlegt, wenn alle Fahrer in ihren Wagen sitzen. Sie wissen künftig nicht, für wessen Glück sie fahren, welchen armen Schlucker sie durch ihren Sieg zum Millionär machen werden.

Damals, 1933, wurde der große Coup der »Drei Musketiere« Varzi, Nuvolari und Borzacchini mit dem Mantel stiller Nächstenliebe zugedeckt. Und Canestrini, der große italienische Sportjournalist, urteilt heute, 25 Jahre später: »Was wollen Sie? Die Sache war völlig rechtens. Es gab sogar einen notariellen Vertrag. Alles diente nur einem guten Zweck: der Förderung des Motorsports.«

Wenn Sie mich fragen – ich kann die Jungen gut verstehen. Sie riskieren schließlich Kopf und Kragen bei ihren Höllenfahrten. Warum sollen sie da nicht einen schönen Batzen Geld verdienen? Ich jedenfalls gönne es ihnen von Herzen. Achille Varzi hat damals den Millionenbrocken gut verdaut, und auch Nuvolari konnte die Beute von Tripolis gelassen einstecken. Er hatte sich im Laufe der Jahre bereits ein üppiges Bankkonto zusammengesiegt.
Anders der kleine, immer lustige Borzacchini. Er war in Tripolis erstmals im Leben zu dickem Geld gekommen. Seinen Schwur, nie wieder Rennen zu fahren, hat er kaum vierzehn Tage lang gehalten. Dann sitzt er bereits wieder am Steuer eines Maserati und braust mit zweihundert Sachen durch die Geraden.
Später, im Frühherbst 1933, bin ich ihm mal in Mailand begegnet. »Alter Knabe«, frage ich neckend. »Ihre Brieftasche hat, wie ich höre, seit Tripolis die Fettsucht? Was in aller Welt machen Sie eigentlich mit so einem Haufen Geld?«
Verschmitzt kneift er die Äuglein zu. »Ihnen will ich's verraten, Signor Neubauer: Wenn ich allein bin, wenn niemand mich belauscht, dann schließ ich alle Türen ab, laß die Vorhänge herunter – und zähle die Moneten. Und wenn die Tausender alle beisammen sind, dann ...«
»Na, was dann?«
»... dann«, flüstert er, »knips ich den Ventilator an und tanze solo in den wirbelnden Scheinen ...«
Ein paar Wochen nach diesem Gespräch ist der kleine Borzacchini ein toter Mann und wird nie wieder tanzen.

Tunesien

Dieser Vorhof Afrikas liegt dem Zentrum Europas näher als die Randgebiete unseres Kontinents in Ost, West und Nord.

Zusammen mit Marokko und Algerien gehört Tunesien zum »Maghreb«, was soviel wie »islamischer Westen« bedeutet. Tunesien war von allen historischen Ereignissen am meisten betroffen. So wurde es zum Schmelztiegel europäischer und orientalischer Kultur.

Homer schon ließ Odysseus auf einer Insel der Lotophagen, der Lotosesser, anlegen. War es Djerba? Heute landen dort die Touristenjets.

Die nordafrikanische Republik Tunesien hat über sechs Millionen Bürger, die in den drei Städten Tunis, Sousse und Sfax leben, oder in den ungezählten Dörfern und Oasen, die berühmt sind für ihre Datteln – aber auch für das Erdöl.

Tunesien – ein Land, in dem eine Fata Morgana etwas ganz Normales ist, und dessen Reiterspiele, die »Fantasias«, ihresgleichen suchen.

Sindbad des Seefahrers zweite Reise

Wisset, meine Brüder, ich führte, wie ich euch gestern erzählt habe, ein herrliches Leben in lauter Freuden, bis es mir eines Tages wieder in den Sinn kam, in die Welt hinauszufahren. Meine Seele riet mir, Handel zu treiben, Geld zu verdienen und mich in den Ländern und auf den Inseln umzuschauen. Und wie dieser Entschluß bei mir feststand, nahm ich eine große Summe Geldes heraus, kaufte Waren und Sachen für die Reise, ließ alles verschnüren und ging zum Flußufer hinunter. Dort fand ich ein schönes neues Schiff, das mit Segeln aus guter Leinwand bespannt, wohlbemannt und gut gerüstet war. Auf ihm ließ ich meine Lasten verstauen; und desgleichen taten andere Kaufleute.

Noch am selbigen Tage fuhren wir ab, und da wir eine gute Reise hatten, segelten wir ununterbrochen dahin, von Meer zu Meer, von Insel zu Insel. Überall, wo wir anlegten, besuchten wir die Kaufherren und Großen des Reiches, die Käufer und Verkäufer, und wir trieben Handel und tauschten Waren ein.

So ging es eine ganze Weile, bis uns das Geschick zu einer schönen Insel führte, über die sich Baumreihen schlangen, mit reifen Früchten behangen, von Blumendüften umfangen, wo die Vögelein sangen und die klaren Bächlein sprangen. Doch kein Bewohner fand sich an jener Stätte, noch jemand, der ein Feuer angeblasen hätte. Nachdem der Kapitän mit uns bei dieser Insel vor Anker gegangen war, begaben sich die Kaufleute und Reisenden an Land, um sich dort unter den Bäumen zu ergehn und die Vögelein anzusehn; und sie priesen Allah, den Einen, der alle bezwingt, und staunten über die Allmacht des Königs, dessen Gewalt alles durchdringt.

Ich ging damals auch mit den anderen an Land und setzte mich an einen klaren Quell, der unter den Bäumen floß; ich hatte etwas Zehrung bei mir, und so begann ich denn, als ich dort saß, von dem zu essen, was Allah der Erhabene mir zugeteilt hatte. Ein lieblicher Zephir wehte, und mir ward so leicht zumute, daß mich der Schlaf überkam. So ruhte ich denn an jener Stätte, in Schlaf versunken, vom lauen Zephir und süßem Blumenduft umfächelt.

Als ich aber wieder aufstand, fand ich keinen Menschen mehr, kein sterbliches Wesen und keins aus der Geisterwelt; das Schiff war abgefahren, keiner von den Kaufleuten und den Matrosen hatte mehr an mich gedacht, und so hatten sie mich auf der Insel gelassen. Ich wandte mich nach rechts und nach links, aber ich sah niemanden, ich war allein. Da packte mich ein solcher Schrecken an, wie man ihn sich nicht größer denken kann, und fast wäre mir die Galle geplatzt in all meiner Sorge und Trauer und Qual. Ich hatte ja nichts in aller Welt bei mir, auch nichts zu essen oder zu trinken. In meiner Verlassenheit und Seelenqual gab ich mich verloren, und ich sagte mir: ›Nicht alleweil bleibt der Krug heil. Beim ersten Male konnte ich mich noch retten, da ich jemanden traf, der mich von der verlassenen Insel in eine bewohnte Gegend führte; aber diesmal, ach, wie weit, wie weit bin ich davon entfernt, daß ich jemanden fände, der mich in ein Land bringt, da Menschen wohnen!‹ Dann hub ich an zu weinen und über mich zu klagen, bis mich der Zorn übermannte und ich mir Vorwürfe über mein Tun und Beginnen machte, daß ich mich wieder den Mühsalen der Reise ausgesetzt hatte, nachdem ich zu Hause in meiner Heimat ein so geruhiges Leben hatte führen können, erfreut und erquickt durch gutes Essen, Trinken und schöne Kleider, und wo es mir an nichts fehlte, weder an Geld noch an Gut.

Ich bereute es, daß ich die Stadt Baghdad verlassen hatte und wieder auf See gegangen war, trotzdem ich auf der ersten Reise so viel Not durchgemacht hatte; und da ich den Tod vor Augen sah, sprach ich: ›Siehe, wir sind Allahs Geschöpfe, und zu ihm kehren wir zurück!‹ Und ich ward wie ein Wahnsinniger.

Danach aber machte ich mich auf und streifte auf der Insel

umher, nach allen Seiten, und ich vermochte nicht an irgendeinem Orte ruhig sitzen zu bleiben. Schließlich klomm ich auf einen hohen Baum und hielt von oben nach allen Seiten hin Umschau; doch ich sah nichts als Himmel und Meer, Bäume und Vögel, Inseln und Dünen. Als ich aber schärfer ausspähte, erblickte ich auf der Insel etwas Weißes von großem Umfang. Sofort stieg ich vom Baum hinab und ging darauf zu, immer geradeaus, bis ich es erreichte; und siehe, es war eine große weiße Kuppel, die hoch in die Luft emporragte und einen weiten Umfang hatte. Ich trat an sie heran und ging um sie herum, aber ich fand keine Tür in ihr, noch auch hatte ich die Kraft und Gelenkigkeit, hinaufzuklettern, weil sie so überaus glatt war. Darauf machte ich mir ein Zeichen an der Stelle, auf der ich stand, und schritt ganz um die Kuppel herum, weil ich ihren Umfang messen wollte; und es stellte sich heraus, daß er fünfzig starke Schritte betrug.

Als ich nun über ein Mittel nachsann, um in sie hineinzudringen, zumal der Tag schon zur Neige ging und die Sonne sich dem Untergange näherte, da verschwand die Sonne ganz plötzlich, und der Himmel verfinsterte sich. Und weil ich die Sonne gar nicht mehr sehen konnte, so glaubte ich, eine Wolke sei wohl vor sie getreten. Aber es war ja Sommerszeit, und so wunderte ich mich darüber. Ich hob meinen Blick gen Himmel und sah genauer dorthin; und was sah ich da? Einen Vogel von riesiger Gestalt, von gewaltigem Leibesumfang und mit weithin gebreiteten Flügeln, der durch die Luft flog; der war es, der die Sonne verhüllte und ihr Licht von der Insel fernhielt. Nun ward meines Staunens noch mehr, und ich erinnerte mich an eine Geschichte, die mir früher einmal Pilger und Reisende erzählt hatten, daß nämlich auf einer Insel ein riesenhafter Vogel hause, Vogel Ruch geheißen, der seinen Jungen Elefanten als Futter in den Schnabel stecke, und da war ich sicher, daß jene Kuppel, die ich sah, ein Ei des Vogels Ruch sein müsse; und ich bewunderte die Werke Allahs des Erhabenen.

Wie ich aber noch so dastand, kam plötzlich jener Vogel auf die Kuppel herab, breitete seine Schwingen zum Brüten über sie aus, streckte seine Füße hinter sich auf den Boden und schlief ein – Preis sei Ihm, der immer schläft! Da nahm ich meinen Turban vom Kopfe, wickelte ihn auseinander, faltete ihn und drehte ihn zu einem Strick; den legte ich mir eng um die Hüften und band mich mit ihm an die Füße jenes Vogels fest; denn ich sagte mir: ›Vielleicht wird er mich in das Land der Städte bringen, wo Menschen wohnen; das wäre besser, als wenn ich auf dieser Insel sitzen bleibe.‹

Jene Nacht über tat ich kein Auge zu, da ich fürchtete, der Vogel könnte unversehens, wenn ich schliefe, mit mir davonfliegen. Als aber das Frührot aufstieg und der Morgen leuchtete, erhob sich der Vogel von dem Ei und stieß einen lauten Schrei aus. Dann stieg er mit mir gen Himmel empor, immer höher und höher, bis ich glaubte, er habe die Wolken des Himmels erreicht. Darauf ließ er sich langsam wieder hinab und landete mit mir auf dem Erdboden, wo er sich auf den Gipfel eines hohen Berges niedersetzte.

Sowie ich den Boden unter mir fühlte, band ich mich eilends von seinen Füßen los, da ich Angst vor ihm hatte, obgleich er nichts von mir wußte und mich gar nicht spürte. Ich löste also meinen Turban von ihm und befreite mich von seinen Füßen, zitternd vor Furcht, und machte mich auf und davon. Bald darauf aber hob er mit seinen Krallen etwas von der Erde auf und flog damit den Wolken des Himmels zu. Als ich genauer hinsah, erkannte ich, daß es eine Schlange von gewaltiger Länge und mächtigem Leibesumfang war, die er aufgehoben hatte und nun in die Luft emportrug. Der Anblick erfüllte mich mit Grausen. Wie ich dann auf jener Höhe weiterging, entdeckte ich, daß ich auf einer Klippe war, unter der sich ein langes, breites und tiefes Tal hinzog, während auf ihrer anderen Seite ein mächtiges Gebirge so hoch in die Luft ragte, daß wegen der weiten Entfernung niemand seine Spitze sehen konnte; auch vermochte keiner

hinaufzusteigen. Da schalt ich mich selbst wegen dessen, was ich getan hatte, und ich sprach: ›Wäre ich doch auf der Insel geblieben! Die war noch besser als diese öde Stätte; dort auf der Insel hatte ich wenigstens Früchte zum Essen und Wasser zum Trinken, aber hier findet sich kein Baum, keine Frucht, noch ein Bach. Doch es gibt keine Macht und es gibt keine Majestät außer bei Allah, dem Erhabenen und Allmächtigen! Jedesmal, wenn ich dem einen Unheil entrinne, gerate ich in ein noch größeres und schlimmeres.‹
Dennoch faßte ich mir ein Herz und ging in jenes Tal und fand, daß der Boden ganz mit Diamanten bedeckt war; das ist der Stein, mit dem man Erze und Edelsteine, Porzellan und Onyx durchbohren kann, ein harter und spröder Stein, auf dem weder Eisen noch Felsgestein einen Eindruck hinterläßt und von dem niemand etwas abschneiden noch abbrechen kann, es sei denn mit Hilfe des Bleisteins. Aber das ganze Tal war voll von Schlangen und Vipern, von denen eine jede so lang war, wie ein Palmbaum hoch ist, und wegen ihrer Größe einen Elefanten hätte verschlingen können, wenn er dorthin gekommen wäre. Diese Schlangen kommen nur bei Nacht hervor und verbergen sich bei Tage, weil sie fürchten, daß der Vogel Ruch oder die Adler sie packen und zerreißen könnten; warum die das tun, weiß ich nicht.
Ich blieb in dem Tal, voller Reue über mein Tun, und ich sagte mir: ›Bei Allah, ich hatte es eilig, das Verderben über mich selbst zu bringen!‹ Nun ging aber der Tag schon zur Neige, und so schritt ich in dem Tale dahin, um mich nach einer Stätte umzusehen, an der ich die Nacht verbringen könnte. In meiner Angst vor den Schlangen dachte ich nicht an Essen und Trinken, sondern nur an mein Leben.
Da entdeckte ich in der Nähe eine Höhle; auf die ging ich zu, und da ich fand, daß sie einen engen Eingang hatte, so trat ich ein, nahm einen großen Stein, der beim Eingang lag, und schob ihn vorwärts, so daß er den Zugang zu jener Höhle versperrte. Während ich da drinnen war, sagte ich

mir: ›Jetzt bin ich sicher, da ich diesen Ort betreten habe; wenn es wieder Tag wird, will ich hinausgehen und abwarten, was das Schicksal vorhat.‹ Dann schaute ich in das Innere der Höhle hinein, und da sah ich am oberen Ende eine gewaltige Schlange auf ihren Eiern liegen. Ein Grausen lief mir über den Leib, und ich hob mein Haupt empor und stellte meine Sache dem Entscheid des Schicksals anheim. Ich wachte die ganze Nacht hindurch, bis die Morgenröte aufstieg und leuchtete. Dann schob ich eilends den Stein, mit dem ich die Höhle zugesperrt hatte, wieder weg und taumelte hinaus wie ein Trunkener, schwindelnd vor Müdigkeit, Hunger und Schrecken.

Und wie ich so im Tale weiterging, fiel plötzlich ein großes geschlachtetes Tier vor mir nieder, ohne daß ich einen Menschen gesehen hatte. Darüber war ich sehr erstaunt, und nun erinnerte ich mich an eine Geschichte, die ich früher einmal von den Kaufleuten und Reisenden und Pilgern gehört hatte, daß nämlich das Diamantgebirge voll fürchterlicher Schrecken wäre und daß niemand dorthin gehen könne; daß aber die Kaufleute, die mit Diamanten Handel treiben, ein Mittel hätten, um sie zu erhalten; und zwar nähmen sie ein Schaf, schlachteten es und häuteten es ab und zerlegten es, dann würfen sie die Stücke von dem Berge dort in das Tal hinab, und weil das Fleisch noch frisch wäre, so blieben manche von den Steinen daran kleben. Sie ließen es bis zum Mittag dort liegen, und dann kämen die Raubvögel, Adler und Geier, zu den Fleischstücken, packten sie mit ihren Krallen und flögen auf den Gipfel des Berges; darauf liefen die Kaufleute mit lautem Geschrei herbei, die Vögel flögen von den Fleischstücken fort, und so könnten die Männer näher herankommen und die Steine, die an dem Fleische klebten, abnehmen. Dann pflegten sie das Fleisch den Raubvögeln und wilden Tieren zu überlassen und ihre Diamanten mit nach Hause zu nehmen. Niemand aber könne an die Diamanten anders als durch diese List herankommen.

Als ich jenes geschlachtete Tier erblickte, erinnerte ich mich an diese Geschichte, und so ging ich rasch an das Tier heran, ergriff eine Menge von den Steinen und tat sie in meinen Busen und zwischen meine Kleider, ja, ich griff immerfort zu und steckte sie in meine Taschen, meinen Gürtel, meinen Turban und in alle Falten meiner Kleidung; und wie ich noch damit beschäftigt war, fiel eine zweite große Fleischmasse herab. An die band ich mich mit meinem Turban fest, streckte mich auf dem Rücken aus und legte das Fleisch auf meine Vorderseite, indem ich mich daran festhielt, und so lag es etwas höher über der Erde. Da kam auch schon ein Adler heruntergeflogen, packte das Fleisch mit seinen Krallen und schwebte damit in die Luft empor, während ich daran festhing. Bis zum Gipfel des Berges flog er dahin; dort setzte er sich nieder und wollte darauf loshacken. Aber da erscholl plötzlich ein gewaltiger Lärm hinter dem Adler, Geschrei und Gerassel von Hölzern, die gegen den Fels geschlagen wurden. Der Adler erschrak darob und flog in seiner Furcht hoch empor, ich aber machte mich von dem Fleische los; und während ich mit blutbesudelten Kleidern neben dem toten Tiere stand, kam plötzlich der Kaufmann, der hinter dem Adler geschrien hatte, herbeigelaufen.
Wie der meiner gewahr wurde, sagte er kein Wort zu mir, sondern ward von Furcht und Entsetzen gepackt. Dennoch trat er an das Fleisch heran, drehte es um, und als er keinen Stein daran fand, schrie er laut auf: ›O welche Enttäuschung! Es gibt keine Macht und es gibt keine Majestät außer bei Allah! Wir nehmen unsere Zuflucht zu Allah vor Satan, dem Gesteinigten!‹ In seinem Gram schlug er die Hände zusammen und rief: ›O, welch ein Jammer! Was bedeutet das?‹ Darauf ging ich zu ihm heran; und er fragte mich: ›Wer bist du? Was führt dich an diese Stätte?‹ Ich gab ihm zur Antwort: ›Erschrick nicht! Hab keine Furcht! Ich bin ein menschliches Wesen, ein guter Mensch. Ich bin ein Kaufmann. Doch ich habe viel durchgemacht und wunder-

same Abenteuer erlebt; auch was mich zu diesem Berge und in jenes Tal geführt hat, ist seltsam zu berichten. Sei doch nicht ängstlich! Dir soll Freude von mir zuteil werden; ich habe eine Menge von Diamanten bei mir, und ich will dir so viele davon abgeben, daß du genug hast. Jedes Stück, das ich habe, ist besser als das, was du sonst hättest erhalten können. Drum hab keine Furcht noch Angst!‹

Da dankte der Mann mir und betete um Segen für mich und begann mit mir zu plaudern. Als nun die Kaufleute hörten, wie ich mit ihrem Genossen redete, kamen sie herzu; jeder von ihnen aber hatte bereits ein Stück Fleisch hinuntergeworfen. Wie sie vor uns standen, begrüßten sie mich und beglückwünschten mich zu meiner Rettung. Und während sie mich mitnahmen, erzählte ich ihnen meine ganze Geschichte, alles was ich auf meiner Reise erduldet hatte und wie ich schließlich zu dem Tale dort gekommen war. Dann gab ich dem Eigentümer des Fleisches, an das ich mich festgebunden hatte, eine Menge von den Steinen, die ich bei mir trug. Darüber freute er sich, und er segnete mich und dankte mir dafür. Die Kaufleute aber sagten: ›Bei Allah, dir war ein neues Leben vorherbestimmt. Vor dir ist noch nie jemand an jene Stätte gelangt und mit dem Leben davongekommen; doch Allah sei Preis für deine Rettung!‹

Die Nacht über rasteten wir an einem sicheren und schönen Orte; denn ich blieb bei ihnen, hocherfreut, daß ich aus dem Tale der Schlangen unversehrt entkommen war und mich nun wieder in bewohntem Lande befand. Als es Tag wurde, brachen wir auf und stiegen über jenes hohe Gebirge, und dabei sahen wir die vielen Schlangen in jenem Tale. Wir zogen immer weiter dahin, bis wir zu einem Garten auf einer schönen, großen Insel kamen. Dort standen Kampferbäume, von denen ein jeder so groß war, daß in seinem Schatten hundert Menschen Obdach finden konnten. Wenn jemand aus ihm Kampfer gewinnen will, so bohrt er mit einer langen Stange oben im Baume ein Loch und nimmt in Empfang, was daraus herunterkommt; der flüssige Kampfer, das ist der Saft des Baumes, fließt nämlich daraus hervor und verdickt sich nachher wie Gummi. Danach trocknet der Stamm aus und wird als Brennholz benutzt. Auf jener Insel gibt es auch ein Tier der Wildnis, das Nashorn genannt wird. Es weidet dort, wie in unserem Lande die Kühe und die Büffel weiden; es ist aber an Gestalt noch größer als ein Kamel, und es nährt sich von Gras und von Blättern der Bäume. Ein seltsames Ungeheuer ist es; denn es hat ein dickes Horn mitten auf dem Kopfe, das wohl zehn Ellen lang ist und in dem sich das Bild eines Menschen befindet. Es gibt aber auf jener Insel auch eine Art von Rindern. Seeleute, Reisende und Pilger, die über Berg und Tal ziehen, haben uns erzählt, daß dies Nashorn, wie man es nennt, einen großen Elefanten auf seinem Horn davontragen kann und dann auf der Insel und am Ufergelände weiterweidet, ohne etwas davon zu bemerken; dann verendet jedoch der Elefant auf dem Horn, und sein Fett, das in der Sonnenhitze schmilzt, fließt dem Nashorn auf den Kopf und dringt ihm in die Augen, so daß es blind wird und sich am Strande niederlegen muß. Darauf kommt der Vogel Ruch herbei, hebt es mit seinen Fängen hoch und bringt es seinen Jungen; denen steckt er es samt dem Elefanten, der auf seinem Horne aufgespießt ist, in den Schnabel. Ferner sah ich auf jener Insel viele Büffel von einer Art, wie sie bei uns nicht vorkommt. Nun hatte ich ja aus dem Tale viele Diamanten mitgebracht, die ich in meiner Kleidung geborgen hatte; und von denen tauschten mir die Leute einige ein gegen Waren und Erzeugnisse ihres Landes, die sie mir brachten; andere Leute gaben mir auch Goldstücke und Silbergeld dafür. Dann zog ich mit den Kaufleuten immer weiter dahin, indem ich mir die Länder der Menschen und die Schöpfung Allahs ansah, von Tal zu Tal und von Stadt zu Stadt; und wir trieben derweilen auch Handel, bis wir zur Stadt Basra kamen. Dort blieben wir einige Tage, und schließlich setzte ich meine Reise nach Baghdad, dem Hort des Friedens, fort.

Dort begab ich mich in mein Stadtviertel und betrat mein Haus, reichbeladen mit Diamanten, Geld, Waren und Gütern, die sich sehen lassen konnten. Alsbald versammelten sich auch die Meinen und die Freunde bei mir, und ich verteilte Spenden, Gaben und Geschenke mancherlei Art an alle Verwandten und Bekannten. Ich begann wieder, gut zu essen, gut zu trinken, mich schön zu kleiden und mich zu den Freunden zu gesellen. Ich vergaß alles, was ich durchgemacht hatte, und lebte heiter und sorglos in den Tag hinein, und mein Herz erfreute sich an Scherz und Saitenspiel. Und jeder, der von meiner Heimkehr hörte, kam zu mir und fragte mich, wie es mir auf der Reise ergangen sei und wie es in den fremden Ländern aussehe. Dann konnte ich ihnen viel von dem erzählen, was ich alles erlebt und durchgemacht hatte; und die Leute staunten ob meiner gefährlichen Abenteuer und wünschten mir Glück zu meiner sicheren Heimkehr.
Dies ist nun das Ende von dem, was mir auf meiner zweiten Reise widerfahren und begegnet ist; morgen werde ich euch, so Allah der Erhabene will, erzählen, wie es mir auf meiner dritten Reise erging.«

Ivar Lissner
Mächtig aber war Karthago

»Jetzt gibt es keinen Fortschritt mehr«, sagten die Menschen, »wir haben den Gipfel des Wissens, des Erkennens und Erfindens erreicht!«
Es war im Jahre 300 v. Chr.
Berossos, babylonischer Priester, Historiker, Astrologe und Astronom, baute eine riesige Sonnenuhr. In der »Bunten Halle« zu Athen debattierten die Stoiker über den Sinn des Lebens und über die Tugend, diese einzige Quelle des

Glücks. Der Grieche Aristarch erkannte, daß die Sonne Mittelpunkt unseres Planetensystems ist, ja, er hatte noch eine größere Entdeckung zu melden: die Erde dreht sich nicht nur um ihre eigene Achse, sondern jagt auch noch im Kreise um den Sonnenball. Der Ägypter Manetho, Priester und Geschichtsforscher, bemühte sich, dem Abendlande die einst große Geschichte Ägyptens nahezubringen. In Rom jubelte das Volk, daß das Forum erdröhnte, denn von nun an konnten auch die Plebejer jede Staatsstellung bekleiden. Und rätselhafte Menschen fielen in römisches Gebiet ein, plünderten und ließen sich in Norditalien nieder. Das waren die Kelten. In Mitteleuropa aber zog man mit einer unheimlichen Erfindung über die Felder, mit einem Pflug aus Eisen und runden Dingern daran, den ersten Rädern des abendländischen Nordens. 300 Jahre vor Christus!

Auf den Terrassen ihrer sechsstöckigen Hochhäuser saßen die Karthager, tranken Wein von der Insel Samos und fühlten sich als die Herren der Welt. Noch reicher, noch mächtiger, noch herrlicher zu sein, schien ihnen unmöglich. Ja, der Gipfel des Fortschritts war erreicht.

Italien und die Insel Sizilien teilen das Mittelmeer in eine östliche und eine westliche Hälfte. Dort, wo Nordafrika sich am nächsten an die Insel Sizilien heranschiebt, liegt der Golf von Tunis. Und in dieser nordafrikanischen Bucht, 20 Kilometer von der modernen Stadt Tunis entfernt, ragte immer ein Hügel aus der Landschaft am Meer. Heute befindet sich auf dieser Höhe das französische »Kloster der Weißen Väter«, die St.-Louis-Kathedrale und ein archäologisches Museum, das Schätze des untergegangenen Karthago enthält, die Vater Delattre ausgrub.

Unsere Worte »Bursche« und »Börse« besitzen eine interessante Ahnenreihe. »Byrsa« bedeutete einst in der griechischen Sprache »Leder« oder »lederne Geldbörse«.

Später nannte man auch den Platz, wo gehandelt wurde, »Byrsa«.

Es ist darum kein Wunder, daß der Kern der größten Handelsstadt am Mittelmeer, der Kern Karthagos, »Byrsa« war. Byrsa hieß der Hügel, die Zitadelle von Karthago, der älteste Stadtteil dieser erstaunlichsten Metropole der Alten Welt. Hier oben fand man auch die ältesten »punischen« Gräber. Denn die Karthager waren Punier. Es sind die gleichen Menschen, die man »Phönizier« nennt oder »Poeni« nach dem Adjektiv »punicus«. Es sind die gleichen Menschen, die ihre Urheimat »Chanaan« nannten, nach dem Kanaan der Bibel. Es sind Semiten, deren älteste Hauptstädte Tyros und Sidon waren. Phönizische Kolonisten aus der Stadt Tyros gründeten um 800 v. Chr. ihre neue Stadt Karthago. Tatsächlich heißt Karthago »Neustadt«.

Wer nach Tunis kommt, sollte einmal die 20 Kilometer an die See fahren und auf den nur 60 Meter hohen Hügel Byrsa steigen. Es lohnt sich, dort ein wenig Ausschau zu halten. Man erkennt sofort, wie entscheidend Karthago das Meer beherrscht haben muß, das gewellte Hinterland bis hinunter nach Tunis und den See von Tunis, jetzt eine Salzlagune.

Der Grieche Polybios, der um 150 v. Chr. eine Weltgeschichte in 40 Büchern verfaßte, nennt Karthago die reichste Stadt der Welt. Karthago war der wichtigste Handelsplatz der Phönizier. Karthago besaß große, gegen jeden Sturm beschützte Häfen. Und auf dem Hügel Byrsa grub man 20 Meter hohe Mauern aus. Die Stadt beherrschte die ganze nordafrikanische Küste von Ägypten bis nach Gibraltar, beherrschte Südspanien, die Inseln Sardinien, Korsika und Westsizilien. Von Sizilien bis Gibraltar war das Mittelmeer eine »Karthagische See«. Durch die Speicher der karthagischen Kaufleute gingen das Gold und die Perlen des Ostens, der typische Purpur, das Elfenbein, die Löwen- und Pardelfelle aus dem Innern Afrikas, der arabische Weihrauch, das Leinen Ägyptens, Griechenlands Tongeschirr und blumige Weine, das Kupfer aus Cypern,

Silber aus Spanien, Zinn aus England, Eisen von Elba. War es ein Wunder, daß Karthago Weltmacht wurde? Die Schiffe der Karthager steuerten weit in den Atlantik hinein. Ja sie liefen die Kanarischen Inseln an und wahrscheinlich auch die Azoren: Atlantis!

Um 300 v. Chr. waren die Bürger in den Straßen von Karthago abgeklärte, weise, man möchte fast schon sagen, etwas übersättigte Menschen, denn ihre Stadt blickte auf ein halbes Jahrtausend blühender Entwicklung zurück. Es war eine Metropole, die jeden Fremden mit Staunen erfüllte. Großartige Marmortempel mit goldenen und silbernen Säulen, vergoldete Statuen, von griechischen Bildhauern geschaffen, die größten Hafenanlagen der damaligen Welt, Werften und Docks, Schuppen, Werkstätten, Fabriken! Die herrliche Kathedrale von Pisa wurde aus Marmorblöcken errichtet, die man von den Ruinenfeldern Karthagos nach Italien schaffte. Es gab Aktiengesellschaften in Karthago. Man hatte hier die modernste Finanzwirtschaft des Altertums entwickelt. Man kannte Staatsanleihen. Man erfand das erste Geld, das dem Stoff nach wertlos war. Man hatte reichgefüllte Zeughäuser. Man kannte den Maschinenbau und produzierte Waffen, vielleicht die erste »moderne« Artillerie. In den Kasematten von Karthago befanden sich Stallungen für 300 Elefanten. Auf dem Markt der Stadt wurden die stärksten Negersklaven und die schönsten Sklavenmädchen Afrikas verkauft. Der fruchtbare Boden Libyens gehörte karthagischen Plantagenbesitzern. Gefesselte Sklaven hatten hier das Land zu bestellen. Einzelne Bürger besaßen 20000 solcher »Onkel Toms«.

Villen und Paläste gab es in Karthago, Wohnungen und Büros, die in Hochhäusern untergebracht waren. Ein rechtwinkliges Straßensystem wie das von Manhattan! Jeder Straßenblock hatte die Größe von 33 mal 125 Metern. Diese erstaunliche Symmetrie vieler Straßenzüge wurde durch Ausgrabungen offenbar. Im Kriegshafen von Karthago fan-

den 220 Schiffe Platz. Im Mittelpunkt dieses Hafens lag eine Insel, und der punische Admiral übersah seine ganze Flotte bequem von diesem Zentrum aus.
Wenn es jemals eine »Plutokratie« gab, eine Herrschaft also der Reichen, dann war Karthago das Muster einer solchen Staatsform. Die wohlhabendsten Familien machten die Gesetze und führten die Politik. Zwei Präsidenten wurden alljährlich gewählt. Sie wußten seit Jahrhunderten, daß Gold und Silber jeden Krieg entscheiden. Für Gold und Silber baute man Schiffe, warb man Ausländer als Soldaten an, Söldner, die sich für die reichen Herren von Karthago den Kopf abschlagen ließen, gewann man Seeschlachten, ohne selbst bei diesem unangenehmen Handwerk größeren Gefahren ausgesetzt zu sein. Einige wohlhabende Familien stellten die Admirale, aber die Millionäre von Karthago blieben lieber zu Hause, tranken griechischen Wein von der Insel Samos auf ihren herrlichen Terrassen und Dachgärten, ließen sich von Sklavenmädchen Kühlung zufächeln, bewunderten die purpurnen Kleider ihrer eleganten Damen, die nur Stoffe verarbeiten ließen, die ein Traum für die Begriffe der damaligen Mittelmeerwelt waren.
Ja, Karthago war die reichste Stadt der Welt. Man glaubte an Gold. Nur dann, wenn den Weltherrschern in ihren Turmhäusern größere Gefahr drohte, war man zu Opfern, die über das Geld hinausgingen, bereit: Dann verbrannten die Karthager ihre Kinder, um den Hunger der Göttin Tanit zu stillen und um den Gott Baal-Moloch zu besänftigen. Im großen und ganzen aber kannten die Karthager bessere Mittel, einen Krieg zu gewinnen, als diesen süßlichen Opferrauch, der so manche Familie in der Stadt mit Bangen erfüllte. Sie bauten auf den Mut von angeheuerten Barbaren, auf große Herden von Kriegselefanten, auf ihre herrliche Flotte, auf Gold und nochmals Gold.
Wie aber kam die Großhandelsstadt zu klingender Münze? Sehr einfach: Die Schiffe fremder Länder und besonders

die Schiffe Roms durften mit Karthago Handel treiben, nicht aber mit Karthagos Kolonien. Dadurch gingen alle Waren durch die Bücher dieser schlauen Stadt, und zwar auf der »Haben«-Seite. Schiffe, die das direkte Handelsverbot nicht beachteten, wurden von den Karthagern gekapert, ihre Mannschaft über Bord geworfen. Ein karthagischer Admiral sagte mit Stolz: »Ohne unsere Einwilligung können die Römer im Mittelmeer nicht einmal ihre Hände waschen.«
Drei Kriege wurden zwischen Karthago und Rom ausgefochten. Es sind die berühmten »Punischen Kriege«. Für die damalige Zeit waren es Weltkrieg I, Weltkrieg II und Weltkrieg III. Die drei Kriege erstreckten sich über einen Zeitraum von 119 Jahren. 264 v. Chr. begann das blutige Spiel. 146 v. Chr. war es zu Ende: Karthago wurde zerstört. Es wurde römische Provinz in Afrika.
Waren die Karthager feige?
Hatte diese Stadt der Händler keine Helden?
Die Seefahrt über die damals bekannten und noch unbekannten Meere der Welt erforderte tapfere Herzen, und daß es solche Herzen unter den Phöniziern gab, haben sie immer und immer wieder bewiesen. Diese Semiten – Mommsen bezeichnet sie als »Aramäer« – »haben mit einer Hartnäckigkeit, welche kein indogermanisches Volk je erreichte, ihre Nationalität gegen alle Lockungen der griechischen Zivilisation wie gegen alle Zwangsmittel der orientalischen und abendländischen Despoten mit den Waffen des Geistes wie mit ihrem Blut verteidigt.«
Was den Karthagern fehlte, war Mangel an staatlicher Organisation. In der Bibel, im »Buch der Richter«, lesen wir: »Ruhig lebten sie nach der Art der Sidonier, sicher und wohlgemut und im Besitz von Reichtum.« Die Menschen, die den ersten Punischen Krieg erlebten, die Menschen, die noch im zweiten Punischen Krieg kämpften, waren längst im Himmel, vielleicht auch in der Hölle, als Rom endlich siegte.

Wie kam es überhaupt zum Kriege?
Die Stadt Messina auf Sizilien brachte den Anlaß. Der römische Tribun Cajus Claudius landete hier, verhaftete den karthagischen Feldherrn Hanno, und die Karthager erklärten den Römern nach langem Zögern den Krieg.
Der römische Senat wußte natürlich gleich, daß Einmischung auf Sizilien Krieg mit Karthago bedeuten konnte. Aber die Kriegspartei in Rom gewann die Oberhand, und so begann ein Kapitel blutigster Weltgeschichte, das mit der Herrschaft Roms im Mittelmeer endete.
Die Karthager waren zu jener Zeit allen Ländern der Welt im Schiffsbau überlegen. In Karthago baute man Schiffe mit fünf Ruderverdecken. Diese Fünfdecker wurden von Ruderern bewegt, die karthagische Staatssklaven waren. Vortrefflich geschult waren diese Männer. Ihre Kapitäne waren furchtlos und gewandt.
Die Römer waren damals noch fast ein Bauernvolk. Sie wußten nicht, wie man ein Kriegsschiff baut. Ein damals modernes Kriegsschiff war für die Römer so etwas wie eine »Fliegende Untertasse«. Eines Tages aber fanden sie eine »Fliegende Untertasse«. Es war ein karthagisches Schiff, das auf römischen Strand lief. Dieses Wrack diente als Modell. Und nun fielen die ersten römischen Wälder. In kurzer Zeit wurden 120 Galeeren gebaut, jede mit 300 Ruderern und 120 Soldaten bemannt.
Seeschlachten wurden damals gewonnen, indem man die feindlichen Schiffe rammte. Diese Taktik erforderte Erfahrung. Und Erfahrung zur See mangelte den Römern. Sie kamen daher auf die vielleicht größte Erfindung ihrer Geschichte. Am Vorderteil ihrer Galeeren brachten sie »fliegende Brücken« an, die man nach vorn wie nach beiden Seiten herunterlassen konnte. Fuhr das feindliche Schiff zum Stoß auf die römische Galeere heran, so schlugen die Römer die Brücke auf das feindliche Verdeck, und diese Brücke saß fest mittels eines eisernen Stachels im verhaßten feindlichen Holz. Die Karthager, nur im Ram-

men geschult, hatten an Bord etwa 300 Ruderer und nur zehn Soldaten. Die Römer jagten Haken in das feindliche Deck, und dann liefen etwa 120 Legionäre über den Laufsteg und kämpften mit dem Schwert. Die Seeschlacht von Mylac – 260 v. Chr. – war daher für die Römer eine Art »Landschlacht«. Das Datum ist so wichtig, denn hier errang Rom – wenn man so will – seinen ersten großen Seesieg.

Nach und nach verloren die römischen Admiräle aber dennoch eine Flotte nach der anderen. Schließlich starrten 700 römische Schiffe und 200000 Mann aus hohlen Augen auf den Meeresgrund. Rom raffte sich nochmals auf, baute mit letzter Kraft eine neue Flotte, besiegte die Punier, und Karthago kapitulierte. Nach dem ersten Punischen Krieg, der 24 Jahre gedauert hatte, schloß man 241 v. Chr. Frieden. Karthago zahlte 3200 Goldtalente, eine phantastische Summe, die etwa 20 Millionen Goldmark entspricht. Alle Besitzungen Karthagos auf Westsizilien wurden von Rom übernommen. Karthago schien erledigt. Seine Seemacht war gebrochen. Meuterei färbte den Himmel über der Hochstadt Karthago in gespenstisches Rot. Schließlich begann man wieder, Ordnung zu schaffen. Man wollte wieder Wein trinken auf den abendlich kühlen Terrassen ...

Karthago hatte einen General. Der hieß Hamilcar. Er hatte die Meuterei unterdrückt, setzte selbstherrlich nach Südspanien über und begann dort, Karthagos Besitzungen zu festigen und zu erweitern. Die spanischen Silberminen lieferten das nötige Geld.

Im Jahre 237 v. Chr. sehen wir neben dem Generalissimus Hamilcar einen kleinen Jungen. Es ist Hamilcars Sohn. Neun Jahre ist er alt. In die Hand des Vaters schwört er, »niemals Roms Freund zu sein«. Es ist der Schwur seines Lebens, ein Schwur, den Hannibal niemals brach.

Hamilcar stirbt. Und der junge Hannibal erlebt einen Aufstieg wie kein Karthager vor ihm. Mit 20 Jahren ist er

Reitergeneral, mit 25 Jahren oberster Befehlshaber der karthagischen Armee in Spanien. Er unterwirft große Gebiete und belagert schließlich Sagunt. Römische Gesandte hatten Hannibal gewarnt, denn Sagunt, südlich vom Ebro, war eine Art »römischer Interessensphäre«. Die Stadt hatte mit den Römern einen Defensiv-Pakt geschlossen. Nach acht Monaten Belagerung fällt Sagunt in Hannibals Hand. Eine römische Gesandtschaft erschien in Karthago und forderte Genugtuung. Der Sprecher der Römer raffte sein Gewand zusammen und erklärte, er halte darin Frieden und Krieg. Karthago solle selbst wählen. Die klugen Karthager antworteten, man überlasse die Wahl den Römern. Der Römer war wohl kein guter Diplomat: Er bot den Krieg an. Die Karthager nickten. Und so kam es zum zweiten Punischen Krieg.

Rom verschiffte Truppen nach Spanien und machte sich daran, auch Karthago anzugreifen.

Hannibal, der Karthager, faßte einen noch kühneren Plan. Mit kampferprobten Veteranen marschierte er durch Spanien, über die Pyrenäen, durch Südfrankreich und schließlich sogar über die Alpen nach Italien. Mit Elefanten! Tausende seiner Soldaten, die nur das warme Klima Spaniens und Afrikas gewohnt waren, kamen durch Kälte und Hunger auf den hohen Alpenpässen um. Aber schließlich erreichte Hannibal mit der Hälfte seiner Armee die Po-Ebene.

Dieses »Hannibalische« Unternehmen ist eine der interessantesten militärischen Leistungen der Weltgeschichte. Modern würde man sie als das »Meisterstück eines General-Quartiermeisters« bezeichnen.

Hannibals Alpenübergang ist von Geographen, von Historikern, von Militärfachleuten und von Völkerkundlern viel diskutiert worden. Wir wollen uns darum die Mühe machen, den großen Reitergeneral, Organisator und Strategen hoch hinauf auf den schneebedeckten Sankt-Bernhard-Paß zu begleiten.

Alfred Kerr
Tunesischer Glanz

I.

Manches hab' ich in Tunesien geliebt. Am meisten den Halfaouine-Platz mit meinen Freunden, den Koranfrommen, die nichts von mir gewußt.
Manches hab' ich in Tunis geliebt, in Frühlingswochen.
Manchen Klang vernahm ich, durch dunkle Gassen, bergige, schleichend am Abend.
Einmal war es Hochzeitslärm, hinter Mauern, daß plötzlich das Herz schlug und schluchzte.
Gesang.
Fremde Seelen, armes Glück, doch Menschenglück. Jubelnd zugleich, schauerlich zugleich; hinter den Wänden. Es klingt wie ein Wehgeheul – daß man erzittert.

II.

Frühlingswochen. Tagsüber im Araberviertel. Zwischendurch von einem Araber ins Haus mitgenommen.
Von der Decke herab hängt ein kleiner Holzkäfig, darin singt eine grüne Grille.
Sie wird wie ein Vogel gehalten.

III.

Manche Jüdin sah ich, in bauschig-weißseidnen Hosen; hinanwandelnd; daneben die junge Tochter mit schönen, tiefen Menschenaugen, in heutiger Tracht.
Manchmal drei Weiber, drei Alte, nebeneinander in weiten weißen seidenen Hosen; hinanwandelnd.

IV.

Selig, wenn man um die neunte Stunde mit erhitzten Wangen die Abendluft Afrikas hier atmet; und still auf den Halfaouine-Platz eilt, wo die weißbärtigsten, edelsten, friedvollsten Araber bei Laternenschein in Palmennähe platt auf dem Erdboden sitzen, ein Spielchen machen; nicht ohne hierbei Früchtewasser zu trinken.

V.

Und am nächsten Morgen fährt man wieder hinaus ans Meer – klimmt auf jenen Hügel, unter dem Karthago bestattet liegt; äugt in die alten Puniergrüfte; nimmt ein Stück von einem Schädel mit, vielleicht von Hannibals Schädel; kauft dann den Mönchen ein altes punisches Totenlampel ab, wie sie den Verstorbenen zu jener grauen Zeit ins Grab gegeben wurden. Totenlampel? Noch atmet man...

Und kehrt in einem seltsam blauen Dämmer des Vorabends nach der Stadt Tunis zurück, in das Getrieb', mit Moscheen und gallischen Kaffeehäusern: um vor dem Einschlafen an die Fahrt nach einem weißen, ganz hoch gelegenen Araberdorf glücklich zu denken.

Am nächsten Tag soll sie sein.

VI.

Am nächsten Tag ist sie.

Ein Dorf mit einem Leuchtturm – an jener Flut, über die Scipio Africanus (halb Sorgen, halb Jubel im Herzen) gefahren ist. Der ist auch tot...

Und hieß das Dorf nicht Sidi-Bu-Said? Und weißt Du noch, wer mit war? Wie Du oben standest in dem hoch klebenden, weißen Felsenorte der Araber, wo sie für sich sind –? Mit weißen schweigenden Hausungen, zwischendurch mit einer weißen Eikuppel im Grün, welches ein Heiligtum ist oder Marabu.

Weißt Du noch? Wie Du vom Turm über das Meer sahst? (Und es war ein arabischer Leuchtturmwächter dabei?)

VII.

...Nichts aber so schön, wie die Abende blieben auf dem Halfaouine-Platz. Unter den unbekannten Freunden, den weißbärtig-edlen, bei Laternenschein, in Palmennähe, wenn die Kühlung gekommen war.

Manfred Schmidt

Mit Frau Meier in die Wüste

Tunesien ist ein fortschrittliches Staatswesen. Das merkte ich bereits auf dem Schiff, das Neapel mit Nordafrika verbindet: Ein tunesischer Passagier in schneeweißem Burnus verlangte vom Steward eine Spesenquittung mit Stempel und Datum für die Steuer.
Als der Dampfer frühmorgens im Hafen von Tunis anlegte, kamen zunächst, wie in allen Häfen der Welt, die amtlichen Ordnungshüter an Bord, um nach uralten Riten die Paßkontrolle vorzunehmen.
Die Herren trugen tadellose Maßanzüge oder sehr elegante Uniformen. Sie etablierten sich im Speisesaal an einem langen Tisch, auf dem die Pässe sämtlicher Fahrgäste sauber aufgestapelt lagen. Durchglüht von dem amtlichen Irrglauben, daß böse Menschen an schlechten Pässen zu erkennen sind, machten sie sich an ihre verantwortungsvolle Arbeit.
Ein italienischer Steward rief die Namen der Passagiere auf, deren Paß dran war. Es waren viele fremdländische darunter. Sogar eine thailändische Prinzessin schien an Bord zu sein: Immer wieder rief der Steward den seltsamen Namen »Skimidit«, der fast so schön wie »Sirikit« klang und eine dufte Blume des Orients vermuten ließ. Leider meldete die Prinzessin sich nicht, wahrscheinlich wollte sie dem Zollbeamten eine Privataudienz in ihrer Luxuskabine gewähren.
Als alle Passagiere (bis auf mich) abgefertigt waren, rief der Steward noch einmal »Skimidit!« Da erkannte ich in seiner

Hand meinen Paß. Im Italienischen wird »Sch« wie »Sk« ausgesprochen, und die vielen Konsonanten in »Schmidt« konnte der brave Italiener nur durch »i«-Einschieben bewältigen.
An der Gangway überreichte mir eine wunderschöne Orientalin in einem sehr schicken marineblauen Schneiderkostüm einen amtlichen Prospekt des tunesischen Verkehrsbüros. Mit diesem Fremdenführer in der Tasche ging ich durch die Zollhalle, wies den Kofferinhalt vor und gelangte auf die Straße. Weit und breit kein Taxi. Im Schatten aufgestapelter Dattelkisten setzte ich mich auf meinen Koffer, wartete und blätterte im Führer. Auf der ersten Seite stand:
»So schwierig es manchmal sein kann, den Reiz, der von einem jungen Mädchen ausgeht, in Worte zu fassen, so schwierig ist es, den Zauber Tunesiens zu schildern.«
War dieser blumige Satz als Warnung an herumreisende Reporter zu verstehen? Im Moment war ich nur für die Reize eines Taxameters ansprechbar.
Ein Wasserhändler kam die sonnendurchglühte Straße entlang. Er sah genauso aus wie die Wasserträger in amerikanischen Bibelverfilmungen und trug seine Ware in einer aufgeblasenen ehemaligen Ziege an einem Strick über der Schulter. Am einen Ende der Ziege war ein Messinghahn befestigt, aus dem das wertvolle Naß in einen verbeulten Blechbecher lief. Der bärtige Alte hielt mir den Becher hin, doch von Europens Bakterienfurcht angekränkelt, wich ich zurück. Da kam die schicke Dame wieder vorbei, die mir vorhin den Prospekt überreicht hatte. Sie nahm den Becher, setzte ihn an ihre im schönsten Pariser Rouge leuchtenden Lippen, trank, zahlte und ging. Nun konnte ich dem Wasserhändler natürlich nicht mehr nein sagen. Obgleich der Verdacht nicht von der Hand zu weisen ist, daß die Dame den Becher im Dienste der Fremdenverkehrswerbung leerte.
Auf die Frage, wann man hier draußen am Hafen mit der

Vorbeifahrt eines Taxis rechnen könnte, antwortete die biblische Gestalt in der Sprache Voltaires. Seinen Worten war zu entnehmen, daß die Taxen in Tunis von Allah betrieben werden, wenn auch formell eine städtische Gesellschaft dafür zuständig ist. Inzwischen aber war durch die Sonne, die ungewohnte Umgebung und vielleicht auch durch das Wasser aus dem Ziegensack etwas von der berühmten orientalischen Gelassenheit über mich gekommen.

Ich schlug den Führer wieder auf und las weiter: »Man begeistert sich mit Recht an dem goldenen Licht der Sonne, der Azurfarbe des Himmels und des Meeres, die zu jeder Jahreszeit das Land zärtlich umhüllen und ihm die Süßigkeit des Lebens verleihen, die den Lauf der Zeit vergessen läßt und dem Alltag einen tieferen Sinn und Lebensinhalt gibt.«

Welch herrlicher Satz von orientalischer Pracht und Lieblichkeit! Und das in einem Prospekt, der auf deutsch und für Deutsche geschrieben war! Das tunesische Verkehrsbüro hatte bestimmt keinen erfahrenen deutschen Werbefachmann zugezogen. Der hätte den schönen Satz rücksichtslos gestrichen und durch den der deutschen Mentalität entgegenkommenden Slogan ersetzt:

Tunis – ein neues Reisegefühl
für repräsentative Menschen von Geschmack!

Endlich gefiel es Allah, eine seiner Droschken vorbeikommen zu lassen. Es war ein Kleinstwagen französischer Bauart mit einem hünenhaften Berber am Steuer. Hinter dem Ohr trug der Wüstensohn einen Strauß Orangenblüten, deren betäubender Duft mich in eine milde Trance versetzte, die bis zum Hotel anhielt.

Als Fahrpreis verlangte der Hüne nur den Betrag, den die Taxameteruhr anzeigte. Wenn man vorher in Neapel war, wo jeder Taxifahrer den von der Uhr angegebenen Betrag

mit einem selbsterdachten Index multipliziert, fühlt man sich in Tunis wie in einer Hansestadt.
Der Hotelportier trug eine rote Filzkappe und fragte: »*Vous êtes de quel caravane?*«
Zu welcher Karawane ich gehörte? Verwirrt antwortete ich: »Zu keiner!«
Der Empfangschef schlug die Hände über dem Kopf zusammen und rief zur Direktion hinüber: »*Madame, un voyageur isolé!*« Man bezeichnete mich als »isolierten Reisenden«. Madame kam aus dem Büro heraus, das Hotelpersonal sammelte sich im Foyer, alle bestaunten mich. Im Zeitalter der Gesellschaftsreisen, im tunesischen Hoteljargon Karawanen genannt, ist der *voyageur iselé* ein seltener, schwer einzuordnender Zugvogel.
Jeden Touristen, der zum erstenmal in den Orient kommt, zieht es mit magischer Kraft zum Basar. Am großen Tor, das in die Altstadt von Tunis führt, saßen drei Muselmänner auf nichts: Zwischen Erd- und Hosenboden befanden sich zwanzig Zentimeter Luft. Wunder des Orients!
In den engen Gassen wimmelte es von Burnussen, Turbanen und weißen Schleiern. Einige auf dem Weg zur Emanzipation (und kleinen Besorgungen) befindliche Frauen hielten nur noch einen Zipfel des Schleiers mit den Zähnen fest – ein Bild, das bei der vorigen Moslemgeneration noch als Halbakt gegolten hätte.
Der überraschendste Eindruck meines Bummels durch die Basare war die Diskretion, mit der alle Geschäfte getätigt wurden. Da gab es kein Geschrei und lautes Gefeilsche, wie man es von anderen Anrainern des Mittelmeeres gewohnt ist. Freundlich lächelnd saßen die Händler vor ihren Schätzen, begrüßten die vorbeibummelnden Fremden mit einer höflichen Verbeugung und forderten sie mit diskreter Handbewegung zum Nähertreten auf. Trat man nicht näher, war der Fall erledigt.
Vor der Moschee Ezzitouna kam ein fürstlich gekleideter Scheich auf mich zu. (Weshalb das Wort »Scheich« bei uns

meist in einem etwas abfälligen Sinne gebraucht wird, ist mir ein Rätsel. Jeder burnustragende Araber, und sei er auch noch so arm, hat mehr echte Würde als ein ganzer Staatsempfang in Bonn.) Der Grandseigneur im dunkelroten Burnus mit weißem Überwurf fragte: »Sind Sie Deutscher?« Ich gab es zu. Er lobte Deutschland im gepflegtesten Französisch. Sein Angebot, mich durch die Kasbah zu führen, nahm ich dankbar an.

Es wurde einer der zauberhaftesten Vormittage meines Lebens. Der würdige Herr zeigte mir die Koranschule, den früheren Sklavenmarkt, den Palast des Bei (an dessen Mauern ausgerechnet Schlafzimmer feilgeboten wurden), verträumte kleine Höfe und blumengeschmückte Dachterrassen, von denen man einen weiten Blick über die moscheenreiche Stadt hatte.

Der Zufall wollte allerdings, daß wir bei unserem Spaziergang in regelmäßigen Abständen bei Freunden meines neuen Freundes landeten, die seltsamerweise alle Teppichhändler waren. Überall wurden wir zu einem kleinen türkischen Kaffee eingeladen, den wir auf jenen runden Sitzkissen einnahmen, die man auch in feinsten Kreisen als Puff bezeichnet. Wir sprachen über Geschichte, Sitten und Gebräuche des Landes, über Parallelen in den verschiedenen Religionen und über die tunesischen Volksbräuche. Nur über eines sprachen wir nicht: Über Teppiche, die doch eigentlich, um einen Ausdruck der jungen Dichtergeneration zu gebrauchen, das echte Anliegen des jeweiligen Gastgebers waren.

Die Höflichkeit gebot mir natürlich, beim Abschied stets ein paar bewundernde Worte über die reichlich herumliegenden Produkte einheimischen Knüpf-Fleißes zu verlieren. Ebenso natürlich gebot die Höflichkeit dem Gastgeber, einige exquisite Stücke hervorzuholen, sie aber nicht etwa zum Kauf anzubieten, denn das wäre einer Beleidigung des Gastes gleichgekommen.

Darauf hin gebot mir wieder die Höflichkeit, nach dem

wahrscheinlich sehr hohen Wert der Teppiche zu fragen, was den Gastgeber veranlaßte, zunächst den Wert und dann ein Fünftel als Freundschaftspreis zu nennen. Das war dann jedesmal der kritische Punkt des Besuches, an dem ich immer wieder dieselbe Ausrede benutzte: »Ich komme am Nachmittag mit meiner Frau, die dann die Auswahl treffen wird!« Ich verschwieg allerdings, daß meine Frau sich in der ziemlich sicheren Entfernung von etwa zweitausend Kilometern befand. Händler und Scheich wiederum beteuerten, daß ihnen nichts an einem Geschäft läge, sondern daß es ihnen ein Vergnügen war, einen so netten Menschen wie mich kennenzulernen. So erzählten wir uns pausenlos Märchen, es war wie in Tausendundeiner Nacht.

Am Rande der Kasbah verabschiedete ich mich unter Austausch vieler Höflichkeiten von meinem Begleiter. Ich kam mir vor wie ein Betrüger, denn der als Scheich verkleidete Teppichhandels-Vermittler hatte mich ohne jede Gegenleistung mit echt orientalischer Verkaufsgesprächskultur bekannt gemacht. Außerdem gab er mir noch einen sehr wertvollen Tip mit auf den Weg: Ich sollte unbedingt zur »Place Bab Souika« fahren, denn dort sei Tunis am orientalischsten.

Mein Freund hatte nicht übertrieben. Rund um den Platz saßen in Garküchen und maurischen Cafés, deren Tische und Stühle auf die Straße hinauswucherten, leise plaudernde, meditierende oder dominospielende Muselmänner. Ich habe mich in so ein Café gesetzt, mir eine Wasserpfeife bestellt und in aller Ruhe das Gewimmel von Einkaufstaschen schleppenden verschleierten Hausfrauen, Lastträgern, Kuchenhändlern, Eseltreibern und Wasserverkäufern betrachtet.

Aus dem Hinterzimmer des Cafés ertönten klagende Flötenweisen. Wenn die Nargileh wegen meiner Ungeübtheit auszugehen drohte, nahmen hilfsbereite Nachbarn das Mundstück, ließen es in ihren Prophetenbärten verschwin-

den und nuckelten die Wasserpfeife wieder in Gang. Sie rieten mir: »Langsam und ruhig ziehen, niemals hastig!« Eine goldene orientalische Lebensregel, die für alles paßt. Nicht ohne Grund ist der Herzinfarkt eine im Orient ziemlich seltene Ablebenserscheinung. Wie vielen bundesdeutschen Managern würde eine Wasserpfeifenkur an der Place Bab Souika guttun! Aber die Touristen aus der Bundesrepublik besuchen die Stadt Tunis nur am Rande, denn sie alle streben nach der reindeutschen Kolonie Hammamet, die fünfzig Kilometer südlich am wunderschönen gleichnamigen Meerbusen liegt.
»Hammamet« – bis vor kurzem hätte ich das für die Äußerung eines alten Germanen bayerischer Abstammung gehalten, der sich bei seiner Thusnelda erkundigt, ob noch Met im Hause sei. Inzwischen weiß ich, daß Hammamet eine Perle an den blauen Gestaden des Mittelmeeres ist. Vor diese Perle werfen deutsche Flugreisegesellschaften allwöchentlich ganze Klipperladungen sonnenhungriger Touristen aus der regenreichen Bundesrepublik. Luftlandetruppen des Friedens, wenn man so sagen darf.
Als ich ziemlich spät abends in Hammamet ankam und eines der beiden im Stil maurischer Sultanspaläste erbauten Hotels betrat, klang mir das schöne Lied »Trink, trink, Brüderlein trink« entgegen.
Mein erster Eindruck war: Ich bin in der Filmstadt Geiselgasteig, die Dekoration für den Monstre-Ausstattungsfilm »Die Lieblingsfrau des Kalifen« ist drehfertig ausgeleuchtet, die deutschen Komparsen sitzen noch in den Kulissen herum und warten auf das Eintreffen der Kostüme. Bis dahin vertreiben sie sich die Zeit mit Skatspielen und dem lautstarken Erzählen von Kriegserinnerungen.
Der arabische Portier sprach rheinisch gefärbtes Deutsch und bedauerte, mich als Einzelreisenden nur zwei Nächte beherbergen zu können. »Wejen Reisejesellschaft... übermorgen Se können jehn in de Wüste!«
Das war keine Drohung, sondern das freundliche Angebot,

mich an einer zweitägigen Omnibusfahrt zur Oase Gabés zu beteiligen. Diese Wüstenfahrten sind das Ventil, mit dem sich die Hotels in Hammamet während der Hochsaison vom Überdruck befreien.
Ein eleganter Boy in ornamentverzierten Pluderhosen nahm die Koffer und führte mich durch die deutsch besetzte Pracht, vorbei an indirekt beleuchteten Wasserspielen, altrömischen Amphoren mit der Aufschrift »Papier« und farbenprächtigen Blumenrabatten. Um einen betäubend duftenden Garten mit Zitronen- und Orangenbäumen herum lagen ebenerdige Appartements mit kunstvoll vergitterten Fenstern. Ich kam mir vor wie ein Mädchen, das in ein Serail eingeliefert wird. Der Boy schloß eine mit Eisennägeln verzierte Tür auf, stellte meine Koffer ab und verschwand, ohne auf Trinkgeld zu warten. Wunder des Orients!
Wegen eines Schlaftrunkes machte ich noch einen Abstecher in die Bar, wo alle Tische mit Erfolgsmenschen voll besetzt waren. Es ist ja eine bekannte Tatsache, daß man auf Reisen ausschließlich sogenannte »Führungskräfte« kennenlernt. Wieviel Tüchtigkeit des einzelnen sprach aus allem, was da ziemlich laut gesagt wurde! Die einzigen »Herren« im althergebrachten Sinne waren eigentlich nur die vornehmen und zurückhaltenden Kellner. Sie waren keine Erfolgsmenschen im kommerziellen Sinn, aber schön wie die Scheichs der Stummfilmzeit. Die gewichtigen Gattinnen der deutschen Führungskräfte himmelten die arabischen Dienst-Herren an und gaben sich bei allen Bestellungen furchtbar neckisch. Es geht das Gerücht, daß männliche Einwohner Hammamets hin und wieder dem Werben bundesdeutscher Damen nachgeben, die wegen Übergewichtes jede Hoffnung auf Romanzen längst aufgegeben haben. In Tunesien gilt die Förderung des Fremdenverkehrs als nationale Pflicht. Außerdem kommt die Fülligkeit mitteleuropäischer Mittvierzigerinnen dem arabischen Frauenideal sehr nahe.

Das diskrete Gurren, das ich auf dem Rückweg zu meinem Bungalow aus den dunklen Gärten hörte, konnte Tunesisch, Rheinisch oder eine Mischung aus beidem sein.
Beim Schlafengehen machte ich die überraschende Feststellung, daß in den Betten von Hammamet keine Langeweile aufkommen kann. Man hört aus den Nebenappartements jedes Wort und jedes Geräusch.
Zu beiden Seiten meines Bettes wurden die großen Eindrücke des heutigen Tages besprochen. Von links kam eine Männerstimme: »Hätte ich nicht die Sieben gezogen, als der angebliche Fabrikdirektor Pique ausspielte, hätte ich gewonnen!« Von rechts kam eine Damenstimme: »Fleisch können die Brüder nicht kochen! Gott sei Dank habe ich die Zähne meines Vaters!«
Dieser Satz mit seinen Auslegungsmöglichkeiten bewegte mich bis zum Einschlafen. Zu erzählen, was mir sonst noch geboten wurde, verbietet die Diskretion, soweit es das Zimmer zur Linken, und der Anstand, soweit es das Zimmer zur Rechten betrifft.
Als ich am nächsten Morgen vor die Tür trat, saßen rechts und links meine Nachbarn beim Frühstück. Errötend wünschte ich mit Verbeugung nach beiden Seiten einen guten Morgen. In der Morgensonne machte die Bungalowreihe mit den unter Zitronenbäumen sitzenden Bewohnern den Eindruck einer sehr vornehmen Arbeitersiedlung.
Nach dem Frühstück mußte ich mich völlig umziehen, weil mir eine vollreife Zitrone in die Kaffeetasse gefallen war. Die Zitronenbäume haben offensichtlich die Aufgabe, der Hotelwäscherei zu regem Geschäftsgang zu verhelfen.
Hinter dem Minigolf-Platz von Hammamet traf ich das wohl meistfotografierte Kamel der Welt. Es machte pausenlos Kniebeugen: Vorderbeine runter, Hinterbeine runter, ein Hotelgast rauf auf den Sattel, Hinterbeine hoch, Vorderbeine hoch, Blende 8, sechzigstel Sekunde, Klick, Vorderbeine runter, Hinterbeine runter, Gast runter, der Nächste bitte, Hinterbeine hoch, Vorderbeine hoch, und so

weiter, bis zur Mittagspause... Nichts hebt den gesellschaftlichen Wert eines Menschen so sehr wie die Verbindung mit einem Kamel.
Fünfhundert Quadratmeter Sandstrand kommen schätzungsweise auf jeden Kopf der Hotelbevölkerung von Hammamet. Wer Einsamkeit sucht, kann sie hier finden. Es sucht sie aber keiner. Es wird nur in Pulks gebadet und gesonnt.
Ich erholte mich an diesem einen Tag in Hammamet ganz ausgezeichnet. Das war auch nötig, um die Strapazen der Wüstenfahrt am folgenden Tag zu überstehen. Sechzehn Oasen-Aspiranten standen um sieben Uhr früh in leichtester Sommerkleidung vor dem Hotel. Ich fragte die Reiseleiterin, wie weit es bis zum Ziel unserer Wüstenträume sei, und wurde blaß: Hin und zurück siebenhundert Kilometer. Noch blasser wurde ich, als der Omnibus kam: Es war ein Kleinbus, wie ihn größere Hotels für kleine Strekken und Gepäcktransport benutzen.
Ich bekam einen Platz über der Hinterachse. Neben mir saß die hervorragend gepolsterte Frau Meier aus Castrop-Rauxel, ein Ausbund rheinischer Fröhlichkeit. Sie machte dauernd urkomische Bemerkungen, über die sie vor Lachen kreischte. Für die Lustigkeit der Fahrt sorgte außer Frau Meier noch ein Herr Bickel, der diese Gegend schon einmal im Range eines Stabsfeldwebels bereist und sich den goldenen Humor dieser Berufsgruppe bewahrt hatte.
Sieben ratternde Kleinbusstunden lang unterhielten uns die beiden Betriebsnudeln. Nur hin und wieder gelang es der Reiseleiterin, sie mit wohlgemeinten Ausführungen über Sitten und Gebräuche des Landes zu unterbrechen. Auf halber Strecke wurde eine Pause eingelegt, um das altrömische Kolosseum von El Djem zu besichtigen. Ein arabischer Führer geleitete die Gruppe durch Kolonnaden und Verliese. Immer wieder splitterten von der Gesellschaft einzelne Touristen ab, um irgendeinen besonders schönen antiken Winkel allein und verinnerlicht zu be-

trachten. Beim Verlassen des Bauwerks waren alle wieder in gesteigerter Fröhlichkeit vereint. Herr Bickel ging Wein »organisieren«, wie er es so anheimelnd nannte.
Das Mittagessen wurde in voller Fahrt aus weißen Pappkartons eingenommen, sogenannten Lunch-Boxes, die das Hotel für jeden in die Wüste geschickten Gast mitgegeben hatte. Der Bus raste auf schnurgerader Piste an Kamelen, Olivenhainen und wandernden Beduinenfamilien vorbei. Die Beduinen, die uns neidlos nachblickten, mußten den Eindruck gewinnen, daß die Deutschen mit Vorliebe weiße Pappkartons verzehren.
Der Dichtungsvertreter ließ die Weinflasche kreisen, die Stimmung war hervorragend. Das Lied zum Lobe des schönen Westerwaldes erklang, wurde aber aus weltanschaulichen Gründen nicht von allen mitgesungen.
Als wir am Nachmittag im Oasenort Gabès ankamen, war ich total gerädert. Alle übrigen Teilnehmer der 350-Kilometer-Fahrt, erprobte Gesellschaftsreisende, waren noch taufrisch. Der deutsche Tourist ist, da gibt es keinen Zweifel, der zäheste der Welt.
Nach Zuweisung der Hotelzimmer machte die Gruppe, aber ohne mich, noch einen kleinen 120-Kilometer-Ausflug zum Höhlendorf Matmaha. Ich bummelte inzwischen in Gabès herum. Vor einem Andenkenladen hing ein großer Wandteppich zum Verkauf, auf dem eine Schneelandschaft dargestellt war, durch die eine Troika raste. Es handelte sich bei diesem Stück wohl kaum um tunesische Volkskunst, sondern um die Folge eines bilateralen Handelsabkommens mit Pankow.
Beim gemeinsamen Abendessen saß Frau Meier neben mir. »Da haben Sie aber wieder wat verpaßt, Herr Schmidt! Wir haben einen jungen Scheich gesehen, der sein Pferd zur Tränke führte... nein, war der schön... wie ein Schauspieler!« Was Schöneres kann es wohl kaum geben.
Nach dem Essen zog ich mich in die Hotelhalle zurück. Unter einem riesigen Ölbild, auf dem eine schöne Beduinin

ein Kamel bändigte, das vor einem Auto der Jahrhundertwende scheute, lag auf einem Tischchen als einziger Lesestoff die »Deutsche Drogistenzeitung«. Ein sicher hochinteressantes Blatt, für das ich aber 350 Kilometer tief in der Wüste nicht die richtige Konzentration aufbrachte. Das Einschlafen war mit Schwierigkeiten verbunden, denn unter meinem Fenster waren deutlich hörbar zwei Araber damit beschäftigt, sich gegenseitig die Kehle durchzuschneiden oder zuzudrücken. Stöhnen und Gurgeln drangen an mein entsetztes Ohr. Ich lehnte mich zum Fenster hinaus und stützte dabei die Hände auf den Sims. Die Finger versanken in einer lehmartigen Masse. Einige dicke Tauben, die den Radau (und außerdem die lehmartige Masse) erzeugt hatten, flatterten erschreckt davon.
Am Morgen regnete es wie aus einer voll aufgedrehten Dusche. Der Portier versicherte, daß man schon gewaltiges Glück haben müßte, um das in einer Oase zu erleben.
Vor dem Hotel standen vier antike Pferdedroschken für die von den Reisenden im voraus bezahlte und deshalb eisern durchgeführte Oasenrundfahrt bereit. Durch die Löcher im Verdeck rann mir das Wasser pausenlos in den Nacken.
Im Zentrum der Oase hielt die gespenstische Kolonne an einem im Bau befindlichen Postkartenstand. Vor uns lag die lebenspendende, rauschende Quelle. Das Rauschen konnten wir allerdings nicht hören, weil der Regen zu laut auf das Verdeck prasselte.
Die Reiseleiterin forderte uns zum Aussteigen auf. Wir sollten ihr auf einen etwa hundert Meter entfernten Hügel folgen, von dem aus man einen Blick von einmaliger Schönheit in die Wüste haben würde. Und da tat ich etwas, was man wohl als Schandfleck in einem Reporterleben bezeichnen darf: Ich blieb in der Kutsche sitzen und wurde zum Wüstendienstverweigerer. Ich hatte noch einige trockene Fäden am Leibe, und die sollten es bleiben. Zweieinhalbtausend Kilometer weit war ich gereist, um die echte Wüste kennenzulernen. Aber die letzten hundert

Meter habe ich nicht mehr geschafft. Durch einen Spalt im Verdeck konnte ich beobachten, wie meine Mitreisenden in strömendem Regen und vom Wind gepeitscht den Hügel stürmten, allen voran Frau Meier. Sie hat mir hinterher erzählt, was sie sah, und ich habe es als pflichtbewußter Reporter genau aufgeschrieben: »Also, Herr Schmidt, soviel Sand können Sie sich janich vorstellen! Soweit dat Auge reicht, Sand und noch mal Sand! Da ham Sie aber wieder mal wat verpaßt!«

Auf der Rückfahrt machten wir kurze Rast in zwei herrlichen Städten, in denen ich schon auf der Hinfahrt hätte aussteigen sollen: Sousse und Sfax. Wer Ihnen, liebe Leser, erzählen will, da unten gäbe es keinen echten Orient mehr, will sich nur wichtigmachen. Das einzige, was in Tunesien vom echten, alten Orient fehlt, ist das Übervorteilen von Reisenden. Hier wird der Fremde geehrt, als Gast betrachtet und, um einen Ausdruck aus der Jägersprache zu benutzen, geschont.

Abschließend möchte ich darauf hinweisen, daß Frau Meier gar nicht Meier hieß.

Algerien

Vergangenheit, Gegenwart und Zukunft gehen in diesem Land – seit 1962 unabhängig – ineinander über. Nahtlos. Nomaden und Ackerbauer sind nur zwei Pole dieses 18-Millionen-Volkes. Der Fellagha gehört so selbstverständlich dazu wie der Ingenieur, der die Erdölschätze seines Landes fördert und verarbeitet.
Fast zweieinhalb Millionen Quadratkilometer groß ist Algerien, ein Land zwischen Europa und Schwarz-Afrika, zwischen Hektik und Ruhe. Franzosen legten Weinberge an; heute ist Wein ein Exportartikel. Die Algerier, zu 70 Prozent Araber, zu 30 Prozent Berber, aber durchweg gute Moslems, nahmen den Weinbau nicht zur Kenntnis. Allah verbietet ihnen Alkohol.
1200 Kilometer ist Algeriens Mittelmeerküste lang. Fast genau in der Mitte der Küstenlinie liegt Algier, die Hauptstadt, ein pulsierendes Schaufenster zum Meer, während Oran und Constantine, die anderen zwei wichtigen Städte, sich mit dem Rücken zum Meer entwickelten. Es sind offene, einladende Städte, nur in Constantine, auf einem Felsen errichtet, sind die Häuser wie zu einer Festung zusammengeballt.
So unterschiedlich der Charakter der einzelnen Städte auch ist, in jeder gibt es Straßen, Plätze und Monumente, die an Abd el-Kader erinnern, den Freiheitskämpfer gegen die Franzosen. Er wird als eigentlicher, wenn auch verhinderter Staatsgründer verehrt, als Vater einer geschichtsbedürftigen, jungen Nation.

Guy de Maupassant
Mir zu Füßen lag Algier

Auf den Kais von Algier, in den Gassen der Eingeborenendörfer, in den Hochebenen des Tell-Atlas, in den Bergen von Sahel und zwischen den Sandwogen der Sahara – überall begegnet man diesen wie in Mönchsgewänder gehüllten Gestalten mit dem kapuzenartig das Haupt bedeckenden, rückwärts wehenden Turban, den harten Zügen und dem starren Blick; und sie alle scheinen einem und demselben strengen Orden anzugehören, der über die Hälfte des Erdballs verbreitet ist.
Selbst ihr Gang gemahnt an Priester; ihre Gesten an predigende Apostel; ihre Haltung an weltverächterische Mystiker.
Wir befinden uns tatsächlich unter Menschen, bei denen das Religiöse alles beherrscht, alles andere auslöscht, alle Handlungen bestimmt, das Gewissen umklammert hält, die Herzen bildet, das Denken leitet und vor allen anderen Interessen, allen Beschäftigungen und Gemütsbewegungen den Vorrang hat.
Die Religion ist die begeisternde, beseelende und treibende Kraft ihres Tuns, ihres Innenlebens und ihr Maßstab für Gut und Böse. Durch sie und für sie sind sie gut, tapfer, begeistert und treu; denn sie scheinen nichts aus sich selbst zu sein und keine Eigenschaft zu besitzen, die ihnen nicht von ihrem Glauben eingegeben oder anbefohlen wäre. Die ursprüngliche, einfältige Natur des Arabers bleibt uns so ziemlich verschlossen, solange wir sie nicht durch den Glauben, den Koran und die Lehren des Mohammed betrachten. Nie zuvor ist eine andere Religion den ihr anhängenden Menschen so in Fleisch und Blut übergegangen.
Wir wollen doch einmal sehen, wie sie in der Moschee beten, in der weißen Moschee, die man dort unten, am Ende des Kais von Algier liegen sieht.

Im Vorhof, unter Arkaden mit zierlichen grünen, blauen und roten Säulen sitzen oder kauern die Männer und unterhalten sich leise und mit der ernsten, feierlichen Ruhe des Orientalen. Dem Eingang gegenüber, in einem vierekkigen kleinen Raum, der wie eine Kapelle aussieht, spricht der Kadi Recht. Die Kläger sitzen wartend auf Bänken umher; ein Araber spricht knieend, während der Richter, dicht verhüllt, fast unsichtbar unter den unzähligen Falten seiner Gewänder und der Wucht seines schweren Turbans, nur wenig von seinem Gesicht erkennen läßt und den Kläger mit ruhigem, festem Blick mustert, indessen er aufmerksam zuhört. Eine Mauer mit vergittertem Fenster trennt diesen Raum von denen, wo die Frauen – nicht so vornehme Geschöpfe wie die Männer und daher nicht würdig, dem Kadi Aug in Auge gegenüberzutreten – darauf warten, bis die Reihe an ihnen ist, ihre Klagen durch dieses Beichtfenster vorzubringen.
Wie eine Feuerflut stürzt die Sonne auf die schneeigen Mauern dieser kleinen, Grabmälern ähnelnden Gebäude und in den Hof herab, wo eine alte Araberin ein Heer getigerter Katzen mit toten Fischen füttert. Drinnen fallen leuchtende Lichtscheiben auf die Burnusse, die ausgedörrten, braunen Beine und die undurchdringlichen Mienen der Wartenden. Und da, ein Stück weiter, gleich neben der Fontäne, deren Wasser im Schatten eines Baumes plätschert, ist die Schule. Alles ist vereinigt in dieser sanften, stillen Umfriedung: Religion, Recht und Gelehrsamkeit.
Nachdem ich die Schuhe ausgezogen habe, betrete ich die Moschee und gehe weiter über die Teppiche zwischen den hellen Säulen, deren gleichmäßige Linien diesen stillen, weiträumigen, aber niedrigen Tempel mit einer Unmenge breiter Pfeiler füllen. Sehr breit sind sie, die eine Seite nach Mekka gewandt, damit der Gläubige, der sich unmittelbar davorstellt, nichts sehen, durch nichts abgelenkt werden und – der heiligen Stadt zugekehrt – sich ganz in sein Gebet versenken kann.

Einige haben sich zu Boden geworfen, andere murmeln stehend, in der vorgeschriebenen Haltung, Sprüche aus dem Koran – andere wieder, die sich dieser Pflicht bereits entledigt haben, unterhalten sich, auf dem Boden sitzend und an die Wände gelehnt; denn die Moschee ist nicht nur ein Ort des Gebets, sondern auch der Entspannung, wo man sich aufhalten und ganze Tage verbringen kann.
Alles ist einfach, kahl, weiß und sanft, alles ist friedlich in diesen Asylen des Glaubens, so ganz anders als in unseren dekorativen Kirchen, in denen so viel Unruhe herrscht, wenn sie voll sind – Unruhe durch die Besucher, den Pomp der Zeremonien, die fremden Gesänge, und die, wenn sie leer sind, so traurig, so schmerzlich anmuten, daß es einem das Herz zusammenschnürt, daß man meint, in einem Sterbezimmer zu sein, in einem kalten, steinernen Zimmer, wo der Gekreuzigte noch immer den Todeskampf kämpft.
Ohne Unterlaß kommen die Beter, Arme und Reiche, der Hafenarbeiter und der alte Stammeshäuptling, der Adelige unter dem seidigen Weiß seines leuchtenden Burnus. Sie alle sind barfuß, machen die gleichen Bewegungen, beten zum gleichen Gott mit der gleichen exaltierten und doch einfachen Gläubigkeit, ohne Pose, ohne Zerstreutheit. Zuerst bleiben sie aufrecht stehen, das Gesicht nach oben gekehrt, die Hände in Schulterhöhe geöffnet, in anbetender Stellung. Dann lassen sie die Arme am Körper herabsinken, das Haupt neigt sich. Sie stehen vor dem Herrn der Welt in der Haltung demütiger Ergebung. Dann vereinigen sich die Hände über dem Leib, als wären sie gefesselt. Sie sind Gefangene im Willen des Herrn. Sodann werfen sie sich nochmals zu Boden, sehr rasch hintereinander, aber völlig geräuschlos. Nachdem sie sich hierauf in kauernder Stellung auf ihre Fersen niedergelassen und die Handflächen auf die Schenkel gelegt haben, beugen sie sich vorwärts, bis die Stirn den Boden berührt.
Dieses immer gleiche Gebet, das mit dem Hersagen der ersten Verszeilen des Korans beginnt, muß täglich fünfmal

von den Gläubigen wiederholt werden, die sich vor dem Betreten des Tempels Füße, Hände und Gesicht gewaschen haben.

Nichts hört man in dem stillen Gotteshaus als das Plätschern des Wassers, das in einem anderen Innenhof, der Lichtquelle der Moschee, fließt. Der Schatten des Feigenbaums, der über dem Reinigungsbrunnen emporgewachsen ist, wirft einen grünen Schimmer über die ersten Gebetsmatten.

Auch die Frauen haben Zutritt; aber sie kommen fast nie. Gott ist zu weit weg, zu hoch oben, zu gewaltig für sie. Man könnte nicht wagen, ihm alle seine Sorgen zu erzählen, ihm alle Kümmernisse und Schmerzen anzuvertrauen, alle kleinen Annehmlichkeiten und Tröstungen, die kleinen Hilfeleistungen gegen die Familie, gegen den Gatten, gegen die Kinder zu erbitten, deren ein Frauenherz bedarf. Dazu braucht man einen weniger erhabenen Mittler, der die Brücke schlägt zwischen Seiner Größe und ihrer Winzigkeit. Dieser Mittler ist der Marabut. – Haben wir in der katholischen Religion nicht auch die Heiligen und die Jungfrau Maria als natürliche Fürsprecher der Schüchternen vor Gott?

Die Araberfrauen finden wir also in einer kleinen Kapelle, am Grab eines Heiligen, im Gebet.

Die Za-uia Abd-er-Rahman-el-Tcalbi ist die eigenartigste und interessanteste derartige Stätte in Algier. Za-uia nennt man eine kleine Moschee, die mit einer Kubba – dem Grabmal eines Marabut – vereinigt ist und zuweilen auch eine Schule und höhere Fortbildungsstätte für wissensdurstige Muselmanen beherbergt.

Um zu der Za-uia Abd-er-Rahman zu gelangen, muß man die Araberstadt durchqueren. Das bedeutet ein unvorstellbares Auf und Ab durch ein Labyrinth von gewundenen, krummen Gäßchen zwischen fensterlosen maurischen Häusern. Sie scheinen einander oben fast zu berühren, und der zwischen den Terrassen sichtbare Himmel ist wie eine blaue

Arabeske von unregelmäßiger, bizarrer Phantasieform. Zuweilen ist es, als führe ein langgewundener Gang, steil wie ein Bergpfad, direkt in das Blau des Himmels, den man bei einer plötzlichen Wendung um eine Mauerecke da oben, am Ende der Stufen, als strahlenden, lichtgeladenen Fleck erblickt.
Die engen Gassen entlang sitzen überall zerlumpte Araber und dösen, an die Hauswand gelehnt, vor sich hin. Andere wieder sieht man zusammengepfercht in den kleinen maurischen Cafés auf den Rundbänken oder, am Boden kauernd, aus kleinen Fayencetassen trinken, die sie in feierlicher Ruhe zwischen den Fingern halten. Auf diesen schmalen, steilen Wegen überfällt einen die Sonne gleichsam, wenn sie an einer Wegkreuzung oder -biegung plötzlich und überraschend netz- oder scheibenförmige, blendend helle und wie lackiert glänzende Muster wirft.
Durch halboffene Haustüren sieht man in Höfe, aus denen ein Hauch von frischer Luft weht. Es ist immer das gleiche Viereck, abgegrenzt von einer Säulenreihe, die mit Galerien überbaut ist. Klänge süßer, exotischer Musik dringen zuweilen aus diesen Behausungen, aus denen man auch häufig paarweise Frauen heraustreten sieht. Durch die Schleier, die ihre Gesichter verhüllen, werfen sie einem einen düsteren, traurigen Blick zu, den Blick von Gefangenen, und gehen vorüber.

Den Kopf ganz wie auf Marienbildern mit einem über der Schädeldecke fest zusammengezogenen Stoff bedeckt, den Oberkörper in den Haik gewickelt, die Beine unter weiten, am Knöchel gebundenen Hosen aus Tuch oder Kaliko verhüllt – so schreiten sie langsam, ein wenig linkisch und zögernd einher, und man trachtet, ihre Gesichtszüge unter dem Schleier zu erraten, der sie, über Nase und Kinn gespannt, leicht abzeichnet. Die beiden bläulichen, durch einen Strich Antimon verbundenen Bogen der Brauen verlaufen langgezogen bis in die Schläfen.

Plötzlich rufen mich Stimmen. Ich wende mich um und sehe durch eine offene Türe anstößige Malereien an den Wänden, wie man sie in Pompeji findet. Die Freiheit der Sitten und die sich auf offener Straße uneingeschränkt breitmachende, harmlos unverschämte Prostitution lassen sofort den tiefgreifenden Unterschied zwischen europäischer Scham und orientalischer Unbekümmertheit erkennen.
Über die ganze Araberstadt verstreut, zwischen den Gemüse-, Süßwaren- und Fruchtläden der untadeligen Mozabiten, dieser mohammedanischen Puritaner, für die schon das flüchtige Zusammenkommen mit anderen Menschen Befleckung bedeutet und die, wenn sie in ihre Heimat zurückkehren, einen langen Reinigungsprozeß durchmachen müssen – mitten zwischen ihnen öffnen sich allenthalben weit die Türen der Kaufhäuser menschlichen Fleisches, aus denen heraus man in allen erdenklichen Sprachen angerufen wird. Der Mozabiter kauert in seinem kleinen Laden daneben, zwischen seinen ordentlich gestapelten Waren, und scheint nichts zu sehen, von nichts zu wissen, nichts von all dem zu verstehen.
Zu seiner Rechten girren die Spanierinnen wie Turteltauben; zu seiner Linken miauen Araberinnen gleich Katzen. Und zwischen ihnen, den schamlosen Nuditäten, die noch besonders bemalt sind, um die beiden Spelunken mit Kundschaft zu füllen – da sitzt er, der Früchtehändler, wie ein Fakir, in tiefes Träumen versunken.
Ich wende mich nach rechts in einen kleinen Durchgang, der direkt ins Meer abzufallen scheint, das sich hinter der Turmspitze von Saint-Eugène in der Ferne hinbreitet, und am Ende des Tunnels, wenige Meter unter mir, erblicke ich ein Kleinod von Moschee oder besser, eine ganz entzückende, zierliche Za-uai, die wie der ausgelöste Kern neben dem Fruchtfleisch kleiner Gebäude und viereckiger, runder oder spitz zulaufender Grabmale am Ende einer im Zickzack von Terrasse zu Terrasse hochgeführten Treppe liegt.
Ihr Eingang ist durch eine Mauer verborgen, die wie aus

versilbertem Schnee gebaut aussieht, mit grünen Fayencekacheln umrahmt und in regelmäßigen Abständen von Öffnungen durchbrochen ist, die den Blick auf die Reede von Algier freigeben.

Ich trete ein. Bettler, Greise, Kinder, Frauen hocken mit ausgestreckter Hand auf jeder Stufe und bitten arabisch um Almosen. Rechts, gleichfalls von fayencegesäumtem Mauerwerk umfriedet, ist das erste Grabmal, und durch die offene Tür sieht man Gläubige, die sich am Grabe niedergelassen haben. Tiefer unten rundet sich die leuchtende Kuppel der Kubba des Marabut Abd-er-Rahman neben dem schlanken, viereckigen Turm, von dem aus zum Gebet gerufen wird.

Hier sind, den ganzen Abhang entlang, noch weitere, bescheidenere Grabstätten sowie jene des berühmten Achmed Bey von Constantine, der französischen Gefangenen den Leib von Hunden aufreißen und leerfressen ließ.

Von den letzten Terrassen am Eingang des Marabut ist die Aussicht prachtvoll. Nôtre-Dame d'Afrique steht hochragend über Saint-Eugène und beherrscht den Ausblick über das weite Meer, das sich bis an den Horizont hinbreitet, wo es sich mit dem Himmel mischt. Und etwas näher, zur Rechten, liegt die Araberstadt, Dach über Dach aufsteigend und bis zur Za-uia und noch darüber hinaus ihre Kreidehäuschen übereinanderschichtend. Rings um mich Gräber, eine Zypresse, ein Feigenbaum und maurische Ornamente, die dem geweihten Gemäuer die reichgegliederte Umrahmung geben.

Ich ziehe die Schuhe aus und trete in die Kubba ein. Zuerst sehe ich in einem engen Raum einen muselmanischen Gelehrten lesend auf seinen Fersen sitzen. Er hält ein Manuskript mit beiden Händen in Augennähe. Bücher und Pergamente sind rings um ihn auf den Matten ausgebreitet. Er wendet nicht einmal den Kopf.

Im Weitergehen höre ich ein Rascheln, ein Flüstern. Bei meinem Näherkommen bedecken alle Frauen, die da um das Grab hocken, mit hurtiger Bewegung ihr Gesicht. Sie sehen aus wie große Ballen aus weißer Wäsche mit glänzenden Augen dazwischen. In ihrer Mitte, in diesem Schaum von Flanell, Seide, Wolle und Leinwand schlafen oder spielen rot, blau oder grün gekleidete Kinder: ein reizendes, unschuldsvolles Bild. Hier sind sie zu Hause, hier, bei ihrem Schutzheiligen, in dessen Behausung sie sich eingenistet zu haben scheinen; denn Gott ist zu weit weg für ihren beschränkten Verstand – und zu erhaben für ihre Niedrigkeit.

Sie sind nicht nach Mekka gewendet, sondern neigen sich zu dem Leichnam des Marabut und stellen sich unter seinen unmittelbaren Schutz; denn er ist nach wie vor der Beschützer der Menschen. Ihre Frauenaugen, diese sanften, traurigen Augen über der weißen Schleierbinde vermögen nicht, das Körperlose zu schauen, sie kennen nur das Kreatürliche. Der Mann ist es, der sie bei Lebzeiten nährt, beschützt, verteidigt und erhält, und der Mann ist es auch, der, wenn er gestorben, dem Herrn von ihnen erzählen, vor ihm für sie sprechen wird. Ganz nahe sind sie um das Grab geschart, das, reich geschmückt und bunt bemalt, ein wenig an ein mit farbigen Stoffen, Seidentüchern, Vorhängen und sonstigen Gastgeschenken geschmücktes bretonisches Bett erinnert.

Sie tuscheln und plaudern miteinander, erzählen dem Marabut von ihren kleinen Affären, ihren Sorgen und bringen ihre ehelichen Probleme vor. Es ist eine intime Gesellschaft, die, um eine Reliquie geschart, klatscht.

Die ganze Kapelle ist voll von ihren bizarren Geschenken: gehende Wanduhren in allen Größen, welche die Sekunden ticken und die Stunden schlagen, Votivfähnchen, Lüster aller Art, manche aus Kupfer, manche aus Kristall. Sie sind so zahlreich, daß man von der Decke nichts mehr sieht. Dicht nebeneinander hängen sie und so vielfältig in Form und Art wie im Laden eines Lampenhändlers. Die Wände sind mit reizend gemusterten, feinen Fayencen geziert,

deren Hauptfarben Grün und Rot sind. Der Fußboden ist mit Teppichen belegt, und das Tageslicht fällt aus der Kuppel durch einige Gruppen von je drei gewölbten Fenstern, deren eines jeweils größer ist als die beiden anderen.
Das ist nicht mehr die strenge, kahle Moschee, in der Gott allein wohnt – es ist ein nach dem kindlichen Geschmack der Eingeborenenfrauen zum Beten geschmücktes Boudoir. Oft kommen ihre Galans und suchen sie hier auf, um ihnen ein Rendezvous zu geben oder insgeheim ein paar Worte zu wechseln. Europäer, die Arabisch können, knüpfen hier zuweilen Bekanntschaften an mit diesen verhüllten, trägen Geschöpfen, von denen man nur den Blick zu sehen bekommt.
Wenn sich dann die männliche Anhängerschaft des Marabut ihrerseits einstellt, ihre Andacht zu verrichten, schenkt sie dem heiligen Bewohner der Stätte keineswegs die gleiche exklusive Aufmerksamkeit, wie die Damenwelt das soeben getan hat. Nachdem die Männer dem Grabmal eine kurze Ehrenbezeigung geleistet haben, wenden sie sich gen Mekka und beten zu Gott; denn es gibt keine andere Gottheit als Gott, wie sie in allen ihren Gebeten stets beteuern.

Albert Camus

Der Abschied des Minotauros

Die Bewohner von Oran scheinen jenem Freund Flauberts zu gleichen, der sterbend ein letztes Mal auf diese unwiederbringliche Erde schaute und ausrief: »Schließt das Fenster, es ist zu schön.« Sie haben das Fenster geschlossen, sie haben sich eingemauert, sie haben die Landschaft entzaubert ... Doch Le Poittevin ist gestorben, und nach ihm haben die Tage sich weiter den Tagen angereiht. Und ebenso führen jenseits der gelben Mauern Orans das Meer und die Erde ihre gleichgültige Zwiesprache weiter. Dies Dauernde in der Welt hat von jeher eine gegensätzliche Wirkung auf den Menschen ausgeübt. Es bringt ihn zur Verzweiflung und begeistert ihn. Die Welt spricht immer nur ein einziges Wort aus, von dem man erst gepackt, bald aber seiner überdrüssig wird. Doch schließlich siegt die Welt durch ihre Beharrlichkeit. Sie hat immer recht.

Schon bei den Toren Orans erhebt die Natur ihre Stimme. Gegen Canastel hin liegt ungeheures Brachland, überwachsen mit duftendem Gestrüpp. Sonne und Wind reden hier nur von Einsamkeit. Über Oran ist es der Berg von Santa-Cruz, die Hochebene mit ihren tausend Schluchten, die hinaufführen. Straßen, welche früher befahrbar waren, klammern sich an die Hänge der Hügel, die über dem Meer emporragen. Einige sind im Januar mit Blumen übersät. Gänseblümchen und Dotterblumen verwandeln sie in prunkvolle Alleen, weiß und gelb bestickt. Von Santa-Cruz ist schon alles gesagt worden. Doch wenn ich davon zu erzählen hätte, würde ich die Pilgerzüge, die an großen Feiertagen den steilen Hügel erklimmen, nicht erwähnen, sondern anderer Wallfahrer gedenken. Einsam schreiten sie über den roten Stein, erheben sich über die regungslose Bucht und weihen der kahlen Vereinsamung eine leuchtende und vollkommene Stunde.

Oran hat auch seine Sandwüste: den Strand. Nahe den Stadttoren gelegen, ist er nur im Winter und Frühling einsam. Es sind Flächen, übersät mit Goldwurz, bevölkert von kleinen, nackten Villen, inmitten von Blumen. Weiter unten rauscht dumpf das Meer. Schon läßt alles den Sommer erraten, Sonne und leichte Winde, das sanfte Weiß der Blüten, das grelle Blau des Himmels, auch die müßige Jugend, die dann den Strand bedeckt, die langen Stunden auf dem Sand und die plötzliche Milde der Abende. Jedes Jahr gibt es an diesen Ufern eine neue Ernte blühender Mädchen. Sie dauern offensichtlich nur einen Sommer. Das folgende Jahr ersetzt sie durch andere heiße Blüten, die im vergangenen Sommer noch kleine Mädchen gewesen waren, mit harten Körpern wie Knospen. Um elf Uhr morgens ergießt sich diese frische Schar, kaum mit bunten Stoffen bekleidet, auf den Strand wie eine farbige Woge.

Man muß weiter gehen – erstaunlich nah jedoch von diesem Ort, wo zweihunderttausend Menschen sich im Kreise drehen –, um eine unberührte Landschaft zu entdecken: lange einsame Dünen, wo als einzige Spur der Menschen eine wurmstichige Hütte steht. Da und dort treibt ein arabischer Hirte die schwarzen und hellbraunen Flecken seiner Ziegenherde über die Gipfel der Dünen. Auf diesen Gestaden von Oran sind alle Sommermorgen wie die ersten der Welt. Jede Abenddämmerung scheint die letzte zu sein, eine feierliche Agonie, die bei sinkender Sonne durch ein Licht angekündigt wird, das alle Farben vertieft. Das Meer ist ultramarin, die Straße wie geronnenes Blut, der Strand gelb. Alles verschwindet mit der grünen Sonne; eine Stunde später sind die Dünen vom Mondlicht überrieselt. Nächte ohne Maß, unter einem Regen von Sternen. Manchmal werden sie von Gewittern durcheilt, und die Blitze gleiten den Dünen entlang, lassen den Himmel erbleichen und streuen auf den Sand und in die Augen orangeglühende Schimmer.

Doch dies kann man nicht mitteilen. Man muß es erlebt haben. So viel Einsamkeit und Größe prägen das unvergeßliche Antlitz dieser Landschaft. Im frühen lauen Morgengrauen, wenn die ersten schwarzen und noch bitteren Wogen vorüber sind, ist es ein neues Wesen, das die schweren Wasser der Nacht teilt. Die Erinnerung an diese Freuden birgt keine Reue, also waren sie gut. Nach so vielen Jahren dauern sie weiter, irgendwo in diesem Herzen, das doch schwer die Treue hält. Und ich weiß, daß heute noch, wollte ich dorthin gehen, der gleiche Himmel seine Ladung von Wind und Sternen über die öden Dünen ausschütten wird. Hier sind die Länder der Unschuld.

Die Unschuld jedoch braucht den Sand und die Steine.

Und der Mensch hat verlernt, in ihrer Mitte zu leben. So muß man annehmen, da er sich auf diese merkwürdige Stadt beschränkt hat, in der die Langeweile ruht. Und doch ist es dieses sich Messen, das den Wert von Oran ausmacht. Hauptsitz der Langeweile, belagert von der Unschuld und der Schönheit, besteht die Armee, die Oran einschließt, aus ebensoviel Soldaten, wie Steine sind. Und doch, wie wird in dieser Stadt zu manchen Stunden die Versuchung groß, zum Feind überzugehen! Die Versuchung, sich mit diesen Steinen zu identifizieren, sich zu vermengen mit diesem brennenden und unversöhnlichen Universum, welches die Geschichte und ihre Unruhen herausfordert! Es ist umsonst. Doch wohnt in jedem Menschen ein tiefer Instinkt, der nicht der der Vernichtung noch der des Erschaffens ist. Es handelt sich darum, nichts zu gleichen als sich selbst.

Im Schatten der heißen Mauern Orans, auf dem staubigen Asphalt, vernimmt man zuweilen diese Aufforderung. Es scheint, daß für eine bestimmte Zeit der Geist, der ihr nachgibt, nicht hintergangen wird. Es sind Eurydikes Dunkelheiten und der Schlaf der Isis. Hier sind die Wüsten, wo der Gedanke sich wieder auffängt, wo die kühle Hand des Abends auf erregtem Herzen liegt. Auf diesem Ölberg scheint das Wachen unnötig; der Geist vereinigt sich mit den schlafenden Aposteln und stimmt ihnen zu. Hatten sie unrecht? Auch sie hatten ja ihre Erleuchtung.

Denken wir an Cakia-Mouni in der Wüste. Er harrte dort lange Jahre, niedergekauert, unbeweglich, die Augen zum Himmel erhoben. Die Götter selbst neideten ihm diese Weisheit und das Los des Steines. In seinen ausgestreckten steifen Händen nisteten die Schwalben. Doch eines Tages flogen sie fort und folgten dem Ruf ferner Länder. Und er, der in sich Begehren und Wollen, Ruhm und Schmerz abgetötet hatte, er weinte. So geschieht es auch, daß Blumen dem Felsen entsprießen. Bejahen wir den Stein, wenn es sein muß. Dieses Geheimnis und diese Begeisterung, die wir im menschlichen Antlitz erwarten, auch der Stein kann sie uns geben. Freilich, es könnte nicht lange dauern. Doch was hat Dauer? Das Geheimnis des Gesichtes verschwindet, und wir werden von neuem in Sehnsüchte verstrickt. Und wenn der Stein nicht mehr für uns vermag als das menschliche Herz, so kann er doch ebensoviel geben.

»Nichts sein.« Seit Jahrtausenden hat dieser Schrei Millionen von Menschen aufgewühlt, im Kampf gegen Begierde und Schmerz. Das Echo drang hinsterbend bis hierher, durch die Jahrhunderte und die Ozeane hindurch, über das älteste Meer der Erde. Es prallt noch dumpf auf gegen die kompakte Küste Orans. Alle folgen hier in diesem Lande, ohne es zu wissen, diesem Rat. Wohlverstanden, es ist beinahe umsonst. Das Nichts kann man ebensowenig erreichen wie das Absolute, doch da wir, wie ebensoviele Wunder, in den Rosen und dem menschlichen Leid ewige Zeichen empfangen, verwerfen wir doch nicht die seltenen Aufforderungen zum Schlaf, die die Erde uns gibt. Sie sind, die einen wie die andern, voller Wahrheit.

Dies mag der Faden der Ariadne für diese schlafwandelnde und heftige Stadt sein. Man erlernt die vorläufige Weisheit einer gewissen Langeweile. Will man verschont bleiben, muß man »ja« sagen zum Minotaurus. Über dem Meer, das am Fuß der roten Felsen schweigend ruht, genügt es, sich im richtigen Gleichgewicht zu halten, in der Mitte zwischen den beiden Massiven der Landvorsprünge, die links und rechts im hellen Wasser stehen. Im Keuchen eines Küstenbootes, das über das Wasser kriecht, in strahlendes Licht gebadet, vernimmt man alsdann deutlich den erstickten Ruf unmenschlicher und funkelnder Kräfte: es ist der Abschied des Minotaurus.

Es ist Mittag, der Tag selber ist in der Schwebe. Ist der Ritus erfüllt, empfängt der Reisende den Lohn der Befreiung: den kleinen Stein, den er auf der Klippe aufliest, trocken und weich wie Goldwurz. Für den Eingeweihten ist die Welt nicht schwerer zu tragen als dieser Stein. Die

Aufgabe des Atlas ist leicht, er muß nur die richtige Stunde erkennen. Dann versteht man, daß sich diese Ufer für eine Stunde, einen Monat, ein Jahr der Freiheit ergeben können. Sie nehmen wahllos durcheinander, ohne auf sie zu achten, den Mönch, den Beamten oder den Eroberer auf. Es gab Tage, da ich in den Straßen Orans die Begegnung mit Descartes oder Cesare Borgia erwartete. Es geschah nicht. Ein anderer wird vielleicht mehr Glück haben. Eine große Tat, ein großes Werk, die männliche Meditation verlangten früher nach der Einsamkeit der Wüsten oder des Klosters. Dort hielt der Geist seine Nachtwachen. Wo hielte man sie heute besser ab als in der Leere einer großen Stadt, die für lange Zeit in geistlose Schönheit eingebettet liegt? Hier ist der kleine Stein, sanft wie Goldwurz, zu Beginn von allem. Die Blumen, die Tränen – wenn man will –, Abschied und Kämpfe sind für morgen. In der mittäglichen Stunde, wenn der Himmel seine Lichtfluten in die unendliche und klingende Weite ergießt, gleichen die Riffe einer aufbrechenden Flotte, die in See stechen will. Diese schweren Galionen aus Fels und Licht zittern auf ihren Kielen, als wollten sie zu den Sonneninseln segeln. O Morgenstunden in Oran! Von den Höhen tauchen die Schwalben in unermeßliche Becken brodelnder Luft. Die ganze Küste ist zum Aufbruch bereit, der Hauch des Abenteuers bebt über sie hin. Morgen, vielleicht, werden wir zusammen fortgehen.

Ernst Jünger

Legionär in Oran

Endlich war es mir gelungen, ihn zu überreden, daß wir am zweiten Sonntagnachmittag, den wir hier verbrachten, einen kleinen Ausflug vor das Tlemcener Tor antreten und einfach nicht zurückkehren wollten. Im Augenblick, in dem dieser Spaziergang beginnen sollte, wurde er jedoch von neuen Bedenken geplagt; es fiel ihm ein, daß er sich auf eine Art und Weise frisieren lassen wollte, die schon auf seinen Steckbrief zugeschnitten war.

Da er sich von diesem Gedanken nicht abbringen ließ, mußte ich auf ihn warten, während er im Laden eines Barbiers verschwand, um sich die Haarstreifen rasieren zu lassen, die er nach Biedermeierart bis tief auf die Schläfen heruntergezogen trug.

Als er wieder herauskam, sah ich gleich, daß eine Veränderung mit ihm vorgegangen war. Er gestand mir auch ohne weiteres, daß ihn in dem Augenblick, in dem er das blanke Schermesser an der Haut gefühlt, ein unwiderstehlicher Schrecken ergriffen hatte, und äußerte wie jemand, der unter Schüttelfrost leidet, starkes Verlangen nach einem Glase Wein. In der Erwartung, daß er sich noch Mut antrinken würde, begleitete ich ihn in die Kantine; als ich dort jedoch von ihm hörte, daß ihn besonders der Gedanke, vielleicht gar Weihnachten in der Einöde verbringen zu müssen, bedrückt hätte, ließ ich ihn im Stiche und eilte wütend davon.

In der Hoffnung, doch noch einen Kumpan aufzutreiben, schritt ich die zu dieser Stunde fast verödeten Flure und Säle ab. An solchen, die ausreißen wollten, war ja kein Mangel; sie schienen mir aber nicht unterhaltsam genug. Auch war es üblich, sich zuvor eine Zeitlang von den anderen abzusondern und Pläne zu schmieden; ich aber suchte jemand, der mich sofort begleitete. Gern hätte ich mich an Paul angeschlossen, der sich hier schon recht eingelebt hatte und große Pläne hegte; er verbrachte jedoch die Zeit mit endlosen Beratungen, zu denen er seine Gesellen, die sich hier nach und nach eingefunden hatten, am Stadtwalle versammelte, und die fast an das alte Räuber- und Gendarmenspiel erinnerten. Es ging da sehr großsprecherisch zu, als ob sie ein bewaffnetes Freibeuterleben zu führen gedächten. Als ich später in den Zeitungen las, daß

man gleich siebzehn Mann an der spanischen Grenze verhaftet hatte, ahnte ich wohl, wer das gewesen war.
In einem der Säle traf ich Benoit; er war allein und saß mit untergeschlagenen Beinen auf seinem Bett, Zigaretten rauchend und in die »Mysterien von Paris« vertieft. Ich hatte ihn hier immer nur für Augenblicke sprechen können, denn er lag bei den alten Leuten, die einen anderen Dienst hatten. Als ich ihn mit den Worten begrüßte: »Du, Karl, ich brauche jemand, der mit nach Marokko geht«, legte er sein Buch beiseite und antwortete:
»Das trifft sich gut; mir wird die Sache hier schon wieder langweilig.«

*

Es schien wirklich, daß Benoit sich in einem Anfall von Langerweile befand, denn er benahm sich, obwohl mit den Schwierigkeiten weit besser vertraut, kaum weniger leichtsinnig als ich. Es mag auch sein, daß er mir einfach den Spaß nicht verderben wollte, und daß es ihm ganz gleichgültig war, wo er sich befand, oder auch, daß meine Gesellschaft ihm Vergnügen bereitete.
Er verlangte nur, daß ich in der Stadt Mundvorrat für zwei Tage besorgen sollte, den er in Tlemcen, einer näher an der Grenze gelegenen Stadt, zu erneuern gedachte. Zu diesem Zwecke rüstete er mich mit zwei flachen Brotbeuteln aus, die ich unter dem Mantel verbarg. Er selbst nahm es auf sich, zwei große Feldflaschen durch die Wache zu befördern, da er ja sein »Passepartout« besaß. Ich sollte ihn nach Einbruch der Dunkelheit in einer arabischen Garküche hinter der Moschee erwarten, wo wir uns durch einige in Honig gebackene Pfannkuchen, die er als vortrefflich rühmte, für den Weg stärken wollten.
Das alles war in einer Viertelstunde abgemacht. Eine weitere Viertelstunde mußte ich darauf verwenden, den dikken Hoor abzuschütteln, dem ich auf der Treppe begeg-

nete, und der mich unbedingt in die Stadt begleiten wollte. Ich erfand soviel Ausflüchte, daß er mißtrauisch zu werden begann und mir auf den Kopf zusagte, daß ich bedenkliche Dinge vorhätte, die ich ohne seinen Schutz nicht bestehen würde. Ich wurde ihn nur los, indem ich ihm ein Rendezvous versprach. Sehr vergnügt schlüpfte ich endlich mit meinen Brotbeuteln aus dem Tore hinaus. Der Gedanke, daß Benoit mich im Stich lassen könnte, kam mir nicht in den Sinn.

Wir wollten uns um neun Uhr treffen, bis dahin waren noch einige Stunden Zeit, die ich benutzte, in der Stadt umherzuschlendern und allerlei Dummheiten zu begehn. Es war fast ein Wunder, daß mir nicht hier schon ein ärgerlicher Zufall begegnete. So kam es mir, als ich vor dem Laden eines Uhrmachers stand, in den Sinn, einzutreten und einen Taschenkompaß zu erstehen – das war wohl der verdächtigste Gegenstand, nach dem man sich hier überhaupt erkundigen konnte. Daher war es nicht weiter erstaunlich, daß der Uhrmacher, nachdem ich den Laden verlassen hatte, vor seine Tür trat und neugierig hinter mir herstarrte.

Um mich seinen Blicken zu entziehn, bog ich eilig in ein enges Gewirr von Gassen ein, das in eine lange und schmutzige Straße mündete, auf der ich viele Soldaten müßig auf- und abschlendern sah. Manche von ihnen belustigten sich, Scherzworte mit Mädchen zu wechseln, die vor baufälligen Lehmhütten, eigentlich mehr vor Höhlen, am Boden kauerten und sich die Hände über großen irdenen, mit glühenden Holzkohlen gefüllten Geschirren zu wärmen suchten. Andere sah man in kleine Bars verschwinden, die nur durch Vorhänge aus Glasperlen und buntem Rohr von der Straße geschieden waren. In den Winkeln standen Verkäufer mit roten Mützen und schmorten über offenen Holzfeuern kleine Stücke von gepfeffertem Hammelfleisch, die sie auf dünne Spieße gefädelt hatten.

Es begann zu dämmern; die zahlreichen glühenden Feuer, das vielsprachige Stimmengewirr und die dunklen Schatten, die sich in den Lehmhütten bewegten, gaben dem Orte etwas Bösartiges. Ich mußte in das dunkle Viertel geraten sein, in dem sich der Korporal Davide zu vergnügen pflegte, und dessen Betreten, wie am Kasernentore angeschlagen stand, mit fünf Tagen Arrest geahndet wurde.

Während ich mich noch neugierig umblickte, sah ich, daß die Straße plötzlich wie durch einen Zauberschlag verödete. Alle Müßiggänger machten sich durch die Seitengassen davon, und, nichts Gutes ahnend, beeilte ich mich, ihnen nachzustürzen. Gleich darauf tauchte in der langen Straße die Wache auf, die hier den Polizeidienst verrichtete; sie führte einige Unvorsichtige, die sie erwischt hatte, unter aufgepflanztem Seitengewehr mit sich fort.

Kaum war die Gefahr vorüber, als wie beim Katze- und Mausspiel alles auf die Straße zurückströmte. Ich war hinter einigen anderen hergelaufen, die sich in einen dunklen Winkel verkrochen hatten; unter ihnen erkannte ich meinen Landsmann Huke, der sich sehr erfreut zeigte, mich zu sehn. Er versuchte gleich, mich zu bereden, mit ihm zwei wunderbare, sechzehnjährige Spanierinnen aufzusuchen, deren Wohnung, wie er sagte, ganz in der Nähe lag. Ich hatte bereits in unserem Schlafsaal gehört, wie er diese Entdeckung seinem Freunde, dem Kellner, gepriesen hatte; er sprach überhaupt von nichts anderem. Obwohl mir ein solches Abenteuer fast unheimlich vorkam, ließ ich mich, halb von Angst, halb von Neugier erfüllt, von ihm fortziehen und folgte ihm, während er wie ein Kater über dunkle Stege und Hinterhöfe schlich.

Diese Angst verstärkte sich noch, als er, nachdem wir die Straße erreicht hatten, mich in eine der dunklen Behausungen zog. Dort sah ich ihn mit der Miene eines jahrelangen Bekannten zwei Wesen begrüßen, die zwar ebensogut zwanzig wie sechzehn Jahre alt und ebensogut Jüdinnen wie Spanierinnen sein konnten, aber sicher für den Kenner nicht ohne Reiz waren. Sie trugen gelbe Kleider, was ihnen zu ihren blauschwarzen Haaren nicht übel stand, und die aufgeworfenen Lippen gaben ihnen einen herausfordernden oder, wie ich meinte, drohenden Zug. Obwohl ich mir theoretisch über die Lage im klaren war, so stellte sie sich mir doch praktisch in einem ganz anderen und schwer zu beschreibenden Lichte dar – etwa so, als ob wir in einen durchaus verbotenen Raum gedrungen wären, in dem plötzlich ein Dämon aus der Wand fahren und uns in Stücke reißen könnte.

Daher kam mir die leichtfertige Sicherheit, mit der mein Landsmann sich hier bewegte, auch fast unglaublich und wie ein Zauberkunststück vor. Ohne sich weiter um mich zu kümmern, stellte er mich als einen guten Jungen vor, der gleich eine große Zeche machen würde, und verschwand wie jemand, der einen Berg hinunterrutscht, mit der einen in einem benachbarten Raum, indem er mich der anderen hinterließ.

In dieser heiklen Lage schien es mir am besten, so zu tun, als ob ich mit dem ganzen Handel nichts zu schaffen hätte. Ich setzte mich daher an einen kleinen Tisch, der neben dem Eingang stand, und den wie ein Stilleben eine mächtige, in zwei Teile geschnittene Oportozwiebel zierte – wir hatten wohl beim Abendessen gestört. Nachdem ich dort eine Weile tiefsinnig vor mich hingestarrt hatte, wagte ich einen Seitenblick und wurde von einem neuen, verdoppelten Schrecken gepackt, denn die gelbe Dame war, als ob sie sich ganz allein im Raume befände, gerade dabei, ihr Fähnchen über den Kopf zu streifen, unter dem sich weder Hemd noch Wäsche befand. Bei diesem unerwarteten Anblick stürzte ich, als ob mich eine Biene gestochen hätte, zur Türe hinaus, freilich weniger aus Tugend, als in einem unwiderstehlichen Anfall von Verlegenheit. Als ich lautes Geschrei hinter mir vernahm, verdoppelte ich meine Eile noch, ohne an den unglücklichen Huke zu denken, den ich dort als Zechpreller in der Falle ließ. Er blieb in der peinlichen Lage des Isegrim zurück, der mit Reinecke auf das Eis zum Fischen gegangen ist, und die man in diesem herrlichen Epos des näheren nachlesen kann.

Philipp Rosenthal

Die bitteren Lehren der Legion

»La guarde meurt, mais elle ne se rend pas.« – Die Garde stirbt, aber ergibt sich nicht, soll Cambronne gesagt haben, als er bei Waterloo aufgefordert wurde, sich zu ergeben; was er tatsächlich gesagt hat, war: »Merde!« (Scheiße) Aber Humbug erfordert hochgestochene Worte von Soldaten, zumindest für die Zeitungen und Geschichtsbücher. In der Praxis genügt es, daß sie kämpfen. Der Tommy, der mit einer Handgranate eine Maschinengewehrstellung stürmt, die unter seinen Kameraden schwer gewütet hat, denkt nicht: »Vorwärts für England, Heimat und Schönheit«, sondern etwa: »Dir werd' ich's zeigen, du Hund!«
Die Gefühle für Ehre, Ruhm und »die gute Sache« werden meistens später und von Außenseitern fabriziert. Diese Kluft zwischen der Legende und der Wirklichkeit existiert selbst in Armeen, wenn sie für eine Sache eintreten, die im Licht der Geschichte gut ist. Vermutlich muß es diesen Mumpitz über eine Armee geben, sonst würden die Menschen ihr nicht einmal für die gerechteste Sache beitreten, zumindest nicht, solange das Niveau des politischen Bewußtseins nicht beträchtlich erhöht ist.
Aber um die Legion, deren einziger Zweck gewesen ist, die Araber und Annamiten für das französische Empire zu erobern und diese Eroberung zu verewigen, ist eine Humbuglegende aufgebaut worden, mit der sich keine andere Armee messen kann.

Der Humbug fängt an mit dem stolzen Motto: »Honneur et Fidelité«, »Valeur et Disciplines«, das auf jeder Kneipe der Legion von Fez bis Saigon steht, an Wände aller möglichen und unmöglichen Orte geschmiert und in den Stein gemeißelt ist, wo sie gekämpft hat, über jedem Tunnel, den sie gebaut hat, und es wird von jedem Legionsoffizier bei jeder festlichen Gelegenheit nachgekaut. »Honneur et Fidelité«: Ehre und Treue.

Ehre: Dennoch ist der moralische Standard des Durchschnittslegionärs weit unter dem des Soldaten jeder Armee, der ich einmal angehört, die ich je gesehen, von der ich gehört oder gelesen habe. Und das nicht nur wegen des menschlichen Materials, sondern auch wegen des Systems. So wird in der Legion zum Beispiel der Diebstahl prämiert.

Das Ideal eines »guten Legionärs« ist ein Mann, der Dinge »organisiert«, was bedeutet: sie klaut. Das ist gewiß in allen Armeen der Fall, aber das Beklauen von Kameraden gehört nicht dazu. Wenn jedoch in der Legion ein Mann einen Gegenstand seiner Ausrüstung, einen Schlips, einen Zeltstab oder eine Gewehrschraube nicht vorweisen kann, sagt ihm der Unteroffizier: »Wenn du das Ding nicht innerhalb von vierundzwanzig Stunden vorweisen kannst, kommst du vier Tage in den Bau.«

Wenn dann der Mann jammert: »Aber wo soll ich das nur herkriegen?«, dann lautet die Antwort:

»Debrouillez-vous.« (Organisiere es!)

Also geht er hin und klaut es von einem Kameraden, der seine Habseligkeiten nicht mit einem Adlerauge überwacht. Der klaut es dann seinerseits wahrscheinlich von einem anderen armen Schlucker; aber irgendwer kriegt unweigerlich die vier Tage: nämlich der Ehrliche; die anderen sind »bon debrouillard«: gute Organisierer. Gewiß würde einer, der auf frischer Tat ertappt wird, seine Prügel beziehen, aber ein »bon debrouillard« wird nie erwischt. Ich habe es mir zwar immer zur Regel gemacht, nur von

den übelsten Burschen zu klauen, weil die jedoch wieder vom nächsten klauen und so weiter in einem Teufelskreis, kann ich mir nicht schmeicheln, daß ich dem Dilemma zwischen Dieb und Trottel entgangen bin.
Der moralische Standard im volkstümlichen Sinn ist noch niedriger. Es ist kein Zufall, daß in allen Garnisonen Nordafrikas die Frauen, ob weiß oder braun, dem Legionär aus dem Wege gehen wie der Pest. Vielleicht ist er eine romantische Figur in Hollywood oder sogar in Paris, wo kurz vor dem Kriege die Frauen bei der Parade zum 14. Juli wild wurden, als die Legionäre vorbeimarschierten, und ihnen die Knöpfe ihrer Uniform als Souvenirs abrissen, oder wo Lucienne Boyer am Klavier einen sentimentalen Song über »ihren Legionär, der *si bon* nach dem heißen Sand roch« schmelzend zum besten gab. (Schatten von Julio Maria!) Aber in Fez oder Algier durchschauen einen die Nutten, wenn man ein weißes Käppi zur Schau trägt: sie wissen schon, warum.
Die gewöhnlichste Form der Perversion ist zum Beispiel so verbreitet bei den Legionären, daß sie längst keine Ausnahme mehr ist. Die jüngeren Rekruten werden von »anciens« hergenommen, ihr Zustand der Verängstigung macht sie zur leichten Beute in den Worten eines deutschen Liedes der Legion:

»Es war einmal einer Mutter Sohn,
Der ging in die Fremdenlegion;
Französisch lernt' er nicht verstehen,
Aber Arschficken und Zigaretten drehen.«

Die übliche Erklärung und Entschuldigung für die Homosexualität gilt natürlich in erhöhtem Maße für eine so abgeschlossene Männergemeinschaft; aber das macht sie nicht erfreulicher, vor allem, da sie nicht so sehr ein verborgenes Laster als ein öffentliches Ärgernis ist, das mich in den Baracken oft am Schlafen gehindert hat. Wie der Diebstahl ist es selbstverständlich offiziell tabu, aber da einige der Offiziere ihre jungen Burschen ganz offen bei sich in ihren Zelten schlafen ließen, hat auch das nicht sehr viel Bedeutung.

Einige Formen der Perversion in der Legion wären komisch, wenn sie nicht so abstoßend wären. Mit den Ersatzmannschaften von einer anderen Kompanie bekamen wir einmal einen Legionär, der in seinem »livret militaire« – dem Soldboch – einige sehr häßliche Vermerke trug. Sie besagten, daß er stets Kämpfe entfesselte, daß er übermäßig trank, daß er nicht vertrauenswürdig war, daß er offen gestanden ein »mediocre légionaire« war (etwa das schlechteste Zeugnis, das ein Mann bekommen kann, ohne zur Strafkompanie geschickt zu werden). Aber danach kam – und hier ist offenbar, daß sein früherer Kompanieführer etwas Positives aussagen wollte: »Er kann mit Tieren umgehen.« Man machte ihn daher prompt zum Maultierwärter, dem zwei Küchenmaultiere zugeteilt wurden. Genau eine Woche später schleifte ihn der Sergeant-chef für Lebensmittelversorgung, dem die Mannschaft völlig gleichgültig war, der aber die Maultiere betreute wie ein Vater, vor den Leutnant mit der Klage, man habe ihn dabei erwischt, wie er mit einem Maultier mit Hilfe eines Schemels verkehrt hätte. Sein »Umgang mit Tieren« kostete ihn acht Tage, da Napoléon einer der wenigen Kompanieführer war, die derartige Vorkommnisse ausmerzen wollten, wenn und wann immer sie zu seiner Kenntnis kamen.

Das war's mit der »Honneur«. Und »Fidelité«, der zweite Teil des Mottos? Schon der Gedanke einer Loyalität zur Legion wird durch die Anzahl der Deserteure ad absurdum geführt, die viel höher ist als bei anderen Armeen; und das trotz der Tatsache, daß die Chancen für eine erfolgreiche Desertion sehr gering sind; trotzdem haben die meisten Legionäre mit etwas Wagemut sie einmal versucht. Warum sollten sie einem Corps gegenüber loyal sein, das sie als billige Polizei oder Arbeitskraft, Kanonenfutter und

Abschaum betrachtet? Oder konnten sie Frankreich gegenüber loyal sein, ihrem »adoptierten Vaterland«, wie die Offiziere bei patriotischen Anlässen zu sagen pflegen? Sie sind keine Franzosen, und während der Eingeborene eines jeden Landes schließlich doch eine vernunftwidrige Loyalität fühlen mag, so schlecht es ihn auch behandelt hat, muß die Loyalität eines Ausländers zu einem Land notwendig in etwa der Dankbarkeit entsprechen, die er ihm gegenüber verspürt; das ist jedoch im Falle des durchschnittlichen Legionärs eine Minusquantität. Aber der Humbug geht noch weiter: Eine ansehnliche Anzahl der Offiziere, die in Saint Cyr ausgebildet worden sind, sind durchaus ehrlich, wenn sie über Ehre, Treue und die große Tradition der Legion salbadern. Es ist mir immer läppisch vorgekommen, wenn Napoléon in Begeisterung verfiel, während die Mannschaften nur daran dachten, wieviel länger sie noch in der Sonne stehen müßten, um sich diesen Erguß anzuhören.

Humbug in der Legion erstreckt sich auf die grundlegendsten soldatischen Eigenschaften, zum Beispiel schneidig aussehen; verglichen mit einem durchschnittlichen französischen Infanterieregiment sahen wir in der Tat schneidig aus: die Stiefel glänzten, die Waffen waren fleckenlos; ein Stäubchen im Gewehrlauf, und man war geliefert. Jedoch während meiner gesamten Dienstzeit bei der Legion ist mir nur ein einziges Paar Socken zugeteilt worden. Ich habe über hundert Gewehr- und Stiefelinspektionen mitgemacht, aber nicht eine einzige Inspektion der Füße: Schimmernde Schuhe, keine Socken und schmutzige Füße; das ist die Legion.

Welche Sorte Männer bilden die Legion? Die Legende will uns glauben machen, es seien »fröhliche Abenteurer«, Kriminelle, die die Polizei mehrerer Länder hinters Licht geführt haben, indem sie anmusterten, Männer mit tragischen Liebesabenteuern, deren Vergangenheit ihnen ins Gesicht geschrieben ist, obwohl sie sich weigern, davon zu sprechen. Quatsch. Die meisten Legionäre sprechen von ihrer Vergangenheit, bis man es gründlich satt hat, ihre mythischen Geschichten zu hören, die mit jeder Schilderung an Unwahrscheinlichkeit zunehmen. Und die Geschichte, die man oft in ihrem Gesicht geschrieben findet, ist die ihres Versagens: Versagen in der Politik, Versagen im Verbrechen und schlicht Versagen im alltäglichen Leben.

Um mit den Verbrechern anzufangen, so würde ich ihre Zahl auf nicht höher als zehn Prozent aller Rekruten veranschlagen. Weiß Gott keine Juwelendiebe, Fälscher und Mörder im großen Stil, sondern kleine Diebe, Zuhälter und Raufbolde, denen es nicht einmal gelungen ist, ihre Verbrecherlaufbahn erfolgreich zu gestalten. Wenn sie erfolgreiche Verbrecher wären, dann wären sie nicht in der Legion, denn ein erfolgreicher Verbrecher muß intelligent sein, und ein intelligenter Mann, selbst wenn er das Unglück hätte, erwischt zu werden, würde wissen, daß jedes europäische Gefängnis besser ist als die Legion.

Gewiß gibt es Ausnahmen; ich hatte mich mit einem riesigen Neger aus Texas angefreundet, der alle Aussichten auf eine große Laufbahn im Boxen hatte, bis er eines Nachts in Barcelona seine Freundin zu Tode prügelte. Er machte den Eindruck eines netten Burschen, der keiner Fliege etwas zuleide tun könnte. Als ich ihn fragte, warum er es getan hätte, antwortete er: »Junge, ich war vielleicht stinkbesoffen.«

»Als du das Mädchen umgebracht hast?«

»Nein, die hat's verdient, aber als ich hier für diese Einheit anmusterte, hätte ich bestimmt was Besseres finden können.«

Es gibt wahrscheinlich unter den Mitgliedern eines Nightclub in Wardour Street mehr Verbrecher, die diese Bezeichnung verdienen, als in einer Kompanie der Fremdenlegion. Auch ist enttäuschte Liebe nicht der erfolgreichste Werbeoffizier, sondern Suff und Faulheit. Mehr als die Hälfte aller Rekruten waren Männer, die nicht imstande waren, wegen Trunksucht oder Faulheit einen bürgerlichen Beruf auszuüben, Opfer der Depression, Kriegswracks, die nach der Demobilisation entdeckten, daß sie nicht mehr auf den eigenen Beinen stehen konnten, sondern das fortwährende Gebell eines Unteroffiziers hinter sich brauchten, um arbeiten zu können. Gewiß keine »fröhlichen Abenteurer«.

Das beste Material ist unter den wie immer gearteten politischen Flüchtlingen zu finden; sie sind die einzigen mit einer Moral. Sie wechseln dauernd an Zahl und vorherrschender Nationalität; je nachdem, wie viele und welche Länder zuletzt eine Revolution oder eine Säuberungsaktion durchgemacht haben. Zu meiner Zeit gab es noch eine Menge Russen, aber mehr Spanier, Deutsche und Österreicher. Die Legion ist ein zuverlässiges Barometer für den allgemeinen Zustand der Welt. Je höher der Standard der Rekruten, das heißt, je mehr politische Flüchtlinge unter ihnen sind, desto schlimmer ist der Zustand von Unterdrückung und Intoleranz, in dem sich die Welt befindet. Natürlicherweise war sie kurz vor dem Krieg und während seiner Dauer höher als je zuvor.

Die übrigen fünf oder zehn Prozent, zu denen ich mich zähle, sind die Idioten, die sich durch den Nimbus der Legion haben locken lassen, um zu entdecken, daß ihre abenteuerliche Geste die pure Narrheit war.

Wenn das grob gesprochen der Menschenschlag ist, der das Rohmaterial der Legion bildet, dann bleiben die Kategorien doch nicht lange deutlich. Denn die Legion ist ein großer Gleichmacher und prägt in hohem Maße einen Typ. Da die normale Routine ein Übermaß an Marschieren und Arbeiten ist, der einem die Fähigkeit raubt, etwas anderes als Müdigkeit und Hoffnungslosigkeit zu fühlen, gefolgt von übermäßigem Trinken, um sich besser zu fühlen, gefolgt von einem betäubten Schlaf, aus dem einen nur die Trompete und die Furcht vor dem Sergeanten hochreißen kann; und da diese Routine wenig Platz für Lesen, Gespräche oder die eigentliche Voraussetzung der Individualität, Sauberkeit und Einsamkeit läßt, macht es bald wenig Unterschied, ob man zuvor ein neapolitanischer Kellner, ein russischer Aristokrat, ein polnischer Bauer oder schließlich auch ein Student in Oxford gewesen ist. Man ist Legionär geworden, ein Mann, der unendlich lange marschieren und arbeiten kann, der aber sonst kein anderes Interesse kennt, als Schwulitäten zu vermeiden und reichlich saufen zu können. Die Legion wird mit dem Suff betrieben, er wird befürwortet; Unregelmäßigkeiten, die auf den Suff zurückzuführen sind, werden von Offizieren und Unteroffizieren mit Nachsicht behandelt, und es gibt sogar eine geheime Anerkennung für den Mann, der säuft. Suff verhindert Meuterei und Selbstmord; er ist das einzige Mittel, mit dem man sich aus der gräßlichen Monotonie der folgenden Tage befreien kann. Aber der Suff ist auch ein großer Gleichmacher, und zwar nach unten.

Das Ausmaß, in dem das unerfreuliche Verhalten des Endprodukts, des Ancien, mehr auf das System als auf das Rohmaterial zurückzuführen ist, habe ich erst nach langer Zeit erkannt. Der Sprung, den ich von einer Welt in eine andere getan habe, von Oxford in die Fremdenlegion, war zu plötzlich gewesen und ohne irgendwelche Zwischenstufen, die mich befähigt hätten, diese beiden vorwiegend männlichen Gesellschaften miteinander in Beziehung zu setzen. Oxford betrachtete ich weiterhin als Teil der normalen, wirklichen Welt, wo eine Mehrheit von anständigen Menschen sich anständig betrug, und die Legion als Alptraum verkommener Typen, die sich entsprechend aufführten. Selbst wenn ich mir einen Mann wie Alexandrowitsch ansah, der, wie ich wußte, ein geachteter Richter gewesen war und nun einem kujonierenden Korporal die Stiefel ableckte, dann konnte ich nur schließen, daß er immer unterwürfig und ohne Stolz gewesen war, und dachte bei mir, wenn ich ihn betrachtete: Wenn er doch wenigstens mal sein Hemd waschen würde! Es kam mir

nie in den Sinn, daß er damals vielleicht nicht zweimal dasselbe Hemd getragen hätte.
Erst als ich mich dabei ertappte, daß ich selber unter Druck Dinge tat, die ich zuvor bei anderen verachtet und für mich selbst für unmöglich gehalten hatte, dämmerte es mir, daß vielleicht die Menschen der zwei Gesellschaften sich nicht grundlegend voneinander unterschieden; daß man nicht einmal in einer Verallgemeinerung die Menschheit in gute und böse, sondern lieber in starke und schwache Charaktere teilen sollte. Gewiß gibt es die positiv und aktiv Guten und die positiv und aktiv Bösen, und auf beide hat die Umgebung kaum eine Wirkung; aber diese beiden Kategorien moralisch unabhängiger Charaktere bilden eine kleine Minderheit; die meisten Menschen sind moralisch neutral: sie betragen sich anständig, solange das System, unter dem sie leben, sie erzieht, ermutigt, es von ihnen erwartet und sie vor allem dazu befähigt, so zu leben. Aber das ist kein moralisch aktiveres Verhalten als die Sauberkeit eines abgerichteten Hundes. Trotzdem gehen sie mit Stolz auf ihren Anstand und ihre Fairneß durch das Leben, ohne zu begreifen, daß sie sich unter Druck ganz anders verhalten würden. An einem Ort wie Oxford wird diese Tünche des anständigen Betragens selten abgekratzt; es besteht keine Notwendigkeit, sich anders als anständig zu betragen. Solange Sicherheit, Nahrung und Komfort garantiert sind, kann der Existenzkampf höchstens ein Kampf der Eitelkeit sein. Daher betragen sich nur die aktiv bösartigen Menschen schlecht, und die sind auch selten. In der Legion dagegen, wie in anderen Gesellschaften der Unterdrükkung, Entbehrung und Armut, ist der Druck ungeheuer, und da es dort keine öffentliche Meinung gibt, der man nachleben muß, sacken die neutralen Persönlichkeiten mit ihrem Milieu ab. Wir wissen erst, wie wir wirklich sind, wenn wir unter Druck geraten, und nach meiner eigenen Erfahrung bin ich mit ganzem Herzen für eine Gesellschaft, wo ein solcher Druck nicht existiert.

Humbug und die sogenannte Zivilisation, die Menschen zu Maschinen erniedrigt, sind zugleich die beiden Hauptgründe für das Überleben der Legion. Warum stirbt die Legende der Abenteuer nie aus, und warum finden sich immer wieder Leichtgläubige, die darauf reinfallen? Wenn ein Legionär in sein früheres Leben zurückkehrt, würde man erwarten, daß er diesen Mythos hochgehen läßt, um die Wahrheit zu berichten, daß die Legion viel schwere Arbeit, wenig Löhnung und die miese, eintönige Existenz eines Paria bedeutet? Aber er tut es nie: Irgendein bewunderndes Mädchen in der Tschechoslowakei, in Italien oder New York sieht ihn mit glänzenden Augen an und sagt: »Du warst in der Legion! Was du für Abenteuer bestanden haben mußt!« Wer kann dem widerstehen und nicht prahlen? Armer Teufel, er wird die Sache nach Möglichkeit romantisieren, von Kämpfen bis zum letzten Graben reden, von unbekümmerten Abenteuern mit orientalischen Schönheiten, wobei er ausläßt, daß das besagte Abenteuer ihn fünf Francs gekostet und fünf Minuten gedauert hat. Ja, er wird diesen Humbug aufrechterhalten, so daß die nächste Schar von Leichtgläubigen ihm verfällt.
Aber Legionäre, die in ihr früheres Leben zurückkehren, sind selten. Manche mögen die Legion verflucht und verdammt und jeden Tag ihrer fünf Jahre auf dem Kalender ausgekreuzt haben; sie haben vielleicht für den Tag gelebt, an dem sie entlassen würden, und von den schönen Dingen geträumt, die sie unternehmen wollten. Man konnte sie sagen hören: »Oh, ich habe meine Lektion gelernt.«
Sie haben nichts gelernt, aber sie haben vergessen, auf den eigenen Füßen zu stehen. Wenn sie zurückkehren, schaffen sie es selten über Marseille hinaus. Dort kommen sie forsch in ihrer Zivilkleidung über die Brücke vom Fort St. Jean, ihr Abmusterungsgeld in der Tasche: Eintausend Francs erscheinen wie ein Vermögen, wenn sie fünf Jahre lang mit einem Höchstbetrag von zwei Francs pro Tag existiert haben. Daher stellen sie ein paar Tage lang eine –

wie sie meinen – verdammt feine Figur dar. Wenn das Geld hin ist, sind sie verloren. Dann geraten sie in irgendeine Schlägerei, und da die Polizei von Marseille Ausländern nicht übermäßig freundlich gesinnt ist, sind Gefängnis oder die Legion die Alternative, der sie sich gegenübersehen. Woher sollten sie wissen, daß sie das Recht haben, den Transport an irgendeine Grenze zu verlangen? Und so kriechen sie denn ein oder zwei Wochen, nachdem sie ihr neues Leben begonnen haben, wieder zurück, ein wenig unrasiert und außerordentlich ernüchtert.
Andere, denen es gelingt, eine Stelle zu finden, können nur selten dabei bleiben. Es gibt keine Trompete mehr, die sie aus dem Bett reißt, keinen Sergeanten, der sie in Trab hält; für den Erfolg im Zivilleben müssen sie sich auf den eigenen Willen verlassen; und Willenskraft ist genau das, was die Legion ihnen genommen hat; zudem wird ein Vorgesetzter im bürgerlichen Leben keine Betrunkenheit dulden. Am besten suchen sie sich etwas, was nichts weiter erfordert als bloße Anwesenheit. Es ist kein Zufall, daß so viele von den altgedienten »Beaux Sabreurs« ihr Leben als Nachtwächter beschließen.

Marokko

Am westlichen Ende des Mittelmeeres liegt das »Königreich des Islam«. Nur 450 Kilometer ist seine Mittelmeerküste lang, 1200 Kilometer dagegen die Atlantikseite.
Marokko ist im exakten Sinn kein richtiges arabisches Land. Das Arabische überlagert lediglich die Kultur der Ureinwohner, der Berber. Eine Bezeichnung, von der Sprachforscher meinen, sie käme von »Barbaros«. Denkbar ist es schon, daß diese wilden Burschen, bei denen noch bis vor ein paar Jahrzehnten die Blutrache galt und die noch heute an Geister glauben, fremden Besatzern barbarische Angst eingejagt haben.
Die Marokkaner sind Mohammedaner, doch neben Allah fürchten und verehren sie die Djinn, koboldartige Geister, die für gute wie böse Taten verantwortlich sind. Sie stekken überall, im Fotoapparat und in der Petroleumlampe, im Auto und im Kamelmist. In der Wüste, in den Wäldern und im Wasser sind sie ebenso zu Hause wie in den Köpfen der Menschen.
In Marokkos vier Königstädten spiegelt sich seine Geschichte. Jede von ihnen war einmal Residenz, jede von ihnen hat noch heute ihr eigenes Gesicht. Rabat, die Hauptstadt, Meknès, das »marokkanische Versailles«, ist die jüngste der Königstädte. Fès ist die Stadt der labyrinthischen Souks voller frisch gefärbter Wolle. In Marrakesch aber lebt trotz aller Touristen noch etwas vom alten Zauber: in seiner Kasbah werden Schränke und Nähnadeln, Konserven und Wunderarzneien feilgeboten, und auf dem Djemaa el Fna lauschen Menschentrauben den Märchenerzählern, als wäre das Fernsehen noch nicht erfunden.

John Knittel

Der General und der Rebell

Der General lehnte sich mit dem Ellbogen gegen die vorspringende Mauerkante, leichenblaß, mit wild wucherndem Bart, das Haar zerzaust, die Hände mit Schmutz bedeckt. Ohne eine Miene zu verziehen, empfing er den Eindringling, musterte ihn mit kaltem Blick von oben bis unten und wußte sogleich, daß er einen marokkanischen Granden vor sich hatte. Si Mohammed begrüßte den General sehr liebenswürdig, gab durch ein Lächeln des Bedauerns, das er mit einer graziösen Geste und einer eindrucksvollen Verbeugung begleitete, zu verstehen, daß er einen Mann begrüßte, der ihm gesellschaftlich ebenbürtig sei, wenn auch von minderer Rasse. Ohne Zeit zu verlieren, erklärte er in gebrochenem Französisch, daß Seine Exzellenz, der Pascha ihn geschickt habe, um den General zu sich zu bitten. De Sonloup betrachtete ihn finster. Er glaubte diesen Typus des Marokkaners zu kennen, diese Männer voller Stolz und Schlauheit; und er redete ihn in verächtlichem Tone auf arabisch an:

»Alte Canaille! Seit wann nimmt ein französischer General von seinen Untergebenen Befehle entgegen? Geh zu deinem Pascha und sage ihm, er soll zu mir kommen, wenn er mit mir sprechen will. Und vergiß nicht zu erwähnen, daß er seine besten Kleider anziehen muß. Sag ihm, er soll sich das Gesicht waschen und sich die Läuse aus dem Bart kämmen!«

Ein mörderischer Ausdruck trat in Si Mohammeds Augen, verschwand aber sehr rasch, und sein Blick wurde lauernd, verschleiert, falsch. Er äffte den Gruß eines französischen Offiziers nach und entfernte sich.

Die Stunden verstrichen, aber niemand kam. ›Vielleicht ist jetzt endlich der Augenblick nahe, da mir die Feinde den Tod bereiten. Möge er kommen. Mein Tod kann für Frankreich mehr bedeuten als das Verschwinden eines ganzen

Regimentes, vielleicht sogar den dauernden Besitz Marokkos. Frankreich muß und wird einen letzten Versuch machen, meinen Tod zu rächen.‹

Besessen von dem Gedanken an den Tod, zog er seinen Waffenrock aus, breitete ihn auf die Erde und klopfte ihn mit den Fäusten, um den Staub zu entfernen. Mit seinem Taschentuch und etwas Speichel säuberte er die Reihen der Ehrenzeichen, die an das blaue Tuch geheftet waren. Schließlich zog er den Waffenrock wieder an, und während er in dem finstern Keller auf und ab spazierte, hatte er plötzlich das Gefühl, als verwandle das Tuch sich in einen eisernen Panzer, der seinen Körper aufrecht hielt; ihm war, als umringten ihn seine geliebten Soldaten. ›Courage, courage, notre Général. Et encore du courage!‹

*

Wieder knirschte das Schloß. Die Tür wurde von außen her aufgerissen, und langsam betrat Le Roux den Raum. Sein Kopf war mit blendend weißem Musselin umwickelt. Seine weißwollene Djebirah war fleckenlos, an den Füßen trug er gelbe Sandalen von feinstem Leder. Sein Kinn und sein roter Bart waren verschleiert, und nur sein Mund und die Oberlippe lagen bloß; das weiche, rote Haar, das seine Lippen bedeckte, verwuchs mit dem Vollbart. Anscheinend war er zuerst ein wenig verwirrt, denn er tastete mit den Händen in den weiten Falten seines Gewandes umher. Dann aber, während er ein paar Schritte näher kam, verschränkte er die Arme vor der Brust und murmelte die religiöse Grußformel. De Sonloup lehnte sich wieder mit dem Ellbogen gegen die Wand. Er sah die fast unnatürlich blauen Augen, unnatürlich, weil sie gerade in einem solchen Gesicht saßen, und ein paar Sekunden lang drangen seine forschenden Blicke tief in sie ein. Aber er wußte sofort, daß es unmöglich sei, zu dieser Seele vorzudringen. Nichts stand in diesen Augen als eine Traurigkeit, von der

alles abzuprallen schien wie Kugeln von einer stählernen Wand. Le Roux sprach Französisch. Hoffentlich, sagte er, sei der General mit der Sauberkeit seiner Person zufrieden, er habe für diese Zusammenkunft sogar seinen Bart parfümiert. De Sonloup überhörte diese höhnische Bemerkung und lächelte nur ein bitteres Lächeln. Sein linker Mundwinkel verzerrte sich, sank herab und zuckte dann nach oben. Im gleichen Augenblick umspielte den Mund Le Roux' dieselbe Grimasse, und der General, in der Meinung, der Pascha äffe ihn nach, fühlte, wie ihm das Blut zu Kopfe stieg. Ein paar Sekunden lang standen sie da und grinsten einander sozusagen an. Dann gelang es dem General mit einer gewaltsamen Anstrengung, seine Lippen zu beherrschen.
»Was wünschen Sie, Pascha?« fragte er mit harter, ruhiger Stimme.
»Ich muß Monsieur le Général die Mitteilung machen, daß er in Zukunft meinen Befehlen augenblicklich zu gehorchen hat.«
»Bisher war es meine Aufgabe, Untergebenen Befehle zu erteilen.«
»Eh bien! Sie müssen jetzt umlernen. Ich rate dem General, die Befehle seines vermeintlichen Untergebenen entgegenzunehmen, da sonst ein Untergebener ihn zum Gehorsam zwingen wird.«
Ein wildes Leuchten stand in seinen Augen: seine Blicke schienen den General zu durchbohren. De Sonloup fühlte in ihnen eine verborgene, dynamische Kraft, eine wunderbar beherrschte Wildheit, die alle seine Gedanken an Frankreich und an seine Soldaten auslöschte. Er richtete sich auf, stemmte die Fäuste in die Hüften und fragte:
»Wo ist meine Tochter?«
Le Roux starrte ihn an, kalt, grausam, regungslos. Große Ziffern, große Summen Geldes schossen ihm durch den Kopf; vor seinem inneren Auge entrollte sich die Vision einer riesigen Karawane, mit Hunderten und aber Hunder-

ten von Kisten, die alle mit Patronen und Geschossen gefüllt waren.
»Mademoiselle«, sagte er leise, »geht es gut.«
»Wo ist sie?«
De Sonloup ballte die Fäuste.
»Sie ist dort, wo eine Frau hingehört.«
»Ich muß sie sehen! Jetzt! Sofort!«
Le Roux betrachtete den schönen Ring an seiner Hand, den er vom Finger eines im Rif gefallenen spanischen Edelmannes geschnitten hatte.
»Ihre Tochter ist hartköpfig wie ein Maultier, aber sie hat sehr weiche, sehr weiße Arme.«
De Sonloup fuhr zusammen wie unter einem Faustschlag und drehte Le Roux den Rücken. Seine Schultern zuckten scharf empor. Er knirschte mit den Zähnen. Ein Zittern lief durch seine Glieder. Er biß sich auf die Lippen, und plötzlich machte er ein paar Schritte auf die Wand zu, warf die Hände empor und schrie mit lauter Stimme:
»Wer will noch behaupten, daß wir zivilisierte Franzosen nicht das Recht haben, mit solch einem Volke bis zum äußersten zu verfahren? Canaille!«
Le Roux verbarg seine Gedanken unter einem Blick voll tiefer Traurigkeit. Als er zu sprechen begann, klang seine Stimme sehr leise und bescheiden.
»Das habe ich oft genug gehört. Ich habe das als kleiner Junge gehört. Ich habe es in Oran an den französischen Schulen gehört, die ich besuchte. Dort waren französische Knaben, kleine Bengel, die Söhne kleiner Beamter und ähnlicher Niemande, die wie das Ungeziefer an unserer heiligen Erde schmarotzten. Sie lachten über Abd-el-Kader, den Sohn Slimans, den Araber aus der Wüste. Sie gaben mir meinen Namen: Le Roux – der Rote. Und sie sollen noch vor Le Roux erzittern!«
Die Haltung des Generals veränderte sich jäh, als er hörte, daß Le Roux eine französische Schule besucht hatte; dieser erriet die Gedanken des Generals und winkte ab.

»Bemühen Sie sich nicht, an die Gefühle zu appellieren, die ich von euch Franzosen gelernt habe«, sagte er. »Es wäre zwecklos. An euren Händen klebt viel zuviel Araberblut, als daß irgendein guter Araber wünschen könnte, euch die Hand zu reichen.« Er hielt inne, fuhr dann aber fort:

»Nun, Sie sind ein alter marokkanischer Soldat. Jeder von uns kennt Ihren Namen. Sie aber kennen die Sitten unseres Landes, und Sie müssen nun einmal in Ihrem Leben gehorchen lernen, statt zu befehlen. Wir sind in Marokko; Sie befinden sich in Chechrell inmitten unserer Berge, in völliger Sicherheit. Ich würde die Armee bedauern, die den Versuch machen würde, Sie hier herauszuholen. Wir haben viele Tausende von Flinten, und daß wir erfolgreich mit ihnen umzugehen verstehen, das wissen Sie genau; so genau, daß Sie niemals die wirkliche Zahl Ihrer Toten im Rif veröffentlicht haben! Gott hat es gewollt, daß Sie und Ihre Tochter in meine Hände gerieten. Sie sind ein sehr geachteter und für Frankreich wertvoller Mann. Der Preis beträgt zwanzig Millionen Franken. Sie sollen mir helfen, die Bedingungen festzulegen. Zu diesem Zwecke werden Sie Papier und Tinte erhalten; wir werden jeden Brief, den Sie an den Generalresidenten zu schreiben wünschen, sofort befördern. Sie mögen lächeln über das scheinbar sehr hohe Lösegeld für einen einzigen Franzosen. Ihre Gefangenschaft kann noch sehr lange dauern, aber sie kann ebensogut bald ein Ende haben. Zwanzig Millionen fallen noch immer nicht so schwer ins Gewicht wie ein Krieg im Atlas.«

Le Roux schnalzte mit den Fingern. Es klang wie Peitschenknall. Ein Ausdruck wilder, dämonischer Grausamkeit zuckte in seinen Augen auf.

»Mon Général«, sagte er, verbeugte sich, machte kehrt und schritt zur Türe, die ihm von geheimnisvollen, unsichtbaren Händen geöffnet wurde.

Werner C. Stoll
Casablanca – Ein Film wird zur Legende

Dies ist der Film, dessen Dialog zu Redensarten wurden. Für manche Kinogänger auf deutsch, für »Casablanca«-Fans sogar auf englisch.
Dies ist der Film, in dem Dooley Wilson singt: »As Times Goes By . . .«
Dies ist der Film mit den besten Schauspielern, die Warner Brothers 1942 unter Jahresvertrag hatte: Paul Henreid, Claude Rains, Peter Lorre, Conrad Veidt, Marcel Dalio und und und . . .
Dies ist der Film, über dessen Produktionsschwierigkeiten so viel und über dessen Vorgeschichte so wenig geschrieben wurde.

Dies ist seine Vorgeschichte: Jack L. Warner giftete sich, daß das Kinopublikum in den United Artist-Film »Algier« mit Charles Boyer und Hedy Lamarr drängte. Also mußte seine Firma ganz schnell ebenfalls einen Film produzieren, der einen nahöstlichen Schauplatz hatte. Nur aus diesem Grund wurde ein Theaterstück gekauft, das mit Recht noch nicht aufgeführt worden war. Es spielte in Casablanca und hieß »Everybody Comes to Rick's«.
Jack Warner wußte auch bereits, wer die weibliche Hauptrolle der Ilsa spielen mußte: Hedy Lamarr, natürlich. Ihr Partner sollte George Raft sein, weil der Charles Boyer ähnlich sah. Doch auch in Hollywood, wie überall in der Welt, werden die meisten Filme nicht mit der Traumbesetzung erster Wahl gedreht. So auch »Casablanca«. Dennis Morgan und Ann Sheridan sollten in zweiter Wahl Rick und Ilsa sein. Für die Rolle Laszlo, des Widerstandskämpfers, hatte man eine Idealbesetzung unter Vertrag: Ronald Reagan.
Für diese Darsteller begannen Julius und Philip Epstein das Drehbuch zu schreiben. Nach einer Woche informierte War-

ner sie, daß es Umbesetzungen gäbe: Rick würde jetzt von Humphrey Bogart und Laszlo von Paul Henreid gespielt. Das hieß: Alles noch einmal umschreiben.
Von diesem Moment an, als kaum noch jemand an die Realisation dieses Projekts glaubte, geschah etwas absolut Ungewöhnliches: Alles, was das Projekt interessanter machen konnte, geschah. Es begann damit, daß David O. Selznick, der Ingrid Bergman unter Vertrag hatte, keine Rolle für sie fand und sie Warner für »Casablanca« anbot. Warner griff zu.
Dann mußten die Epstein-Brüder die Arbeit am Drehbuch abbrechen, weil sie einen terminlich fixierten Vertrag für eine andere Arbeit hatten. Howard Koch, ein hochkarätiger Autor, schrieb alles neu. Die Story wurde politischer und dramatischer. Die Dialoge wurden während der Produktion von einem Tag auf den anderen geschrieben.
Für den Schluß gab es nicht nur auf dem Papier zwei Versionen, sie wurden sogar gedreht. In der folgenden oldfashioned-Lösung fliegen Rick und Ilsa weg, Zuckerguß-happyend. In der anderen bleibt allein Rick zurück. Daß wir diese in den Kinos sehen, verdanken wir Humphrey Bogart. Er machte von seinem vertraglich fixierten Mitspracherecht Gebrauch und verlangte das Unhappy-End.
Genug Zufälle bei einem Film, der zum Klassiker wurde? Hier ist noch einer: Im Januar 1943, wenige Tage vor der Uraufführung, trafen sich Roosevelt und Churchill. Die Zeitungen nannten in Schlagzeilen den Konferenzort. Es war Casablanca.

Truman Capote

Tanger – Märchen und Abenteuer

Tanger? Von Marseille aus braucht man mit dem Schiff zwei Tage, eine zauberhafte Fahrt längs der spanischen Küste, und ist man jemand, der vor der Polizei flieht, oder jemand, der ganz einfach flieht, so sollte man unter allen Umständen hierherkommen: von Höhenzügen umsäumt und am Meer hingelagert, gleicht diese internationale Stadt einem weißen Cape, das malerisch über die afrikanische Küste gebreitet ist; acht Monate des Jahres – von März bis Oktober ungefähr – ist das Klima ausgezeichnet. Der Strand ist herrlich, wahrhaft außerordentliche Flächen aus zuckerfeinem Sand und Brandung. Das Nachtleben, falls man sich dafür interessiert, erstreckt sich, wenngleich weder besonders unschuldig noch ausgesprochen vielfältig, vom Einbruch der Dunkelheit bis zum Morgengrauen. Und wenn man in Betracht zieht, daß die meisten Leute den ganzen Nachmittag verschlafen und nur sehr wenige vor zehn oder elf Uhr zu Abend essen, ist das nicht besonders ungewöhnlich. Aber fast alles sonst in Tanger ist ungewöhnlich, und ehe man hierherfährt, sollte man drei Dinge tun: sich gegen Typhus impfen lassen, seine Ersparnisse von der Bank abheben und sich von seinen Freunden verabschieden – denn der Himmel allein mag wissen, ob man sie jemals wiedersehen wird. Dieser Rat ist durchaus ernst gemeint, denn es ist alarmierend, wie viele Touristen, die zu einem kurzen Ferienaufenthalt gelandet sind, hier ansässig werden und die Jahre dahingehen lassen. Denn Tanger ist ein Becken, das einen festhält, ein zeitloser Ort; hier vergehen die Tage unmerklicher als der Schaum eines Wasserfalls; ich stelle mir vor, daß so die Zeit in den Klöstern dahingeht, unaufdringlich, auf leisen Sohlen; übrigens haben beide Institutionen, das Kloster und Tanger, noch einen weiteren Zug gemeinsam: das In-sich-Abgeschlossensein. Beispielsweise glaubt der Durchschnittsaraber, daß Europa und Amerika ein und dasselbe sind und sich am gleichen Punkt der Erdoberfläche befinden, wo immer der sein mag – jedenfalls macht er sich keine Gedanken darüber; und es kommt des öfteren vor, daß Europäer, fasziniert vom Klirren einer Oud und dem wimmelnden Schauspiel ringsum, sich diese Meinung zu eigen machen.

Einen großen Teil seiner Zeit verbringt man damit, auf dem *Petit Soko* herumzusitzen, einem Platz am Rande der Kasba, auf dem sich ein Café ans andere drängt. Auf den ersten Blick erscheint er als eine Miniaturausgabe der Galleria in Neapel, doch bei näherer Betrachtung gewinnt er einen so grotesk individuellen Charakter, daß man ihn billigerweise mit keinem anderen Platz auf der Welt vergleichen kann. Es gibt keine Tages- oder Nachtstunde, zu der der *Petit Soko* nicht voller Menschen wäre; Broadway, Piccadilly, all diese Plätze haben ihre ruhige Zeit, der kleine Soko aber braust zu jeder Stunde. Zwanzig Schritt weiter, und das Dunkel der Kasba verschlingt dich; die Gestalten, die aus diesem Dunkel in den Leierkastentumult des Sokos gleiten, vereinigen sich zu einem bunten Bild: hier ist das Tätigkeitsfeld der Prostituierten, das Hauptquartier der Rauschgifthändler, ein Zentrum der Spionage; aber es ist auch der Platz, wo schlichtere Leute ihren Abend-Apéritif trinken.

Der Soko hat seine eignen Berühmtheiten, doch es ist eine Auszeichnung auf Widerruf; praktisch jeden Augenblick kann man gestürzt und abgetan werden, denn das Soko-Auditorium, das so gut wie alles gesehn hat, ist übermäßig launisch. Gegenwärtig aber ist Estelle sein Star, ein wunderschönes Mädchen, das geht wie ein sich entrollendes Seil. Sie ist halb Chinesin, halb Negerin und arbeitet in einem Bordell, das Schwarze Katze heißt. Es geht das Gerücht, daß sie früher einmal in Paris lebte, dort Modell war und mit einer Privatjacht hier ankam und natürlich auch die Absicht hatte, auf demselben Wege wieder abzufahren; es hat jedoch den Anschein, daß der Besitzer der

Jacht eines schönen Morgens davonsegelte und Estelle auf dem trocknen sitzenließ. Eine Zeitlang war dann Maumi ein heftiger Konkurrent für sie; der Soko wußte Maumis Talente als Flamenco-Tänzer wie als Unterhalter zu schätzen: wo immer er saß, ertönte lautes Gelächter. Aber ach, der arme Maumi, ein exotischer junger Mann, der die Gewohnheit hatte, sich mit einem spitzenbesetzten Fächer Kühlung zuzuwedeln, wurde schließlich eines Nachts in einer Bar erstochen und schied somit aus dem Rennen aus. Weniger feierlich proklamiert, doch für meinen Geschmack interessanter sind Lady Warbanks und ihre beiden Anhängsel, ein seltsames Trio, das jeden Morgen erscheint, um an einem der auf den Gehsteig gerückten Tische das Frühstück einzunehmen. Dies Frühstück bleibt unveränderlich das gleiche – eine Schüssel gebackener Tintenfische und eine Flasche Pernod. Jemand, der es eigentlich wissen müßte, behauptet, daß die heute ausgesprochen deklassierte Lady Warbanks einst als die größte Schönheit Londons galt; wahrscheinlich stimmt das: ihre Züge sind fein geschnitten, und sie besitzt – ungeachtet der enganliegenden Matrosenkostüme, in die sie sich hineinzwängt – einen ganz besonderen, angeborenen Stil. Mit ihrer Moral allerdings steht es nicht zum besten, und dasselbe darf man wohl von ihren Gefährten behaupten. Was diese beiden anlangt: der eine ist ein zudringlicher junger Bursche mit unverschämtem Gesicht und einer Zunge, die Skandale aufrührt wie ein Schöpflöffel die Suppe im Kessel – er weiß einfach alles. Die Dritte im Bunde ist ein robustes spanisches Mädchen mit kurzem glattem Haar und lederfarbenen Augen. Sie wird Sunny genannt, und wie man erzählt, ist sie – von Lady Warbanks finanziert – im Begriff, die einzige Frau Marokkos zu werden, die über eine organisierte Schmugglerbande gebietet: Schmuggeln ist hierzulande ein weitverbreiteter Beruf, der Hunderte ernährt, und Sunny besitzt allem Anschein nach ein bemanntes Boot, das allnächtlich über die Meerenge nach

Spanien hinüberfährt. Das genaue Verhältnis der drei zueinander ist nicht unbedingt druckfähig; es mag genügen zu sagen, daß sie sich untereinander zu jedem nur erdenklichen Laster vereinigen; das aber interessiert den Soko nicht, den Soko beschäftigt vielmehr ein ganz anderer Aspekt: wie lange wird es noch dauern, bis man Lady Warbanks ermordet, und wer von den beiden wird es tun, der junge Mann oder Sunny? Die Engländerin ist sehr reich, und wenn es die Habgier ist, die ihre Gefährten an sie bindet – wie es so offensichtlich der Fall ist –, dann deutet alles auf einen gewalttätigen Akt hin. Jedermann wartet darauf. Und mittlerweile sitzt Lady Warbanks arglos da, knabbert Tintenfische und trinkt mit kleinen Schlucken ihren Morgen-Pernod.

Der Soko ist aber auch eine Art Modezentrum, ein Prüfstein für die neuesten Einfälle der Mode. Eine Neuheit, die von den grelleren Typen beifällig aufgenommen wurde, sind Schuhe mit Bändern statt Schnürsenkeln, die bis fast unters Knie gebunden werden. Sie sind unkleidsam, doch ist diese Mode nicht annähernd so bedauerlich wie die Leidenschaft für dunkle Brillen, die sich unter den Araberinnen ausbreitet, deren Augen, nur eben über den Schleier hervorlugend, zu allen Zeiten so großen Reiz ausgeübt haben. Das einzige, was man jetzt noch sieht, sind die großen schwarzen Gläser, wie Kohlenstücke eingebettet in einen linnenen Schneeball.

Abends gegen sieben erreicht der Soko seinen Höhepunkt. Es ist die belebte Stunde des Apéritifs, rund zwanzig Nationalitäten drängen sich auf dem kleinen Platz zusammen, und das Summen der Stimmen gleicht dem Gesang riesiger Moskitos. Einmal aber, als wir dort saßen, senkte sich unvermittelt Stille über den Platz: eine arabische Kapelle bewegte sich fröhlich schmetternd an den hellerleuchteten Cafés vorüber die Straße entlang. Es war die einzige heitere maurische Musik, die ich je zu hören bekam, alles übrige klang wie ein trauriges und verstümmeltes Wehklagen. Der Tod jedoch, möchte man annehmen, ist für die Araber kein kummervolles Ereignis, denn diese Kapelle erwies sich als Vorhut eines Leichenzuges, der, sich vergnügt durch das Gedränge windend, hinterdreinkam. Jetzt schwankte der Leichnam, ein halbnackter Mann auf unbedeckter Bahre getragen, vorüber, und eine mit Simili behängte Dame grüßte ihn, sich über den Tisch lehnend, gefühlvoll mit einem Glas Tio Pepe: Und im nächsten Augenblick lachte sie goldgezähnt, Pläne schmiedend. Das war der kleine Soko.

»Falls Sie die Absicht haben, über Tanger zu schreiben«, sagte mir jemand, den ich um bestimmte Auskünfte bat, »dann lassen Sie bitte das Gesindel weg; wir haben eine Menge netter Leute hier, und es ist uns sehr unangenehm, daß die Stadt einen so schlechten Ruf hat.«
Nun ja – wenngleich ich durchaus nicht sicher bin, daß unsere Begriffe miteinander übereinstimmen –, es gibt zumindest drei Menschen, die ich ungemein nett finde. Jonny Winner zum Beispiel. Jonny Winner ist ein reizendes, drolliges Mädchen. Sehr jung, sehr amerikanisch; wenn man ihr betrübtes, sehnsüchtiges Gesicht betrachtet, würde man niemals annehmen, daß sie imstande wäre, für sich selbst einzustehen: und um die Wahrheit zu sagen, ich glaube auch nicht, daß sie es kann. Nichtsdestoweniger lebt sie seit zwei Jahren hier, reist allein durch Marokko und in die Sahara. Natürlich ist es Jonny Winners eigenste Angelegenheit, aus welchem Grunde immer sie den Rest ihres Lebens in Tanger verbringen will; offensichtlich ist sie verliebt: »Aber lieben Sie es nicht auch? aufzuwachen und zu wissen, daß man hier ist, zu wissen, daß man immer man selbst sein kann, nichts sein muß, was man nicht ist? Immer Blumen zu haben, und aus dem Fenster zu schaun und zu sehn, wie die Hügel dunkler werden, und die Lichter im Hafen? Lieben Sie es nicht auch?« Andererseits aber liegen sie und die Stadt in beständiger Fehde mitein-

ander; wann immer man sie trifft, macht sie eine neue Krise durch: »Haben Sie es schon gehört? der abscheulichste Unfug: irgendein Dummkopf in der Kasba hat sein Haus gelb angestrichen, und jetzt machen es ihm alle nach – ich bin grade unterwegs, um zu sehn, ob ich dem Ganzen nicht ein Ende machen kann.«
Gelbangestrichen wäre die Kasba, traditionell blau und weiß wie Schnee in der Abenddämmerung, gräßlich, und ich hoffe, daß Jonny sich durchsetzt – obwohl natürlich ihr Feldzug, mit dem sie die Räumung des *Grand Soko* zu verhindern suchte, erfolglos blieb, ein herzzerreißendes Beginnen, das sie dazu getrieben hat, in Tränen aufgelöst durch die Straßen zu streifen. Der Grand Soko ist der große arabische Marktplatz: von den Bergen heruntergestiegene Berber mit Ziegenfellen und Körben hocken im Kreis unter den Bäumen und lauschen den Märchenerzählern, Flötenspielern und Zauberern; übervolle Stände brechen beinahe unter der Fülle von Blumen und Früchten; in der Luft hängen Haschischrauch und der Minzgeruch arabischen Tees; feurige Gewürze dörren in der Sonne. Und all das soll anderswohin verpflanzt werden, wahrscheinlich um einem Parkplatz zu weichen, und Jonny ringt die Hände: »Soll ich mich vielleicht nicht aufregen? Ich empfinde so, als wäre Tanger mein Haus, und was würden Sie wohl dazu sagen, wenn jemand in Ihr Haus käme und anfinge, die Möbel umzustellen?«
Also zog sie aus, den Soko in vier Sprachen zu retten, Französisch, Spanisch, Englisch und Arabisch; doch obwohl sie alle vier Sprachen ausgezeichnet spricht, hat sie mit Ausnahme des Portiers am Holländischen Konsulat nirgendwo Verständnis bei den Behörden gefunden. Ihre einzige wirkliche emotionelle Unterstützung kommt von einem arabischen Taxichauffeur, der sie kein bißchen verrückt findet und sie umsonst herumfährt. Vor ein paar Tagen sahen wir Jonny am späten Nachmittag über ihren geliebten, der Auflösung verfallenen Grand Soko schlur-

ren; sie sah völlig erledigt aus und trug ein räudiges, über und über mit Wunden bedecktes Kätzchen im Arm. Jonny hat so eine Art, ohne Umschweife das zur Sprache zu bringen, was ihr am Herzen liegt. Sie sagte: »Ich hatte so ein Gefühl, als ob ich einfach nicht mehr weiterleben könnte, und da fand ich Monroe: das ist Monroe«, sie streichelte das Kätzchen, »und er hat mich beschämt: er will so gern leben, und wenn er es vermag, warum sollte ich es dann nicht?«
Und wenn man sie ansah, Jonny und das Kätzchen, beide so schmutzig und wund, wußte man, daß irgendwie irgend etwas sie durchbringen würde: wenn nicht praktischer Verstand, so doch ihr Lebenswille.

Ferida Green besitzt eine Menge praktischen Verstand. Als Jonny mit ihr über die Lage des Grand Soko sprach, sagte Miss Green: »O meine Liebe, Sie müssen sich nicht beunruhigen. Sie sind immer dabei, den Soko abzureißen, aber es geschieht niemals wirklich; ich erinnere mich, daß man ihn 1906 in eine Walfang-Zentrale umwandeln wollte: Stellen Sie sich den Geruch vor!«

Miss Ferida ist eine von Tangers drei Grand-Dames Green, zu denen noch ihre Kusine, Miss Jessie, und ihre Schwägerin, Mrs. Ada Green, gehören: einer von ihnen gelingt es meist, hier den Ausschlag zu geben. Alle drei sind sie über siebzig: Mrs. Ada Green ist berühmt für ihren Chic, Miss Jessie für ihren Witz und Miss Ferida, die älteste, für ihre Weisheit. Sie hat ihr heimatliches England seit über fünfzig Jahren nicht mehr gesehen; dennoch verraten ihr auf den Kopf gerammter Strohhut und das an schwarzem Band herabbaumelnde Pincenez dem Beobachter, daß sie in der Mittagshitze ausgeht und unverrückbar am Fünf-Uhr-Tee festhält. Zeit ihres Lebens übt sie jeden Freitag ein Ritual aus, das der Mehlmorgen genannt wird. Am unteren Ende ihres Gartens sitzt sie an einem Tisch und verteilt, jeden

Fall der Reihe nach prüfend, Mehl an arabische Bittsteller, für gewöhnlich alte Frauen, die andernfalls verhungern würden: sie bereiten aus dem Mehl einen Teig, mit dem sie bis zum nächsten Freitag auskommen müssen. Es gibt viel Scherzen und Lachen, denn die Araberinnen beten Miss Ferida an, und für sie sind all diese alten Frauen, die uns andern immer als anonyme Wäschebündel erscheinen, Freundinnen, deren Persönlichkeit sie in einem großen Hauptbuch kommentiert: »Fathma ist jähzornig, aber nicht böse«, schreibt sie von einer, und von einer anderen: »Halima ist ein gutes Mädchen. Man kann sich unbedingt auf sie verlassen.«

Und das eben ist es, glaube ich, was von Miss Ferida zu sagen wäre.

Jeder, der länger als einen Tag in Tanger bleibt, wird unweigerlich von Nysa hören: wie sie, mit knapp zwölf Jahren durch einen Australier von der Straße aufgelesen wurde, der sodann, in unverfälschtem Pygmalion-Stil, aus diesem zerlumpten Araberkind eine vollendete, ungewöhnlich elegante Persönlichkeit schuf. Soweit ich weiß, ist Nysa das einzige Beispiel einer europäisierten Araberin in Tanger, eine Tatsache, die ihr seltsamerweise keiner ganz verzeiht, weder die Europäer noch die Araber, die ihre Verbitterung ganz offen zeigen und, da Nysa in der Kasba lebt, unaufhörlich Gelegenheit finden, ihrem Groll Luft zu machen: Die Frauen beauftragen ihre Kinder, Obszönitäten auf Nysas Tür zu schmieren, und die Männer zögern nicht, auf der Straße vor ihr auszuspucken, hat sie doch die in ihren Augen schwerwiegendste aller Sünden begangen: Christin zu werden. Eine solche Situation muß das heftigste Ressentiment bewirken, doch scheint sich Nysa, zumindest soweit man aus oberflächlicher Betrachtung schließen kann, in keiner Weise bewußt zu sein, daß es irgendeinen Grund zur Entrüstung gäbe. Sie ist ein bezauberndes, ruhiges Mädchen von dreiundzwanzig; es ist Unterhaltung genug, einfach still dazusitzen und ihre Schönheit zu bewundern, die schrägstehenden Augen und ihre blumengleichen Hände. Mit Menschen kommt sie nur wenig in Berührung; wie die Prinzessin im Märchen bleibt sie hinter den Mauern und im Schatten ihres Patios verborgen, liest, spielt mit ihren Katzen und einem mächtigen weißen Kakadu, der jede ihrer Bewegungen nachahmt: zuweilen schießt der Kakadu auf sie los und küßt ihre Lippen. Der Australier lebt bei ihr; seit er sie, noch als Kind, auflas, war sie nicht einen Augenblick lang von ihm getrennt; wenn ihm etwas zustieße, gäbe es für Nysa wirklich keine Möglichkeit der Umkehr: sie könnte niemals wieder eine Araberin sein, und es ist unwahrscheinlich, daß sie es vermöchte, völlig in eine europäische Welt hinüberzuwechseln. Doch der Australier ist nun ein alter Mann. Eines Tages klingelte ich bei Nysa; niemand öffnete. Das obere Teil der Tür besteht aus Gitterwerk: ich spähte hindurch und sah sie hinter einem Schleier aus Weinranken und Blättern im Schatten ihres Patios stehen. Als ich erneut klingelte, verharrte sie dunkel und bewegungslos wie eine Statue. Später erfuhr ich, daß in dieser Nacht der Australier einen Schlaganfall erlitten hatte.

Ende Juni beginnt mit dem Wachsen des neuen Mondes der *Ramadan*. Für die Araber bedeutet der *Ramadan* einen Monat des Fastens. Bei Einbruch der Dunkelheit wird in der Luft ein farbiges Seil gespannt, und sobald es unsichtbar geworden ist, rufen Muschelhörner die Araber zu Speise und Trank, die sie während des Tages nicht anrühren dürfen. Von diesen Festen in dunkler Nacht geht eine beschwingte Stimmung aus, die erst mit der Morgendämmerung endet. Von weitentfernten Türmen herab spielen Oboenbläser vor dem Gebet eine Abendmusik; hinter verschlossenen Türen versteckt, aber doch hörbar, erklingt das Tamtam von Trommeln, und aus den Moscheen dringen die Stimmen der koransingenden Männer in die schmalen, mondhellen Straßen. Noch hoch auf dem Berge

über Tanger hört man den Oboisten im fernen Dunkel klagen, er webt ein feierliches Band aus Tönen von hier über ganz Afrika bis hin nach Mekka.
Sidi-Kacem ist ein endloser, saharagleicher Strand, von Olivenhainen gesäumt; wenn der *Ramadan* zu Ende geht, kommen die Araber aus ganz Marokko nach Sidi-Kacem, in Lastwagen, auf Eseln, zu Fuß: für drei Tage entsteht dort eine Stadt, eine zerbrechliche Traumstadt mit bunten Lichtern und Cafés unter windlichterhellten Bäumen. Gegen Mitternacht fuhren wir dorthin; der erste flüchtige Blick auf die Stadt war wie das Bild eines lichterstrahlenden Geburtstagskuchens im verdunkelten Zimmer, und er erfüllte den Betrachter mit der gleichen erregenden Scheu: man wußte, daß man nicht alle Kerzen ausblasen konnte. Gleich zu Anfang wurden wir von unseren Begleitern getrennt, aber es war in dem Wogen und Drängen ganz unmöglich, beisammenzubleiben, und nach den ersten furchterfüllten Minuten gaben wir uns gar keine Mühe mehr, sie zu finden: die Nacht ergriff Besitz von uns, und es blieb gar nichts anderes übrig, als zu einem dieser maskierten, ekstatischen Gesichter zu werden, die im Fackellicht glänzten. Überall spielten kleine Kapellen. Stimmen, süß und schwer wie *Kif*-Rauch, sangen über dem Trommelklang, und irgendwo gerieten wir, unter den silbernen, leichtbewegten Bäumen entlangstolpernd, mitten in eine tanzende Menge: alte bärtige Männer im Kreis schlugen den Takt, und die Tänzer, so ihrem Tun hingegeben, daß man sie mit einer Nadel hätte pieken können, glitten dahin, als wehe der Windhauch sie auf und ab. Nach dem arabischen Kalender schreiben wir das Jahr 1370; und wenn man durch die Seide eines Zeltes einen Schatten gewahrte, eine Familie beobachtete, die über einem flachen Feuer aus Zweigwerk Honigkuchen buk, inmitten der Tänzer und dem Trillern einer einsamen Flöte am Strand lauschend, fiel es nicht schwer, zu glauben, daß man im Jahr 1370 lebte und die Zeit für immer stillstünde.

Ab und an mußten wir uns ausruhen; unter den Olivenbäumen lagen Strohmatten, und wenn man sich auf einer von ihnen niederließ, brachte ein Mann heißen Minztee. Und während wir Tee tranken, sahen wir einen seltsamen Zug von Männern, die einzeln hintereinander vorbeischritten. Sie waren in schöne Gewänder gehüllt, und der Mann, der voranging, alt wie ein Stück Elfenbein, trug eine Schale mit Rosenwasser, das er, zur Begleitmusik von Dudelsäcken, nach beiden Seiten aussprengte. Wir standen auf und schlossen uns dem Zug an, folgten ihm aus dem Hain und zum Strand. Der Sand war kalt wie der Mond; hügelige Dünen zogen sich zum Wasser hinunter, und flackernde Lichter zerrissen das Dunkel wie fallende Sterne. Endlich zogen der Priester und sein Gefolge in einen Tempel ein, den zu betreten uns verboten war, und so wanderten wir weiter den Strand entlang. »Schau, eine Sternschnuppe«, sagte J., und dann zählten wir die Sternschnuppen, es waren ihrer so viele. Der Wind flüsterte im Sand, und es klang wie das Meer; mörderische Gestalten hoben sich silhouettengleich vor dem sinkenden orangefarbenen Mond ab, und der Strand war so kalt wie ein Schneefeld, aber J. sagte: »Oh, ich kann einfach meine Augen nicht länger offenhalten.«
Wir erwachten in blauem Licht, das fast schon das des frühen Morgens war. Wir lagen hoch oben auf einer Düne, und dort unter uns, über den Strand verstreut, waren alle die Zelebranten; ihre leuchtenden Kleider flatterten in der morgendlichen Brise. In dem Augenblick, als die Sonne den Horizont berührte, erhob sich ein lautes Geschrei, und zwei Reiter, sattellos auf ihren Pferden, spritzten durch die Brandung und jagten über den Strand. Wie ein hochgehender Vorhang krochen die Strahlen der aufgehenden Sonne über den Sand auf uns zu, und wir erschauerten bei ihrem Nahen in dem Bewußtsein, daß wir, wenn sie uns einmal erreicht hatte, wieder in unserem Jahrhundert sein würden.

Literarische Steckbriefe und Quellenverzeichnis

Aubertin, Viktor
1870–1928. Seine Feuilletons, die seit 1905 im »Berliner Tageblatt« erschienen, haben seinen literarischen Ruhm begründet.
1914 war er als Auslandskorrespondent in Paris und wurde bei Kriegsanbruch als angeblicher Spion auf Korsika interniert. In dem Band »Sündenfälle« sind seine schönsten Feuilletons zusammengestellt. »Spaziergang in Tripolis«, aus: »Sündenfälle«, (c) Albert Langen – Georg Müller Verlag GmbH, München.

Bamm Peter (eigentlich Dr. med. Curt Emmerich)
1897–1975. Sein Hauptwerk »Die unsichtbare Flagge« schildert seine Erlebnisse als Stabsarzt an der Ostfront. In vielen Reiseberichten hat er den Mittelmeerraum und seine Kulturen beschrieben. »Krak des Chevaliers«, aus: »Frühe Stätten der Christenheit«, (c) Kösel-Verlag, München, 1976.

Born, Nicolas
1937–1979. Arbeitete als Chemigraph. 1965 erschien sein erster Roman »Der zweite Tag«, Gedichtbände und lyrische Kinderbücher folgten.
Der Beitrag in diesem Buch stammt aus seinem letzten Roman, der unter Reportern im Beirut des Bürgerkrieges spielt und den Volker Schlöndorff als Vorlage für einen Film nahm. »Am Strand von Beirut«, aus: »Die Fälschung«, Copyright (c) 1979 by Rowohlt Verlag GmbH, Reinbek b. Hamburg.

Camus, Albert
1913–1960. Als Sohn eines Arbeiters in Mondovi in Algerien geboren. Mitbegründer der französischen Widerstandsbewegung Combat. Erhielt 1957 den Nobelpreis für Literatur. »Der Abschied des Minotauros«, aus: »Heimkehr nach Tipasa«, (c) 1957 by Verlags AG Die Arche, Zürich.

Capote, Truman
1925–1984. War Tänzer, Glasmaler, Buchhalter, ehe er zur Schriftstellerei kam. »Die Grasharfe«, »Frühstück bei Tiffany«, »Kaltblütig« sind seine bekanntesten Werke. Sie umreißen gleichzeitig die Wandlung, die Capote von seinen frühen Novellen, in denen er die Welt zu poetisieren versuchte, bis zur objektiven Nüchternheit bei der Schilderung eines Mordfalls vollzogen hat. »Tanger. Märchen und Abenteuer«, übersetzt von Marguerite Schlüter, aus: »Die Reise-Erzählungen«, (c) Limes Verlag Niedermayer und Schlüter GmbH, Wiesbaden und München.

Durrell, Lawrence
geb. 1912 als Ire in Indien. Lebte meist am östlichen Mittelmeer. Zwischen 1957 und 1960 entstand seine Alexandria-Tetralogie. »Die andere Seite von Alexandria«, aus: »Justine«, Copyright (c) 1958 by Rowohlt Verlag GmbH, Hamburg.

Eyth, Max von
1836–1906. Deutscher Ingenieur und Schriftsteller. Bereiste viele Länder, um den neukonstruierten Dampfpflug vorzuführen. »Dampfpflug-Duell im Schatten der Sphinx«, aus: »Hinter Pflug und Schraubstock«.

Flaubert, Gustave
1821–1880. Mit 28 Jahren ging Flaubert zwei Jahre auf Reisen, in deren Verlauf er Italien, Griechenland und Nordafrika besuchte. In seinen Reiseberichten und Briefen spie-

gelt sich bereits seine Begabung, aufrichtig und objektiv zu schildern. Eigenschaften, die seine späteren Romane auszeichnen. »Tänzerinnen und Sklavinnen«, übersetzt von E.W. Fischer, aus »Reisetagebuch aus Ägypten«.
»Die Geschichte von der Weiberlist, die über die Männerlist siegte«, aus dem Arabischen übersetzt von Enno Littmann, aus: »Arabische Märchen«, (c) Insel Verlag, Frankfurt am Main.

Habe, Hans (eigentlich Hans Békessy)
1911–1977. Sohn eines Zeitungsverlegers, Studium in Wien. Seit 1928 Journalist, nach 1945 wesentlich am Wiederaufbau der deutschen Presse beteiligt. Schrieb Unterhaltungsromane zu Zeitproblemen. »Zwischenfall bei der Moschee«, aus: »Wie einst David«, (c) F.A. Herbig Verlag, München.

Herodot
etwa 490–425 v.Chr. Historiker und Reiseberichterstatter. »Vater der Geschichtsschreibung«. Aus seinen – nicht immer der Wahrheit entsprechenden – ethnographischen Berichten über Ägypten stammt unser Beitrag. »Mumien – erster, zweiter, dritter Klasse«, übersetzt von Heinrich Stein.

Jünger, Ernst
geb. 1895. Trat 1913 aus Abenteuerlust in die Fremdenlegion ein. Als er vom Vater zurückgeholt wurde, meldete er sich als Kriegsfreiwilliger. Das Kriegserlebnis prägte auch seine literarischen Aussagen. »Legionär in Oran«, aus: »Afrikanische Spiele«. Sämtliche Werke, Band 15. (c) Klett-Cotta, Stuttgart 1978.

Kerr, Alfred (eigentlich Alfred Kempner)
1867–1948. Als Berliner Theaterkritiker war er eine Institution. Auch in seinen weniger bekannten Reiseberichten

behielt er den aphoristischen Stil seiner Kritiken bei. »Tunesischer Glanz«, aus: »Die Welt im Licht«, (c) Sir Michael Kerr und Mrs. Judith Kerr-Kneale, London, über Niedieck Linder AG, Zürich.

Kishon, Ephraim (eigentlich Ferenc Hoffmann)
geb. 1924 in Budapest, lebt heute in Israel und in der Schweiz und ist israelischer Staatsbürger. Er gehört zu den erfolgreichsten Satirikern der Welt, schreibt Theaterstücke, Drehbücher, inszeniert und führt Regie. »Verirrt in Jerusalem« und »Israel in Pointen«, übersetzt von Friedrich Torberg, (c) Langen Müller/Herbig, München.

Knittel, John
1891–1970. Romancier und Dramatiker. Seine viel gelesenen Unterhaltungsromane griffen Probleme und Themen der Zeitgeschichte auf. »Der General und der Rebell«, aus: »Abd-el-Kader«, (c) Frau Frances Knittel, Vaduz.

Krafft von Dellmensingen, Hans Ulrich
1550–1621. Als Kaufmann vertrat er ein Augsburger Handelshaus in Syrien. Als die Firma Bankrott machte, kam er ins Schuldgefängnis. Seine Erlebnisse veröffentlichte er in Buchform »Sklavenmarkt in Aleppo«, aus »Denkwürdigkeiten«.

Lagerlöf, Selma
1858–1940. Schwedische Schriftstellerin, erhielt 1909 den Nobelpreis für Literatur. »Das Kindlein von Bethlehem«, übersetzt von Marie Franzos, aus: »Christuslegenden«, (c) Nymphenburger Verlagshandlung GmbH, München.

Lissner, Ivar
1919–1967. Studierte Sprachen und war siebzehn Jahre auf Reisen. Er war einer der ersten, der Archäologie und antike Geschichte allgemeinverständlich aufbereitete.

»Mächtig aber war Karthago«, aus: »So habt ihr gelebt«, (c) Walter-Verlag AG, Olten 1955.

Mariette, Auguste
1821–1881. Französischer Ägyptologe. Entdeckte 1851 das Serapeum von Memphis, wurde zweiter Kurator des Louvre, 1858 Konservator ägyptischer Altertümer und zog mit seiner Familie nach Kairo. »Der Tourist und die Denkmäler«, übersetzt von Gustav Kilpper, aus: »Ruhmestaten der Archäologie«, ausgewählt und herausgegeben von C.W. Ceram, Rowohlt 1965, (c) Hannelore Marek-Lassrich, Hamburg, über Niedieck Linder AG, Zürich.

Mark Twain (eigentlich Samuel Langhorne Clemens)
1835–1910. Amerikanischer Schriftsteller. Seine bekanntesten Romane sind »Die Abenteuer des Tom Sawyers« und »Die Abenteuer und Fahrten des Huckleberry Finn«. Als Journalist bereiste er Europa und veröffentlichte seine mitunter erfrischend-respektlosen Eindrücke 1880. »Ein Amerikaner bei den Ruinen von Baalbek«, übersetzt von Ana Maria Brock, aus: »Gesammelte Werke in fünf Bänden, Band 3. Die Arglosen im Ausland«, (c) 1966 Carl Hanser Verlag, München.

Maupassant, Guy de
1850–1893. Französischer Erzähler. Erst als Dreißigjähriger begann er seine literarische Laufbahn als Schüler Flauberts. Er war der geborene Novellist, der alltägliche Geschichten nicht alltäglich zu erzählen verstand. Bereiste unter anderem Nordafrika und schrieb Reiseberichte. »Mir zu Füßen lag Algier«, übersetzt von Erich Maschkat, aus: »Die Irrfahrten des Herrn Maupassant«, (c) S. Fischer Verlag, Frankfurt am Main.

Neubauer, Alfred
Österreichischer Autorennfahrer, der mit Ferdinand Porsche zu Daimler-Benz kam und dort als Rennleiter maßgeb-

lich an den Rennsiegen der »Silberpfeile« beteiligt war. »Rennlotterie – made in Italy«, aus: »Männer, Frauen und Motoren«, (c) Hans Dulk, Hamburg 1958.

Niehoff, Karena
Seit 1946 ist sie mit ihren Feuilletons und Kritiken aus der deutschen Zeitungslandschaft nicht mehr wegzudenken. Ihr leicht ironisch-reflektierender Stil gibt auch banalsten Themen eine eigene Würze. »Moses im Schrebergarten«, aus: »Stimmt es – stimmt es nicht?«, (c) Edtion Erdmann in K. Thienemanns Verlag Tübingen/Stuttgart.

Orelli, Conrad von
1846–1917. Schweizer Professor für Theologie. Nach einer Orientreise faßte er seine Eindrücke in Buchform zusammen. »Die Samariter«, aus: »Durchs Heilige Land, Tagebuchblätter«.

Pettinato, Giovanni
Altphilologe, Professor an der Universität Neapel. Seit 1974 mit der Übersetzung und Untersuchung des königlichen Archivs von Ebla befaßt.
Das Interview »Ebla« entstand 1976. Die inzwischen erfolgten weiteren Entzifferungen der Texte bestätigen die seinerzeit geäußerten Vermutungen.

Pfeiffer, Ida
1797–1858. Zweimal reiste die resolute Dame, nachdem sie ihre Kinder versorgt wußte, um die Welt. Alexander von Humboldt bescheinigte der Wienerin »Energie und Charakter«. Ihre Reisen plante sie sorgfältig und war stolz, mit wie wenig Geld sie dabei auskam. Sie starb in Wien an einem Fieber, das sie sich in Madagaskar zugezogen hatte. »Eine Wienerin in Damaskus«, aus: »Reise einer Wienerin in das Heilige Land«, 1844, in der Bearbeitung von Jakob Dirnbock 1969.

Prause, Gerhard
geb. 1926. Dr. phil. Bekannt durch seine Kolumne »Tratschke fragt: Wer war's?« in der ZEIT. Autor mehrerer Sachbücher. »Die Letzten von Masada?«, aus: »Tratschkes Lexikon für Besserwisser«, (c) Nymphenburger Verlagshandlung GmbH, München 1983.

Rosenthal, Philipp
geb. 1916 in Berlin. Wirtschaftsführer und Politiker mit unkonventionellem Führungsstil. Ging in jungen Jahren aus Abenteuerlust in die Fremdenlegion. »Die bitteren Lehren der Legion«, aus: »Einmal Legionär«, (c) 1980 Albrecht Knaus Verlag GmbH, München.

Schmidt, Manfred
geb. 1924. Nach seiner erfolgreichen Comic-Strip-Parodie um Nick Knatterton bewies Manfred Schmidt, daß er nicht nur mit dem Zeichenstift, sondern auch mit der Feder zu parodieren versteht. »Mit Frau Meier in die Wüste«, aus: »Das große Manfred-Schmidt-Buch«, (c) Langen Müller/ Herbig, München.

»Sindbad des Seefahrers zweite Reise«, übersetzt von Felix Paul Greve, aus: »Die Abenteuer Sindbads des Seefahrers«, (c) Insel Verlag, Frankfurt am Main.

Stoll, Werner C.
geb. 1924. Unter diesem Pseudonym schreibt ein Mann, der in führender Position im deutschen Filmschaffen tätig war, gelegentlich Glossen zum Filmgeschehen in internationalen Fachblättern.

Tomkins, Peter
geb. 1919 in den USA, wuchs in Europa auf. Er begründete in Amerika seinen Namen als wissenschaftlicher Publizist, der den Ruf hat, gründlich zu recherchieren. »Das Geheim-

nis der Cheopspyramide«, übersetzt von Herbert Drube, aus: »Cheops«, (c) Scherz Verlag AG, Bern.

Vandenberg, Philipp
geb. 1941. Einer der bekanntesten Sachbuchautoren Europas. Seine archäologischen Themen findet er meist in den Kulturkreisen des Mittelmeerraumes. Sein Buch »Der Fluch der Pharaonen« wurde in 32 Sprachen übersetzt. »Das Orakel mit dem Gordischen Knoten«, aus: »Das Geheimnis der Orakel«, (c) 1979 C. Bertelsmann Verlag GmbH, München.

Waltari, Mika
1908–1979. Studium der Theologie, Philosophie und Literatur. Erfolgreichster und produktivster finnischer Erzähler. Mit seinem Roman »Sinuhe, der Ägypter«, der zur Zeit des Pharaos Echnaton spielt und 1945 erschien, errang er Weltruhm. »Sinuhe und die Tochter der Lust«, übersetzt von Charlotte Lilius, aus: »Sinuhe, der Ägypter«, (c) Paul Neff Verlag, Wien.